LES GROTESQUES

DE LA MUSIQUE

Paris. — Imprimerie de la Librairie Nouvelle, A. Bourdilliat, 15, rue Bréda.

LES
GROTESQUES

DE LA MUSIQUE

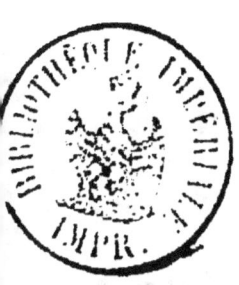

PARIS
LIBRAIRIE NOUVELLE
BOULEVARD DES ITALIENS, 15
—
A. BOURDILLIAT ET Cie, ÉDITEURS
—
La traduction et la reproduction sont réservées
—
1859

PROLOGUE

LETTRE DES CHORISTES DE L'OPÉRA
A L'AUTEUR

Cher Maitre,

Vous avez dédié un livre (les *Soirées de l'orchestre*) *à vos bons amis les artistes de X***, ville civilisée.* Cette ville (d'Allemagne, nous le savons) n'est pas plus civilisée que beaucoup d'autres très-probablement, malgré l'intention malicieuse qui vous a fait lui donner cette épithète. Que ses artistes soient supérieurs à ceux de Paris, il est permis d'en douter, et quant à leur affection pour vous, elle ne peut, à coup sûr, être aussi vive ni aussi ancienne que la nôtre. Les choristes parisiens en général, et ceux de l'Opéra en particulier, vous sont dévoués corps et âme ; ils vous l'ont prouvé maintes fois de toutes les façons. Ont-ils murmuré de la longueur des répétitions, de la rigueur de vos exigences musicales, de vos interpellations violentes, de vos accès de fureur même, pendant les études du *Requiem*, du *Te Deum*, de *Romeo et Juliette*, de la *Damnation de Faust*, de l'*Enfance du Christ*, etc.?... Jamais, jamais. Ils ont toujours, au contraire, rempli leur tâche avec zèle et une patience inaltérable. Vous n'êtes pourtant pas flatteur pour les hommes, ni galant pour les dames, pendant ces terribles répétitions.

Quand l'heure de commencer approche, si le personnel du chœur n'est pas au grand complet, s'il manque quelqu'un, vous vous promenez autour du piano comme le lion du Jardin des Plantes dans sa cage, vous grondez sourdement en mordant votre lèvre inférieure, vos yeux lancent de fauves éclairs; on vous salue, vous détournez la tête ; vous frappez de temps en temps avec violence sur le clavier des accords dissonants qui indiquent votre colère intérieure, et nous disent clairement que vous seriez capable de déchirer les retardataires, les absents... s'ils étaient présents.

Puis vous nous reprochez toujours de ne pas chanter assez *piano* dans les nuances douces, de ne pas attaquer avec ensemble les *forte ;* vous voulez que l'on prononce les deux *s* dans le mot *angoisse* et l'*r* dans la seconde syllabe du mot *traître*. Et si un malheureux illettré, un seul, égaré dans nos rangs, oublie votre observation grammaticale et s'avise de dire encore *angoise* ou *traite,* vous vous en prenez à tout le monde, vous nous accablez en masse de plaisanteries cruelles, nous appelant portiers, ouvreuses de loges, etc.!! Eh bien, nous supportons cela néanmoins, et nous vous aimons tout de même, parce que vous nous aimez, on le voit, et que vous adorez la musique, on le sent.

L'habitude française de donner la prééminence aux étrangers, lors même qu'il y a flagrante injustice à le faire, put seule vous porter à offrir vos *Soirées de l'orchestre* à des musiciens allemands.

C'est fait, n'en parlons plus.

Mais pourquoi n'écririez-vous pas maintenant, à notre intention, un livre du même genre, moins philosophique peut-être, plus gai, pour conjurer l'ennui qui nous ronge à l'Opéra?

Vous le savez, pendant les actes ou les fragments

d'actes qui ne contiennent pas de chœurs, nous sommes prisonniers dans les foyers. Là il fait sombre comme dans l'entre-pont d'un vaisseau, il sent l'huile à quinquets, on est mal assis; on y entend raconter en mauvais termes de vieilles histoires moisies, répéter des mots rances; ou bien le silence et l'inaction nous écrasent à la fois, jusqu'au moment où l'avertisseur vient nous faire rentrer en scène... Ah! le métier n'est pas beau, croyez-le. Faire des cinquantaines de répétitions pour se fourrer dans la tête les parties de chant presque inchantables des compositions nouvelles! apprendre par cœur des opéras qui durent de sept heures à minuit! changer jusqu'à six fois de costume par soirée! rester parqués comme des moutons, quand il n'y a rien à chanter, et n'avoir pas, en somme, pendant ces interminables représentations, cinq minutes de bon temps!... Car nous n'imitons pas vos artistes d'Allemagne, qui se permettent d'exécuter à demi-orchestre les ouvrages dont ils font peu de cas. Nous chantons tout dans tout. Certes, si nous prenions ainsi la liberté de donner de la voix seulement dans les partitions qui nous plaisent, les cas d'esquinancie seraient rares parmi les choristes de l'Opéra. De plus, nous chantons debout, nous sommes toujours sur nos jambes, tandis que les musiciens d'orchestre jouent assis dans leur cave à musique. C'est à devenir huître !

Allons, soyez bon, faites-nous un volume de contes véritables, d'histoires fabuleuses, de farces même, comme vous en écrivez souvent quand vous êtes de mauvaise humeur ; nous lirons cela dans nos entreponts à la lueur de nos quinquets ; nous vous devrons l'oubli de quelques tristes heures, et vous aurez droit à toute la reconnaissance du chœur.

Vos fidèles soprani, contralti, ténors
et basses de l'Opéra.

Paris, le 22 décembre 1858.

RÉPONSE DE L'AUTEUR

AUX CHORISTES DE L'OPÉRA

Mesdames et Messieurs,

Vous me dites : cher maître ! j'ai été sur le point de vous répondre : chers esclaves ! car je sais à quel point vous êtes privés de loisirs et de liberté. Ne fus-je pas autrefois choriste, moi aussi ? et dans quel théâtre encore ! Dieu vous garde d'y entrer jamais.

Je connais donc bien les rudes labeurs que vous accomplissez, le nombre des tristes heures que vous comptez, et le taux des appointements plus tristes encore que vous subissez. Hélas ! je ne suis ni plus maître, ni plus libre, ni plus joyeux que vous. Vous travaillez, je travaille, nous travaillons pour vivre ; et vous vivez, je vis, nous vivons pour travailler. Les saint-simoniens ont prétendu connaître le travail attrayant ; ils en ont bien gardé le secret ; je puis l'assurer, ce travail-là m'est aussi inconnu qu'à vous-mêmes. Je ne compte plus mes tristes heures; elles tombent les unes sur les autres, froides et monotones comme ces gouttes de neige fondue qui alourdissent à Paris le sombre silence des nuits d'hiver.

Quant à mes appointements, n'en parlons pas...

Je reconnais la justesse de votre reproche au sujet de la dédicace des *Soirées de l'Orchestre* ; j'aurais dû, puisqu'il s'agissait d'un livre sur les choses musicales et sur les musiciens, l'offrir à mes amis les artistes de Paris. Mais je revenais d'Allemagne quand la fantaisie me prit d'écrire ce volume ; j'étais encore sous l'impression de l'accueil chaleureux et cordial que m'avait fait l'orchestre de la *ville civilisée*, et je supposais si peu trouver dans le public la moindre sympathie pour mes *Soirées*, que les dédier à quelqu'un c'était, à mon sens, les mettre sous un patronage et non point faire un hommage dont on pût être flatté. Vos regrets à ce propos semblent indiquer chez vous une opinion différente de la mienne. A vous en croire, il y aurait donc des lecteurs pour ma prose !... Je me serais donc trompé !... je serais donc un imbécile ! Cela me remplit de joie.

Vous me plaisantez sur mes observations grammaticales. Je ne me flatte pourtant guère de savoir le français; non, je sais bien que l'on sait que je ne le sais pas. Mais un bon nombre de mots fort usités sont, je ne l'ignore point, des termes barbares, et j'ai horreur de les entendre. Le mot *angoise* est de ceux-là; il est souvent employé par les chanteurs et les cantatrices les plus richement *appointés* de nos théâtres lyriques. Une élève couronnée du Conservatoire s'obstinait, malgré tous les avis, à dire : « Mortelle angoise ! » Je parvins à la corriger en lui affirmant qu'il y avait trois *s* dans ce mot, espérant qu'elle en prononcerait au moins deux. Ce qui arriva, et lui fit chanter enfin : « Mortelle angoisse ! »

Vous semblez porter envie aux musiciens instrumentistes jouant assis dans leur *cave à musique*, au lieu de rester comme les choristes, de longues heures debout. Soyez donc justes. Ils sont assis, j'en conviens, dans cette cave où l'on gagne à peine de l'eau à boire, mais ils jouent toujours, sans relâche, sans trêve ni merci, n'imitant pas plus que vous le laisser-aller de mes amis de *la ville civilisée*. Les directeurs leur permettent seulement de compter des pauses, quand par hasard le compositeur leur en donne à compter. Ils jouent dans les ouvertures, dans les airs, duos, trios, quatuors, morceaux d'ensemble, ils accompagnent vos chœurs ; un administrateur de l'Opéra voulait même les faire jouer dans les chœurs *sans accompagnement*, prétendant qu'il ne les payait pas pour se croiser les bras.

Et vous savez comme on les paye!!...

Ils ne changent pas de costume toutes les demi-heures, c'est encore vrai ; mais l'obligation où ils sont depuis peu de se présenter à l'orchestre en cravate blanche est ruineuse pour eux. Il y a de nos pauvres confrères musiciens de l'Opéra qui touchent, dit-on, environ 66 fr. 65 c. par mois. A quatorze représentations par mois, cela ne fait pas 5 fr. par séance de cinq heures ; c'est un peu moins de vingt sous par heure, moins que l'heure d'un fiacre. Et maintenant ils se trouvent grevés de frais de toilette. Il leur faut au moins sept cravates blanches par mois, en supposant qu'ils sachent en retourner adroitement quelques-unes pour les faire servir plusieurs fois. Et ces frais de blanchissage finiront avec le temps par produire une somme assez ronde. Combien coûte en effet le blanchissage et le repassage d'une cravate blanche empesée (sans compter le prix de la cravate)? Quinze centimes. Admettons que l'artiste s'abstienne par économie de la faire empeser, et la fasse repasser pour les représentations solennelles seulement. De quinze centimes ses frais seront ainsi réduits à deux sous. Eh bien, voyez, il devra au bout du mois écrire sur son livre de dépenses le compte suivant :

Cravate pour les Huguenots............	3 sous.	
Id. pour le Prophète............	3	»
Id. pour Robert le Diable......	3	»
Id. pour le Cheval de bronze....	3	»
Id. pour Guillaume Tell........	3	»
Id. pour la Favorite, quand Mme Borghi-Mamo ne joue pas.	2 sous.	
Id. pour la Juive.............	3	»
Id. pour la Sylphide...........	3	»
Id. pour le Violon du Diable....	2	»
Id. pour les deux premiers actes de Lucie, quand Roger ne joue pas................	2	»
Id. pour François Villon........	2	»
Id. pour la Xacarilla...........	2	»
Id. pour le Rossignol (la cravate a servi trois fois).........	0	»
Id. pour la Rose de Florence (elle a servi quatre fois).......	0	»
Total pour quatorze représentations et sept cravates....................	1 f. 55 c.	
Pour un an.....................	18 f. 60 c.	
Pour dix ans....................	186 f.	

Lesquels 186 fr., prélevés sur le budget d'un malheureux violoniste père de famille, peuvent le mettre dans l'atroce nécessité de recourir à sa dernière cravate pour se pendre.

L'existence des musiciens d'orchestre est donc semée d'à peu près autant de roses que celle des artistes des chœurs; les uns et les autres peuvent se donner la main.

Quoi qu'il en soit, je serais heureux, je vous le jure, de *bercer un temps votre ennui* (pour parler comme l'Oronte de Molière); mais la gaieté de mes anecdotes est fort problématique, et je n'oserais céder à vos amicales instances, si les choses les plus tristes n'avaient si souvent un côté bouffon. Vous connaissez le mot de ce condamné à mort, disant de sa voix rauque à la femme éplorée venue pour lui faire ses derniers adieux et le suivre jusqu'au lieu du supplice : « Tu n'as donc pas amené l'petit? — Ah! mon Dieu! quelle idée! pouvais-je lui montrer son père sur l'échafaud? — T'as eu tort, ça l'aurait amusé, c't enfant. »

Or, voici un opuscule dont je ne puis trop bien distinguer le caractère; je le nommerai à tout hasard : *Les Grotesques de la musique*, bien qu'il y ait par-ci par-là des grotesques étrangers à l'art musical. Selon la disposition d'esprit des lecteurs, il peut leur sembler ou risible ou déplorable. Tâchez de trouver quelque plaisir à le lire; quant à moi, je me suis amusé en l'écrivant, comme eût fait sans doute l'enfant du condamné en assistant à l'exécution de son père.

Adieu, mesdames et messieurs; je baise les belles mains, je serre cordialement les autres, et je vous prie de croire toujours à la sincère et vive affection de votre tout dévoué camarade,

HECTOR BERLIOZ.

Paris, 21 janvier 1859.

A MES BONS AMIS

LES ARTISTES DES CHŒURS DE L'OPÉRA

DE PARIS

VILLE BARBARE

LES GROTESQUES

DE LA MUSIQUE

L'art musical est sans contredit celui de tous les arts qui fait naître les passions les plus étranges, les ambitions les plus saugrenues, je dirai même les monomanies les plus caractérisées. Parmi les malades enfermés dans les maisons de santé, ceux qui se croient Neptune ou Jupiter sont aisément reconnus pour monomanes; mais il en est beaucoup d'autres, jouissant d'une entière liberté, dont les parents n'ont jamais songé à recourir pour eux aux soins de la science phrénologique, et dont la folie pourtant est évidente. La musique leur a détraqué le cerveau. Je m'abstiendrai de parler à ce sujet des hommes de lettres, qui écrivent, soit en vers, soit en prose, sur des questions de théorie musicale dont ils n'ont pas la connaissance la plus élémentaire, en employant des mots dont ils ne comprennent pas le sens; qui se passionnent de sang-froid pour d'anciens maîtres dont ils n'ont jamais entendu une note; qui leur attribuent généreusement des idées mélodiques et expressives que ces maîtres n'ont jamais eues, puisque la mélodie et l'expression n'existaient pas à l'époque où ils vécurent; qui admirent en bloc, et avec la même effusion de cœur, deux morceaux signés du même nom, dont l'un est beau en effet, quand l'autre est absurde; qui disent et écrivent enfin ces étonnantes bouffonneries que pas un musicien ne peut entendre citer sans rire. C'est convenu, chacun a le droit de parler et d'écrire sur la musique; c'est un art banal et *fait pour tout le monde;* la phrase est consacrée. Pourtant, entre nous, cet aphorisme pourrait bien être l'expression d'un préjugé. Si l'art musical est à la fois un art et une science; si, pour le posséder à fond, il faut des études complexes et assez longues; si, pour ressentir les émotions qu'il procure, il faut avoir l'esprit cultivé et le sens de l'ouïe exercé; si, pour juger de la valeur des œuvres musicales, il faut posséder en outre une mémoire meublée, afin de pouvoir établir des comparaisons, connaître enfin beaucoup de choses qu'on ignore nécessairement quand on ne les a pas apprises; il est bien évident que les gens qui s'attribuent le droit de divaguer à propos de musique sans la savoir, et qui se garderaient pourtant d'émettre leur opinion sur l'architecture, sur la statuaire, ou tout autre art à eux étranger, sont dans le cas de monomanie. Ils se croient musiciens, comme les autres monomanes dont je parlais tout à l'heure se croient Neptune ou Jupiter. Il n'y a pas la moindre différence.

Quand Balzac écrivait son *Gambara* et tentait l'analyse technique du *Moïse* de Rossini, quand Gustave Planche osait imprimer son étrange critique de la *Symphonie héroïque* de Beethoven, ils étaient fous tous les deux. Seulement la folie de Balzac était touchante; il admirait sans comprendre ni sentir, il se croyait enthousiasmé. L'insanité de Planche était irritante et sotte, au contraire; sans comprendre, ni sentir, ni savoir, il dénigrait Beethoven et prétendait lui enseigner comment il faut faire une symphonie.

Je pourrais nommer une foule d'autres écrivains qui, pour le malheur de l'art et le tourment des artistes, publient leurs idées sur la musique, en prenant constamment, comme le singe de la fable, le Pirée pour un homme. Mais je veux me borner à citer divers exemples de monomanie inoffensive et par cela même essentiellement plaisante, que l'histoire moderne me fournit.

Le droit de jouer en fa dans une symphonie en ré.

A l'époque où, après huit ou dix ans d'études, je commençais à entrevoir la puissance de notre grand art profané, un étudiant de ma connaissance fut député vers moi par les membres d'une société philharmonique d'amateurs, récemment constituée dans le local du Prado, pour me prier d'être leur chef d'orchestre. Je n'avais encore alors dirigé qu'une seule exécution musicale, celle de ma première messe dans l'église de Saint-Eustache. Je me méfiais extrêmement de ces amateurs; leur orchestre devait être et était en effet exécrable. Toutefois l'idée de m'exercer à la direction des masses instrumentales, en expérimentant ainsi *in animâ vili*, me décida, et j'acceptai.

Le jour de la répétition venu, je me rends au Prado; j'y trouve une soixantaine de concertants qui s'accordaient avec ce bruit agaçant particulier aux orchestres d'amateurs. Il s'agissait d'exécuter quoi?... Une symphonie en *ré* de Gyrowetz. Je ne crois pas que jamais chaudronnier, marchand de peaux de lapins, épicier romain ou barbier napolitain ait rêvé des platitudes pareilles. Je me résigne, nous commençons. J'entends une discordance affreuse produite par les clarinettes. J'interromps l'orchestre, et m'adressant aux clarinettistes: « Vous aurez pris sans doute un morceau pour un autre, messieurs; nous jouons en *ré* et vous venez de jouer en *fa !* — Non, monsieur, c'est bien la symphonie désignée ! — Recommençons. » Nouvelle discordance, nouveau temps d'arrêt. « Mais c'est impossible, envoyez-moi votre partie. » On me fait passer la partie des clarinettes : « Parbleu ! la cacophonie s'explique. Votre partie est écrite en *fa*, à la vérité, mais pour des clarinettes en *la*, et votre *fa*, en ce cas, devient l'unisson de notre *ré*. Vous vous êtes trompés d'instrument. — Monsieur, nous n'avons que des clarinettes en *ut*. — Eh bien, transposez à la tierce inférieure. — Nous ne savons pas transposer. — Alors, ma foi, taisez-vous. — Ah ! par exemple ! nous sommes membres de la société, et nous avons le droit de jouer comme tous les autres. »

A ces mots incroyables, laissant tomber mon bâton, je me sauvai comme si le diable m'emportait, et jamais depuis lors je n'entendis parler de ces *philharmoniques*.

Un virtuose couronné.

Un roi d'Espagne, croyant aimer fort la musique, se plaisait à faire sa partie dans les quatuors de Boccherini ; mais il ne pouvait jamais suivre le mouvement d'un morceau. Un jour où, plus que de coutume,

il était resté en arrière des autres concertants, ceux-ci, effrayés du désordre produit par le royal archet, en retard de trois ou quatre mesures, firent mine de s'arrêter : — « Allez toujours, cria l'enthousiaste monarque, je vous rattraperai bien. » . . . .
. . . .

Un nouvel instrument de musique.

Un musicien que tout Paris connaissait, il y a quinze ou vingt ans, vient me trouver un matin, portant sous son bras un objet soigneusement enveloppé dans du papier : — « Je l'ai trouvé ! je l'ai trouvé ! s'écrie-t-il comme Archimède, en entrant chez moi. J'étais depuis longtemps à la piste de cette découverte, qui ne peut manquer de produire dans l'art une immense révolution. Vois cet instrument, une simple boîte de fer-blanc percée de trous et fixée au bout d'une corde; je vais la faire tourner vivement comme une fronde, et tu entendras quelque chose de merveilleux. Tiens, écoute : Hou ! hou ! hou ! Une telle imitation du vent *enfonce cruellement* les fameuses gammes chromatiques de la *Pastorale* de Beethoven. C'est la nature prise sur le fait ! C'est beau, et c'est nouveau ! Il serait de mauvais goût de faire ici de la modestie. Beethoven était dans le faux, il faut le reconnaître, et je suis dans le vrai. Oh! mon cher, quelle découverte! et quel article tu vas m'écrire là-dessus dans le *Journal des Débats!* Cela te fera un honneur extraordinaire; on te traduira dans toutes les langues. Que je suis content, va, mon vieux! Et crois-le bien, c'est autant pour toi que pour moi. Cependant, je l'avouerai, je désire employer le premier mon instrument; je le réserve pour une ouverture que j'ai commencée et dont le titre sera : l'*Ile d'Eole;* tu m'en diras des nouvelles. Après cela, libre à toi d'user de ma découverte pour tes symphonies. Je ne suis pas de ces gens qui sacrifieraient le présent et l'avenir de la musique à leur intérêt personnel, non; *tout pour l'art,* c'est ma devise. »

. . . .

Le régiment de colonels.

Un monsieur, riche propriétaire, daigne me présenter son fils, âgé de vingt-deux ans, et ne sachant, de son aveu, pas encore lire la musique.

—Je viens vous prier, monsieur, me dit-il, de vouloir

bien donner des leçons de *haute composition* à ce jeune homme, qui vous fera honneur prochainement, je l'espère. Il avait eu d'abord l'idée de se faire colonel, mais malgré l'éclat de la gloire militaire, celle des arts le séduit décidément ; il aime mieux se faire grand compositeur.

— Oh ! monsieur, quelle faute ! Si vous saviez tous les déboires de cette carrière ! Les grands compositeurs se dévorent entre eux ; il y en a tant !... Je ne puis d'ailleurs me charger de le conduire au but de sa noble ambition. A mon avis, il fera bien de suivre sa première idée et de s'engager dans le régiment dont vous me parliez.

— Quel régiment ?

— Parbleu ! le régiment des colonels.

— Monsieur, votre plaisanterie est fort déplacée ; je ne vous importunerai pas plus longtemps. Heureusement vous n'êtes pas le seul maître et mon fils pourra se faire grand compositeur sans vous. Nous avons l'honneur de vous saluer.

. . . .

Une cantate.

Peu de temps avant l'entrée à Paris des cendres de

l'empereur Napoléon Ier, des marches funèbres furent demandées à MM. Auber, Adam et Halévy, pour le cortége qui devait conduire le mort immortel à l'église des Invalides.

J'avais, en 1840, été chargé de composer une symphonie pour la translation des restes des victimes de la révolution de Juillet et l'inauguration de la colonne de la Bastille; en conséquence, plusieurs journaux, persuadés que ce genre de musique était ma spécialité, m'annoncèrent comme le compositeur honoré une seconde fois de la confiance du ministre dans cette occasion solennelle.

Un amateur belge, induit en erreur avec beaucoup d'autres, m'adressa alors un paquet contenant une lettre, des vers et de la musique.

La lettre était ainsi conçue :

« Monsieur,

» J'apprends par la voie des journaux que vous êtes chargé de composer une symphonie pour la cérémonie de la translation des centres impériales au Panthéon. Je vous envoie une cantate qui, fondue dans votre ouvrage, et chantée par sept ou huit cents voix, doit produire un certain effet.

» Vous remarquerez une lacune dans la poésie après le vers :

Nous vous rendons votre Empereur.

» Je n'ai pu terminer complétement que la musique, car je ne suis guère poëte. Mais vous vous procurerez aisément ce qui manque; Hugo ou Lamartine vous feront ça. Je suis marié, j'ai trois *populos* (trois enfants); si cela rapporte quelques écus, vous me feriez plaisir de me les envoyer; je vous abandonne la gloire. »

. . . .

Voici la cantate.

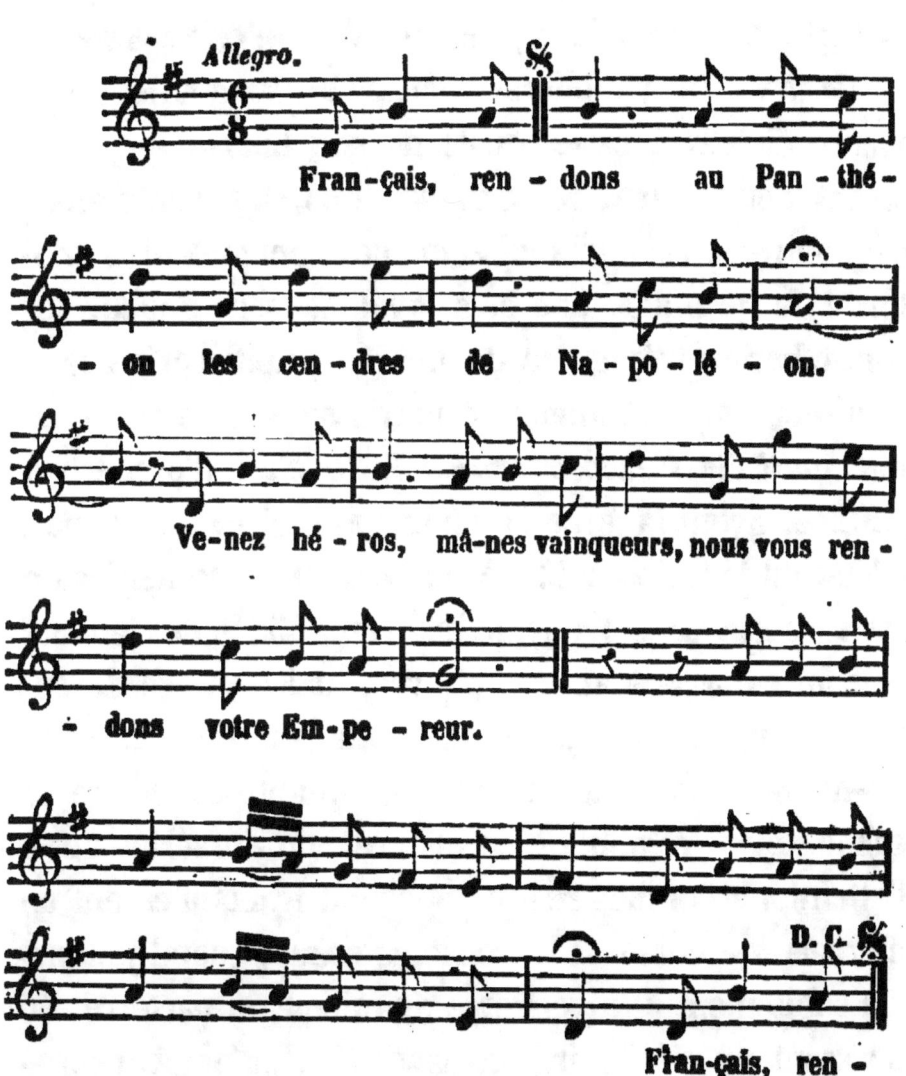

Il m'abandonnait la gloire!!!

Un Programme de musique grotesque.

A l'époque où l'Odéon était un théâtre lyrique, on y représentait souvent des pièces de l'ancien répertoire de Feydeau. Je fus, par hasard, témoin d'une répétition générale pour la reprise de la *Rosière de Salency* de Grétry. Je n'oublierai jamais le spectacle offert par l'orchestre à cette occasion ; son hilarité en exécutant l'ouverture, les cris des uns, les contorsions des autres, les applaudissements ironiques des violons, le premier hautbois avalant son anche, les contre-basses trépignant devant leur pupitre et demandant d'une voix étranglée la permission de sortir, assurant *qu'il était encore temps*. Et le chef d'orchestre, M. Bloc, ayant la force de tenir son sérieux...; et moi, m'élevant jusqu'au sublime en blâmant cette explosion irrévérencieuse, et trouvant indécente l'idée des joueurs de contre-basse. Mais ces pauvres artistes ne tardèrent pas à être bien vengés de ma sotte pruderie. Une demi-heure après l'exécution de l'étonnante ouverture, le calme s'étant rétabli, on en était revenu au sérieux et à l'attention, l'orchestre accompagnait tranquillement un morceau de chant de la troisième scène, quand je tombai subitement à la renverse au milieu du parterre, en poussant un cri de rire rétrospectif... La nature reprenait ses droits, je faisais long feu.

Deux ou trois ans plus tard, réfléchissant à certains

morceaux de ce genre qu'on trouve, il faut bien le reconnaître, chez plusieurs grands maîtres, l'idée me vint d'en faire figurer une collection dans un concert préparé *ad hoc*, mais sans prévenir le public de la nature du festin musical auquel il était convié; me bornant à annoncer un programme décoré exclusivement de noms illustres.

L'ouverture de la *Rosière de Salency*, cela se conçoit, y figurait en première ligne, — puis un air anglais célèbre : « *Arm ye brave!* » — une sonate *diabolique* pour le violon, — le quatuor d'un opéra français où l'on trouve ce passage :

> J aime assez les Hollandaises,
> Les Persanes, les Anglaises,
> Mais je préfère des Françaises
> L'esprit, la grâce et la gaieté.

— une marche instrumentale qui fut exécutée, à l'indescriptible joie du public, dans un concert très-grave donné à Paris, il y a six ou sept ans; — le final du premier acte d'un grand opéra qui n'est plus au répertoire, mais dont la phrase : « *Viens, suis-moi dans les déserts,* » produisit aussi sur une partie de l'orchestre l'hilarité la plus scandaleuse, lors de la dernière reprise du *chef-d'œuvre*; — la fugue sur *Kyrie Eleison*, d'une messe de *Requiem*; — un hymne qui passe pour appartenir au style pindarique, dont les paroles sont :

> *I cieli immensi narrano*
> *Del grande iddio la gloria!*

(Les cieux immenses racontent la gloire du grand Dieu!) mais dont la musique, pleine de jovialité et de rondeur, sans se soucier des merveilles de la création, dit tout bonnement ceci :

> Ah ! quel plaisir de boire frais,
> De se farcir la panse !
> Ah ! quel plaisir de boire frais,
> Assis sous un ombrage épais,
> Et de faire bombance !

— des variations pour le basson sur l'air : *Au clair de la lune*, célèbres pendant vingt ans, et qui firent la fortune de l'auteur.

Enfin, une très-fameuse symphonie (en *ré*), dont Gyrowetz n'est pas coupable.

Ce mirobolant programme une fois arrêté, l'orchestre conspirateur se réunit pour une répétition préliminaire. Quelle matinée !... Inutile de dire qu'on ne vit pas la fin de l'expérience. L'ouverture de la *Rosière* produisit son effet extraordinaire ; le final : « *Viens ! suis-moi,* » alla jusqu'au bout, au milieu des transports joyeux des exécutants, mais l'hymne :

> Ah ! quel plaisir de boire frais !

ne put être achevé : on se tordait, on tombait à terre, on renversait les pupitres, le timbalier avait crevé la peau d'une de ses timbales ; il fallut renoncer à aller plus avant. Enfin, ce qui restait de gens à peu près sérieux dans l'orchestre fut réuni en conseil, et la majorité déclara ce concert impossible, assurant qu'il en résulterait un scandale affreux, et que malgré la célébrité, la haute et juste illustration de tous les compositeurs dont les œuvres figuraient dans le programme, le public serait capable d'en venir à des voies de fait et de nous jeter des gros sous.

O naïfs musiciens! vous connaissez bien mal l'urbanité du public! Lui, se fâcher! allons donc! Sur les huit cents personnes réunies dans la salle que nous avions choisie pour cette épreuve, cinquante peut-être eussent ri du meilleur de leur cœur, les autres fussent restées fort sérieuses et de grands applaudissements, je le crains, eussent suivi l'exécution de l'hymne et du final. Quant au *Kyrie*, on eût dit : « C'est de la musique savante ! » et l'on eût fort goûté la symphonie.

Pour l'ouverture, la marche et l'air anglais, quelques-uns se fussent permis d'exprimer un doute et de dire à leurs voisins : « Est-ce une plaisanterie ? »

Mais voilà tout.

Les anecdotes à l'appui de cette opinion ne me feraient pas défaut. En voici une entre vingt.

Est-ce une ironie?

Je venais de diriger au théâtre de Dresde la seconde exécution de ma légende : la *Damnation de Faust*. Au second acte, à la scène de la cave d'Auerbach, les étudiants ivres, après avoir chanté la chanson du rat *mort empoisonné dans une cuisine*, s'écrient en chœur : Amen!

>Pour l'amen une fugue!

dit Brander,

>Une fugue, un choral!
>Improvisons un morceau magistral!

Et les voilà reprenant, dans un mouvement plus large, le *thème de la chanson du rat*, et faisant une vraie fugue scolastico-classique, où le chœur, tantôt vocalise sur *a a a a,* tantôt répète rapidement le mot tout entier, *amen, amen, amen,* avec accompagnement de tuba, d'ophicléide, de bassons et de contrebasses. Cette fugue est écrite selon les règles les plus sévères du contre-point, et, malgré la brutalité insensée de son style et le contraste impie et blasphématoire établi à dessein entre l'expression de la musique et le sens du mot *amen*, l'usage de ces horribles caricatures étant admis dans toutes les écoles, le public n'en est point choqué, et l'ensemble harmonieux qui résulte du tissu de notes, dans cette scène, est toujours et partout applaudi. Cela rappelle le succès du sonnet d'Oronte à la première représentation du *Misanthrope*.

Après la pédale obligée et la cadence finale de la fugue, Méphistophélès s'avance et dit :

>Vrai Dieu! messieurs, votre fugue est fort belle,
>Et telle
>Qu'à l'entendre on se croit aux saints lieux.
>Souffrez qu'on vous le dise,
>Le style en est savant, vraiment religieux,

> On ne saurait exprimer mieux
> Les sentiments pieux
> Qu'en terminant ses prières, l'Eglise
> En un seul mot résume, etc.

Un amateur vint me trouver dans un entr'acte. Ce récitatif, sans doute, lui avait donné à réfléchir, car, m'abordant avec un timide sourire :

— Votre fugue sur *amen* est une ironie, n'est-ce pas, c'est une ironie ?...

— Hélas ! monsieur, j'en ai peur !

Il n'en était pas sûr !!!

. . . .

L'Évangéliste du tambour.

Je me suis souvent demandé : Est-ce parce que certaines gens sont fous qu'ils s'occupent de musique, ou bien est-ce la musique qui les a fait devenir fous ?... L'observation la plus impartiale m'a amené à cette conclusion : la musique est une passion violente, comme l'amour ; elle peut donc sans doute faire quelquefois en apparence perdre la raison aux individus qui en sont possédés. Mais ce dérangement du cerveau est seulement accidentel, la raison de ceux-là ne tarde pas à reprendre son empire ; encore reste-t-il à prouver que ce prétendu dérangement n'est pas une exaltation sublime, un développement exceptionnel de l'intelligence et de la sensibilité...

Pour les autres, pour les vrais grotesques, évidemment la musique n'a point contribué au désordre de leurs facultés mentales, et si l'idée leur est venue de se vouer à la pratique de cet art, c'est qu'ils n'avaient pas le sens commun. La musique est innocente de leur monomanie.

Pourtant Dieu sait le mal qu'ils lui feraient si cela dépendait d'eux, et si les gens acharnés à démontrer à tout venant, en tout pays et en tout style, qu'ils sont Jupiter, n'étaient pas reconnus de prime abord par le bon sens public pour des monomanes!

D'ailleurs, il y a des individus qu'on honore beaucoup en les plaçant dans la classe des esprits dérangés; ils n'eurent jamais d'esprit; ce sont des crânes vides, ou du moins vides d'un côté; le lobe droit ou le lobe gauche du cerveau leur manque, quand les deux lobes ne leur manquent pas à la fois. Le lecteur fera sans peine le classement des exemples que nous allons citer et saura distinguer les fous des hommes simplement... simples. . . . .
. . . .

Il s'est trouvé un brave musicien, jouant fort bien du tambour. Persuadé de la supériorité de la *caisse claire* sur tous les autres organes de la musique, il écrivit, il y a dix ou douze ans, *une méthode* pour cet instrument et dédia son ouvrage à Rossini. Invité à me prononcer sur le mérite et l'importance de cette méthode, j'adressai à l'auteur une lettre dans laquelle je trouvai le moyen de le complimenter beaucoup sur son talent d'exécutant.

« Vous êtes le roi des tambours, disais-je, et vous ne tarderez pas à être le tambour des rois. Jamais, dans aucun régiment français, italien, anglais, allemand ou suédois, on ne posséda une *qualité de son* comparable à la vôtre. Le mécanisme proprement dit, le *maniement des baguettes*, vous fait prendre pour un sorcier par les gens qui ne vous connaissent pas. Votre *fla* est si moelleux, si séduisant, si doux! c'est du miel! Votre *ra* est tranchant comme un sabre. Et quant à votre *roulement*, c'est la voix de l'Éternel, c'est le tonnerre, c'est la foudre qui tombe sur un peuplier de quatre-vingts pieds de haut et le fend jusques en bas. »

Cette lettre enivra de joie notre virtuose; il en eût perdu l'esprit, si la chose eût été possible. Il courait les orchestres de Paris et de la banlieue, montrant sa lettre de gloire à tous ses camarades.

Mais un jour il arrive chez moi dans un état de fureur indescriptible : « Monsieur ! on a eu l'insolence, hier, à l'état-major de la garde nationale, de m'insinuer que votre lettre était une plaisanterie, et que vous vous étiez (si j'ose m'exprimer ainsi), f... moqué de moi. Je ne suis pas méchant, non, on le sait. Mais le premier qui osera me dire cela positivement en face, le diable me brûle si je ne lui passe pas mon sabre au travers du corps!... »

Pauvre homme! il fut l'évangéliste du tambour; il se nommait *Saint-Jean*.

L'Apôtre du flageolet.

Un autre, l'apôtre du flageolet, était rempli de zèle; on ne pouvait l'empêcher de jouer dans l'orchestre dont il faisait le plus bel ornement, alors même que le flageolet n'y avait rien à faire.

Il doublait alors soit la flûte, soit le hautbois, soit la clarinette; il eût doublé la partie de contre-basse, plutôt que de rester inactif. Un de ses confrères s'avisant de trouver étrange qu'il se permît de jouer dans une symphonie de Beethoven : « Vous *mécanisez* mon instrument, et vous avez l'air de le mépriser! Imbéciles! Si Beethoven m'avait eu, ses œuvres seraient pleines de solos de flageolet, et il eût fait fortune.

« Mais il ne m'a pas connu; *il est mort à l'hôpital.* »

Le Prophète du trombone.

Un troisième s'est passionné pour le trombone. Le trombone, selon lui, détrônera tôt ou tard et remplacera tous les autres instruments. Il en est le prophète Isaïe.

Saint-Jean eût joué dans le désert; celui-ci, pour prouver l'immense supériorité du trombone, se vante d'en avoir joué en diligence, en chemin de fer, en bateau à vapeur, et même *en nageant sur un lac de vingt mètres de profondeur*. Sa méthode contient, avec les exercices propres à enseigner l'usage du trombone en nageant sur les lacs, plusieurs chansons joyeuses pour noces et festins. Au bas de l'un de ces chefs-d'œuvre est un avis ainsi conçu : « Quand on chante ce morceau dans une noce, à la mesure marquée X, il faut laisser tomber une pile d'assiettes; cela produit un excellent effet. »

. . . .

Chefs d'orchestre.

Un célèbre chef d'orchestre, faisant répéter une ouverture nouvelle, répondit à l'auteur qui lui demandait une nuance de piano dans un passage important : « Piano, monsieur? *chimère de cabinet!* »

. . . .

J'en ai vu un autre, pensant diriger quatre-vingts exécutants, qui *tous lui tournaient le dos*.

. . . .

Un troisième, conduisant la tête baissée et le nez sur les notes de sa partition, ne s'apercevait pas plus de ce que faisaient les musiciens que s'il eût de Londres dirigé l'orchestre de l'Opéra de Paris.

Une répétition de la symphonie en *la* de Beethoven ayant lieu sous sa *direction*, tout l'orchestre se perdit; l'ensemble une fois détruit, une terrible cacophonie ne tarda pas à s'ensuivre, et bientôt les musiciens cessèrent de jouer. Il n'en continua pas moins d'agiter au-dessus de sa tête le bâton au moyen duquel il croyait marquer les temps, jusqu'au moment où les cris répétés : « Eh! cher maître, arrêtez-vous, arrêtez-vous donc! nous n'y sommes plus! » suspendirent enfin le mouvement de son bras infatigable. Il relève la tête alors, et d'un air étonné : « Que voulez-vous? qu'est-ce qu'il y a?

— Il y a que nous ne savons où nous en sommes, et que tout est en désarroi depuis longtemps.

— Ah! ah!... »

Il ne s'en était pas aperçu.

Ce digne homme fut, comme le précédent, honoré de la confiance particulière d'un roi, qui le combla d'honneurs, et il passe encore dans son pays, auprès des amateurs, pour une des illustrations de l'art. Quand on dit cela devant des musiciens, quelques-uns, les flatteurs, gardent leur sérieux.

Appréciateurs de Beethoven.

Un fameux critique, théoricien, parolier, décompositeur, correcteur des maîtres, avait fait un opéra avec la pièce de deux auteurs dramatiques et la musique de quatre compositeurs. Il me trouve un jour à la bibliothèque du Conservatoire lisant l'orage de la symphonie pastorale de Beethoven.

— Ah! ah! dit-il en reconnaissant le morceau, j'avais introduit cela dans mon opéra *la Forêt de Sénart*, et j'y avais fourré des trombones qui produisaient un diable d'effet!

— Pourquoi *y en avoir fourré,* lui dis-je, puisqu'il y en a déjà?

— Non, il n'y en pas!

— Bah! et ceci (lui montrant les deux lignes de trombones) qu'est-ce donc?

— Ah! parbleu! *je ne les avais point vus.*

. . . .

Un grand théoricien, érudit, etc., a imprimé quelque part que Beethoven *savait peu la musique.*

. . . .

Un directeur des beaux-arts (qui déplorent sa perte) a reconnu devant moi que ce même Beethoven *n'était pas sans talent.*

La version Sontag.

Une admirable cantatrice, la tant regrettée Sontag, avait, à la fin du trio des masques de *Don Juan*, inventé une phrase qu'elle substituait à la phrase originale. Son exemple fut bientôt suivi ; il était trop beau pour ne pas l'être, et toutes les cantatrices de l'Europe adoptèrent pour le rôle de dona Anna *l'invention* de Mme Sontag.

Un jour, à une répétition générale à Londres, un chef d'orchestre de ma connaissance, entendant à la fin du trio cette audacieuse substitution, arrêta l'orchestre et s'adressant à la prima donna :

— Eh bien, qu'est-ce qu'il y a ? avez-vous oublié votre rôle, madame ?

— Non, monsieur, je *chante la version Sontag*.

— Ah ! très-bien ; mais oserais-je prendre la liberté de vous demander pourquoi vous préférez la version Sontag à la version Mozart, qui est pourtant la seule dont nous ayons à nous occuper ici ?

— C'est qu'elle fait mieux.

! ! ! ! ! ! ! ! ! . . . .

On ne peut pas danser en MI.

Un danseur qui, en Italie, s'était élevé jusqu'aux nues, vient débuter à Paris; il demande l'introduction, dans le ballet où il va paraître, d'un pas qui lui valut des avalanches de fleurs à Milan et à Naples. On obéit. Arrive la répétition générale; mais cet air de danse, pour une raison ou pour une autre, avait été copié un ton plus haut que dans la partition originale.

On commence; le danseur part pour le ciel, voltige un instant, puis, redescendant sur la terre : « En quel ton jouez-vous, messieurs? dit-il, en suspendant son vol. Il me semble que *mon morceau* me fatigue plus que de coutume.

— Nous jouons en *mi*.

— Je ne m'étonne plus maintenant. Veuillez transposer cet allegro et le baisser d'un ton, *je ne puis le danser qu'en* ré. »

Un baiser de Rossini.

Un amateur de violoncelle eut l'honneur de jouer devant Rossini.

« Le grand maître, racontait notre homme, dix ans après, a été si enchanté de mon jeu, que, m'interrompant au milieu d'un cantabile, il est venu me donner un baiser sur le front. Depuis lors, pour conserver l'illustre empreinte, *je ne me suis plus lavé la figure.* »

Un Concerto de clarinette.

Dœlher venait d'annoncer un concert dans une grande ville d'Allemagne, quand un inconnu se présenta chez lui :

« Monsieur, dit-il à Dœlher, je me nomme W***, *je suis une grande clarinette*, et je viens à H... dans l'intention d'y faire apprécier mon talent. Mais on me connaît peu ici, et vous me rendriez un éminent service en me permettant de jouer un solo dans la soirée que vous organisez. L'effet que j'espère y produire attirera sur moi l'attention et la faveur du public, et je vous devrai ainsi de pouvoir donner avec succès mon premier concert.

— Que voudriez-vous exécuter à ma soirée ? répond l'obligeant Dœlher.

— Un grand concerto de clarinette.

— Eh bien, monsieur, j'accepte votre offre ; je vais vous placer dans mon programme ; venez ce soir à la répétition ; je suis enchanté de vous être agréable. »

Le soir venu, l'orchestre rassemblé, notre homme se présente, et l'on commence à répéter son concerto. Selon l'usage fashionable de quelques virtuoses, il s'abstient de jouer sa partie, se bornant à faire répéter l'orchestre et à indiquer les mouvements. Le *tutti* principal, assez semblable à la marche des paysans du *Freyschütz*, parut fort grotesque aux assistants et inquiéta Dœlher. « Mais, disait celui-ci en sortant, la partie principale rachètera tout ; ce monsieur est probablement un habile virtuose ; on ne peut exiger qu'*une grande clarinette* soit en même temps un grand compositeur. »

Le lendemain, au concert, un peu intimidé par le triomphe éclatant de Dœlher, le clarinettiste entre en scène à son tour.

L'orchestre exécute le *tutti*, qui se terminait par un repos sur l'accord de la dominante, après lequel commençait le premier solo. « Tram, pam, pam, tire lire la ré la, » comme dans la marche du *Freyschütz*. Arrivé à l'accord de la dominante, l'orchestre s'arrête, le virtuose se campe sur la hanche gauche, avance la jambe droite, embouche son instrument, et tendant horizontalement ses deux coudes, fait mine de commencer. Ses joues se gonflent, il souffle, il pousse, il rougit ; vains efforts, rien ne sort du rebelle instrument. Il le présente alors devant son œil droit par le côté du pavillon ; il regarde dans l'intérieur comme il eût fait d'un télescope ; n'y découvrant rien, il essaye de nouveau, il souffle avec rage ; pas un son. Désespéré, il ordonne aux musiciens de recommencer le *tutti :* « Tram, pam, pam, tire lire la ré la, » et, pendant que l'orchestre s'escrime, le virtuose, plaçant sa clarinette, je ne dirai pas entre ses jambes, mais beaucoup plus haut, le pavillon en arrière, le bec en avant, se met à dévisser précipitamment l'anche et à passer l'écouvillon dans le tube...

Tout cela demandait un certain temps, et déjà l'impitoyable orchestre, ayant fini son *tutti*, était de nouveau parvenu à son repos sur l'accord de la dominante.

« Encore! encore! recommencez! recommencez!» crie aux musiciens *l'artiste en pâtiments*. Et les musiciens d'obéir : « Tram, pam, pam, tire lire la ré la. » Et pour la troisième fois, après quelques instants, les voilà de retour à la mesure inexorable qui annonce l'entrée du solo. Mais la clarinette n'est pas prête : « *Da capo!* encore! encore! » Et l'orchestre de repartir gaiement : « Tram, pam, pam, tire lire la ré la. »

Pendant cette dernière reprise, le virtuose ayant réarticulé les diverses pièces du malencontreux instrument, l'avait remis entre... ses jambes, avait tiré de sa poche un canif et s'en servait pour gratter précipitamment l'anche de la clarinette placée comme vous savez.

Les rires, les chuchottements bruissaient dans la salle : les dames détournaient le visage, se cachaient dans le fond des loges; les hommes se levaient debout, au contraire, pour mieux voir ; on entendait des exclamations, de petits cris étouffés, et le scandaleux virtuose continuait à gratter son anche.

Enfin, il la croit en état ; l'orchestre est revenu pour la quatrième fois au temps d'arrêt du *tutti*, le soliste réembouche sa clarinette, écarte et élève de nouveau ses coudes, souffle, sue, rougit, se crispe, et rien ne sort ! Quand un effort suprême fait jaillir, comme un éclair sonore, le couac le plus déchirant, le plus courroucé qu'on ait jamais entendu. On eût dit de cent pièces de satin déchirées à la fois ; le cri d'un vol de vampires, d'une goule qui accouche, ne peuvent approcher de la violence de ce couac affreux !

La salle retentit d'une exclamation d'horreur joyeuse, les applaudissements éclatent, et le virtuose éperdu, s'avançant sur le bord de l'estrade, balbutie : « Mesdames et messieurs, je ne sais... un ac... cident... dans ma cla...rinette...mais je vais la faire rac...commoder... et je vous prie de vouloir bien... venir, à ma soirée musi...cale, lundi prochain, ent...en... entendre *la fin de mon concerto.* »

. . . .

Les instruments de musique à l'Exposition universelle.

Je ne m'aviserai certes pas d'écrire ici un préambule sur l'industrie et les expositions universelles. Argumenter sur certaines questions expose parfois le raisonneur à des dangers assez graves; c'est quelquefois aussi de sa part une véritable condescendance de les discuter. Je me sais si loin de posséder le calme olympien nécessaire en pareil cas, qu'au lieu de combattre les systèmes qui me choquent, je vais souvent, en désespoir furieux de cause, jusqu'à avoir l'air de les accepter, jusqu'à les approuver de la tête, sinon de la parole et de la plume... Et ceci me rappelle une question que j'adressai un jour à un amateur de chimie... (Peut-être mon amateur, semblable aux amateurs de musique, de philosophie, à bien des amateurs enfin, croyait-il à l'absurde. Cette croyance est fort répandue. Peut-être aussi, après tout, l'absurde est-il le vrai; car si l'absurde n'était pas le vrai, Dieu serait cruel d'avoir mis dans le cœur de l'homme un si grand amour de l'absurde! Mais enfin voici ce que je demandai à mon chimiste et sa réponse :)

« Si l'on pouvait placer, lui dis-je, un certain nombre de kilogrammes, cent ou mille kilogrammes de poudre à canon, au point central de l'une des plus énormes montagnes du globe, de l'Hymalaya ou du

Chimborazo, par exemple, et si, par l'un des procédés dont on dispose aujourd'hui, on y mettait le feu, qu'arriverait-il? Croyez-vous que l'explosion pût avoir lieu, et que sa force fût capable de briser, de faire sauter une masse aussi extraordinairement résistante par sa densité, par sa cohésion et par son poids? »... L'amateur de chimie, embarrassé, réfléchit un instant, chose que font rarement les amateurs de musique ou de philosophie, et me répondit en hésitant : « Il est probable que la puissance de la poudre serait insuffisante, que son inflammation ayant lieu néanmoins et produisant instantanément des gaz dont l'expansion serait domptée par la résistance de la montagne, ces gaz se condenseraient en un liquide, toujours disposé à reprendre une forme gazeuse et à faire une épouvantable explosion le jour où la force supérieure cesserait de le comprimer. » Je ne sais jusqu'à quel point l'opinion de mon chimiste dilettante est fondée, mais peut-être cité-je à propos la proposition qui lui fut soumise.

Il y a des gens, en effet, j'en connais, qui, obligés de lutter avec une montagne d'absurdités, éprouvant au centre de leur cœur une colère incalculable, insuffisante cependant pour faire sauter la montagne, prennent feu tout d'abord, et presque aussitôt se soumettant sans bruit, en souriant même, à la loi de la déraison, voient les foudres de leur volcan se liquéfier jusqu'à nouvel ordre.

Les liquides, ainsi produits, sont ordinairement noirs et d'une extrême amertume; il y en a pourtant d'insipides, d'incolores, il y en a même, telle est leur diversité, qui semblent doux à l'œil et au goût. Ceux-là sont les plus dangereux. Quoi qu'il en soit, bien des fourneaux (ces mines monstres s'appellent ainsi depuis le siége de Sébastopol) ont été allumés, bien des kilogrammes de poudre ont été *liquéfiés* pendant la laborieuse session des divers jurys appelés à donner ou plutôt à prêter leur avis sur les produits de l'industrie.

. . . .
. . . .
. . . .
. . . .

Le jury spécial désigné pour examiner les instruments de musique, à la dernière exposition universelle, était formé de sept membres, compositeurs, virtuoses, acousticiens, savants, amateurs et fabricants. Persuadés qu'on les consultait à propos des instruments de musique pour connaître la valeur musicale de ces instruments, ils sont bien vite tombés d'accord sur les moyens à prendre pour en apprécier le mieux possible les qualités de sonorité et de confection, pour rendre justice aux inventions ingénieuses et utiles, pour placer à leur rang les facteurs intelligents. En conséquence, pour n'être en rien distraits de ce travail ardu, plus difficile qu'on ne pense, extrêmement pénible et même douloureux, je puis l'assurer, ils firent transporter successivement dans la salle de concerts du Conservatoire ces milliers d'instruments de toutes sortes, harmonieux, cacophoniques, sonores, bruyants, magnifiques, admirables, inutiles, grotesques, ridicules, rauques, affreux, propres à charmer les anges, à faire grincer des dents les démons, à réveiller les morts, à endormir les vivants, à faire chanter les oiseaux et aboyer les chiens.

On commença par l'examen des pianos. Le piano! A la pensée de ce terrible instrument, je sens un frisson dans mon cuir chevelu; mes pieds brûlent; en écrivant ce nom, j'entre sur un terrain volcanique. C'est que vous ignorez ce que sont les pianos, les marchands de pianos, les fabricants de pianos, les joueurs de piano, les protecteurs et protectrices des fabricants de pianos. Dieu vous préserve de le savoir jamais! Les autres marchands et facteurs d'instruments sont beaucoup moins redoutables. On peut dire d'eux à peu près ce qu'on veut, sans qu'ils se plaignent trop aigrement. On peut donner au plus méritant la première place, sans que tous les autres aient à la fois la pensée de vous assassiner. On peut aller jusqu'à reléguer le pire au dernier rang sans recevoir des bons la moindre réclamation. On peut dire même à l'ami d'un prétendu inventeur : « Votre ami n'a rien inventé, ceci n'est pas nouveau, les Chinois se servent de son invention depuis des siècles! » et voir l'ami désappointé de l'inventeur se retirer presque silencieusement comme eût fait sans doute l'illustre Colomb, si on lui eût appris que des navigateurs scandinaves avaient longtemps avant lui trouvé le continent américain.

Mais le piano! ah! le piano! « Mes pianos, monsieur! vous n'y songez pas. A moi le second rang! A moi une médaille d'argent! moi qui ai inventé l'emploi de la vis pour fixer la cheville voisine de la mortaise du quadruple échappement! Je n'ai pas démérité, monsieur? J'emploie, monsieur, six cents ouvriers; ma maison est toujours ma maison; j'envoie toujours mes produits non seulement à Batavia, à Vittoria, à Melbourne, à San-Francisco, mais dans la Nouvelle-Calédonie, dans l'île de Mounin-Sima, monsieur, à Manille, à Tinian, à l'île de l'Ascension, à Hawaï; il n'y a pas d'autres pianos que mes pianos à la cour du roi Kamehameha III, les mandarins de Pékin ne prisent que mes pianos, monsieur, on n'en entend pas d'autres à Nangasaki, monsieur... et à Saint-Germain-en-Laye; oui, monsieur. Et vous venez me parler de médaille d'argent, quand la médaille d'or serait pour moi une fort médiocre distinction! et vous ne m'avez pas seulement proposé pour le grand cordon de la légion d'Honneur! Vous me la baillez belle! Mais nous verrons, monsieur, cela ne se passera pas ainsi. Je proteste, je protesterai; j'irai trouver l'Empereur, j'en appellerai à toutes les cours de l'Europe, à toutes les présidences du Nouveau-Monde. Je publierai une brochure! Ah! bien oui, une médaille d'argent à l'inventeur de l'échappement de la cheville qui fixe la vis de la quadruple mortaise!!! »

Ceci met le feu, vous pouvez le penser, aux mille kilogrammes de poudre qui sont dans la montagne. Mais comme il est absolument impossible de répondre ainsi qu'il conviendrait à de pareilles exclamations, et de faire sauter... la montagne, la condensation des gaz s'opère, et il ne reste au fond du fourneau qu'un peu d'*eau insipide*.

Ou bien : « Hélas! monsieur, je n'ai donc pas la première médaille?... Il est donc vrai? une pareille iniquité a pu être accomplie?... Mais on reviendra là-dessus, et j'ose vous demander votre voix, votre énergique intervention!... Vous me refusez?... Oh! c'est incroyable! Mes pianos n'ont pourtant pas démérité; je fais toujours d'excellents pianos qui peuvent soutenir la lutte avec tous les pianos. Ce n'est pas un musicien tel que vous, monsieur, qui pourrait s'abuser à cet égard... Je suis ruiné, monsieur... Monsieur, je vous en supplie, accordez-moi votre voix... Oh! mais, c'est affreux! Monsieur, je vous en conjure... voyez mes larmes... je n'ai plus d'autre refuge que... la Seine... j'y cours... Ah! c'est de la férocité! je n'eusse jamais cru cela de vous... Mes pauvres enfants!... »

On ne peut encore rien faire sauter.

Eau de mélisse!

Ou bien : « J'arrive d'Allemagne, et l'on y rit beaucoup de votre jury. Comment! ce n'est pas le premier facteur de pianos qui est le premier? il serait donc devenu le second? il aurait donc démérité? Cela a-t-il le sens commun? et le second serait devenu le premier? A-t-on jamais vu rien de semblable? Vous allez recommencer tout cela, je l'espère, pour vous au moins. Certainement je ne connais pas ce merveilleux piano que vous avez couronné; je ne l'ai ni vu ni entendu; mais c'est égal, une telle décision vous couvre tous de ridicule. »

Eau de Cologne!

Ou bien : « Je viens, monsieur, pour une petite affaire... une affaire. C'est par erreur, sans doute, que les pianos de ma maison ont été déclassés; car tout le monde sait que ma maison n'a pas démérité. L'opinion publique a déjà fait justice de cette... erreur, et vous allez recommencer l'examen des pianos. Or, pour qu'il n'y ait pas de nouvelle bévue commise, je prends la liberté d'éclairer messieurs les membres du jury sur la force de ma maison. Je fais de nombreuses et importantes affaires... et ni mes associés ni moi nous ne regardons à... des... sacrifices... nécessaires dans certaines... circonstances... Il n'y a qu'à bien comprendre... » A un certain froncement de sourcils du juré, l'homme d'affaires voit qu'on ne... comprend pas et se retire.

Eau-de-vie camphrée!

Ou bien : « Monsieur, je viens...

« — Vous venez pour vos pianos?

« — Sans doute, monsieur.

« — Votre maison n'a pas démérité, n'est-ce pas? Nous allons recommencer l'examen; il vous faut la première médaille?

« — Certes, Monsieur!

« — Feux et tonnerres!... »

Le juré quitte son salon, et ferme violemment une

porte derrière lui, en en faisant sauter la serrure.

Eau forte! acide hydro-cyanique.

Telles sont les scènes qu'infligeaient autrefois aux malheureux jurés les facteurs, les joueurs, et les protecteurs des facteurs de pianos; au dire d'un ancien juré libéré, juré de rebut, méchante langue sans doute, car nous ne voyons plus rien de pareil aujourd'hui.

Je reprends ma narration.

Les jurés, lors de la dernière exposition, étaient donc au nombre de sept. Nombre mystérieux, cabalistique, fatidique!... Les sept sages de la Grèce, les sept branches du flambeau sacré, les sept couleurs primitives, les sept notes de la gamme, les sept péchés capitaux, les sept vertus théologales... ah! pardon, il n'y en a que trois, du moins il n'y en avait que trois, car j'ignore si l'Espérance existe encore.

Mais, je le jure, nous étions sept jurés: un Écossais, un Autrichien, un Belge et quatre Français; ce qui semblerait prouver que la France à elle seule est plus riche en jurés que l'Ecosse, la Belgique et l'Autriche réunies.

Cet aréopage constituait ce qu'on nomme une *classe.* La classe, après un examen minutieux et attentif de toutes les questions dont elle était saisie, devait ensuite prendre part à une assemblée où cinq ou six autres classes se trouveraient réunies pour former un *groupe.* Et ce groupe avait à prononcer à la majorité des voix sur la validité des décisions prises isolément par chaque classe. Ainsi la classe chargée d'examiner les tissus de soie et de laine, ou celle qui avait étudié le mérite des orfèvres, ciseleurs, ébénistes, et plusieurs autres classes, voulaient bien nous demander, à nous autres musiciens, si les récompenses avaient été justement données à tels ou tels fabricants de tissus, à tels ou tels marchands de bronze, etc., questions auxquelles mes confrères de la classe de musique semblaient un peu embarrassés de répondre dans les premiers jours. Ces jugements *ex abrupto* leur paraissaient singuliers; ils n'y étaient pas faits, aucun d'eux n'ayant été appelé à voter de la même façon, quatre ans auparavant, à l'Exposition universelle de Londres, où cet usage était déjà admis, et où j'avais pu faire mon noviciat.

J'eus, il est vrai, un instant d'angoisse assez pénible quand, en 1851, le jour de la première assemblée de notre groupe, les jurés anglais, voyant que je m'abstenais, me sommèrent de voter sur les récompenses proposées pour les fabricants d'instruments de chirurgie. Je pensai aussitôt à tous les bras, à toutes les jambes que ces terribles instruments allaient avoir à couper, aux crânes qu'ils devaient trépaner, aux polypes qu'ils auraient à extraire, aux artères, aux filets nerveux qu'il leur faudrait saisir, aux pierres qu'on leur ferait broyer!!! Et je vais, moi, qui ne sais ni A ni B en chirurgie, moins encore en mécanique et en coutellerie, et qui d'ailleurs, fussé-je à la fois un Amussat et un Charrière, n'ai jamais examiné un seul des dangereux outils dont il est question, je vais dire là, carrément, officiellement, que les instruments de celui-ci sont beaucoup meilleurs que ceux de celui-là, et que monsieur un tel et non pas un autre mérite le premier prix ! J'avais la sueur au front et des glaçons dans le dos en y songeant. Dieu me pardonne si, par mon vote, j'ai causé la mort de quelques centaines de blessés anglais, français, piémontais, et même russes, mal opérés en Crimée par suite du prix donné à de mauvais instruments de chirurgie !...

Peu à peu néanmoins mes remords se sont calmés ; le feu a bien pris à la mine, mais la montagne n'a pas sauté, comme toujours, et le fourneau ne contient à cette heure qu'une petite quantité *d'eau pure*. J'ai donné dernièrement à Paris un prix à une clef de Garengeot pour arracher les dents, sans éprouver aucune douleur. D'ailleurs, l'institution des groupes ayant été adoptée en Angleterre et en France, et personne ne s'en étant plaint, il faut bien qu'elle soit bonne, utile, morale, et je n'ai que la honte d'avouer la faiblesse d'intelligence qui me met dans l'impossibilité de comprendre sa raison d'être. — Il y a un peu d'ironie dans votre humilité, direz-vous ; sans doute le groupe dont vous faisiez partie aura contrarié la classe des musiciens en infirmant quelques-uns de ses jugements, et vous lui gardez rancune ? — Ah ! certes, non. Le groupe a essayé à peine deux ou trois fois de soutenir que nous nous étions trompés, et en toute autre occasion nos confrères non musiciens ont levé leur main droite pour le vote affirmatif, avec un ensemble qui les montrait dignes de l'être. Non, ce sont de simples réflexions antiphilosophiques sur les institutions humaines, que je vous donne pour ce qu'elles valent, c'est-à-dire pour rien.

Or nous étions sept dans la loge officielle de la salle du Conservatoire, et chaque jour une fournée de quatre-vingt-dix pianos au moins faisaient gémir sous son poids le plancher du théâtre en face de nous. Trois habiles professeurs jouaient chacun un morceau différent sur le même instrument, en répétant chacun toujours le même ; nous entendions ainsi quatre-vingt-dix fois par jour ces trois airs, ou, en additionnant, deux cent soixante-dix airs de piano, de huit heures du matin à quatre heures de l'après-midi. Il y avait des intermittences dans notre état. A certains moments, une sorte de somnolence remplaçait la douleur, et comme, après tout, sur ces trois morceaux il s'en trouvait deux de fort beaux, l'un de Pergolèse et l'autre de Rossini, nous les écoutions alors avec charme; ils nous plongeaient dans une douce rêverie. Bientôt après, il fallait payer son tribut à la faiblesse humaine; on se sentait pris de spasmes d'estomac et de véritables nausées. Mais ce n'est pas ici le cas d'examiner ce phénomène physiologique.

Pour n'être en aucune façon influencés par les noms des facteurs des terribles pianos, nous avions eu l'idée d'étudier ces instruments, sans savoir à qui ni de qui ils étaient. On avait en conséquence caché le nom des facteurs par une large plaque de carton portant un numéro. Les essayeurs pianistes, avant de

commencer leur opération, nous criaient du théâtre:
Numéro 37, ou numéro 20, etc. Chacun des jurés prenait ses notes d'après cette désignation. Quand ensuite le deux cent soixante-dixième air était exécuté, les jurés, non contents de cette épreuve, descendaient sur le théâtre, examinaient de près le mécanisme de chaque instrument, en touchaient eux-mêmes le clavier, et modifiaient ainsi, s'il y avait lieu, leur première opinion. Le premier jour, on entendit un nombre considérable de pianos à queue. Les sept jurés en distinguèrent tout d'abord six dans l'ordre suivant :

Le n° 9 obtint l'unanimité pour la première place;

Le n° 19 obtint également l'unanimité pour la seconde;

Le n° 5 eut 6 voix sur 7 pour la troisième;

Le n° 11, 4 voix sur 7 pour la quatrième;

Le n° 17, 6 voix pour la cinquième;

Le n° 22, 5 voix pour la sixième.

Les jurés, pensant que la position des pianos sur le théâtre, position plus ou moins rapprochée de certains réflecteurs du son, pouvait rendre les conditions de sonorité inégales, imaginèrent alors d'entendre une seconde fois ces six instruments dans un autre ordre et après les avoir tous déplacés. En outre, pour ne pas subir l'influence d'une première impression, ils tournèrent eux-mêmes le dos à la scène pendant le déplacement des instruments, dont ils connaissaient la couleur, la forme et la place, voulant ignorer où ils allaient être portés. Ils les entendirent ainsi sans se retourner, sans savoir lequel était touché le premier, le second, etc.; et leurs notes consultées ensuite, et les numéros rapprochés du nouveau numéro d'ordre dans lequel on venait de les faire entendre, il se trouva, en fin de compte, que les suffrages s'étaient répartis de la même façon sur les mêmes instruments qu'à la première épreuve, tant les qualités de chacun étaient tranchées. Ce fait est l'un des plus curieux de ce genre que l'on puisse citer; il prouve d'ailleurs le soin minutieux avec lequel le jury s'est acquitté de sa tâche.

Après chaque séance, le résultat des votes était consigné dans le procès-verbal; un membre du jury allait découvrir les noms cachés par la plaque de carton, écrivait ces noms avec les numéros auxquels ils correspondaient, et sa déclaration, jointe au procès-verbal, était enfermée dans une enveloppe cachetée et revêtue du timbre du Conservatoire.

C'est pourquoi, pendant les longues semaines consacrées à l'examen des pianos, personne, pas même les membres du jury (excepté un), ne connaissant le nom des facteurs classés, aucun de ceux-ci n'a pu réclamer, ni se plaindre, ni venir nous dire : « Monsieur, je n'ai pas démérité, etc. »

La même marche a été suivie pour les pianos à queue petit format, pour les pianos carrés et pour les pianos droits. Nous avons la satisfaction d'annoncer qu'aucun juré n'a succombé par suite de cette épreuve, et que la plupart d'entre eux sont aujourd'hui en convalescence.

Un rival d'Érard.

Certains mécaniciens amateurs se livrent parfois à la fabrication des instruments de musique avec le plus grand succès. Ils font même dans cet art d'étonnantes découvertes... Ces hommes ingénieux, autant que modestes, dédaignent néanmoins d'envoyer leurs ouvrages aux expositions universelles, et ne réclament pour eux personnellement ni brevet d'invention, ni médaille d'or, ni le moindre cordon de la Légion d'honneur.

L'un d'eux vint un jour, en Provence, visiter son voisin de campagne, M. d'O..., célèbre critique et musicien distingué. En entrant dans son salon : « Ah! vous avez un piano? lui dit-il.

— Oui, un Érard excellent.

— Moi aussi, j'en ai un.

— Un piano d'Érard?

— Allons donc! de moi, s'il vous plaît. Je me le suis fait à moi-même, et d'après un système tout nouveau. Si vous êtes curieux de le voir, je le ferai mettre demain sur ma charrette, et je vous l'apporterai.

— Volontiers. »

Le lendemain, l'amateur campagnard arrive avec sa charrette; on apporte le piano, on l'ouvre, et M. d'O... est fort étonné de voir le clavier composé exclusivement de touches blanches. « Eh bien! et les touches noires? dit-il.

— Les touches noires? Ah! oui, pour les dièzes et les bémols; c'est une bêtise de l'*ancien piano*. Je n'en use pas. »

Correspondance diplomatique.

A *Sa Majesté Aïmata Pomaré, reine de Taïti, Eïmeo, Ouaheine, Raïatea, Bora-Bora, Toubouaï-Manou et autres îles, dont les œuvres viennent d'obtenir la médaille d'argent à l'Exposition universelle.*

MAJESTÉ, REINE GRACIEUSE,

Exposition bientôt finie. Nos amis les juges du concours des nations et moi bien contents.

Beaucoup souffert, beaucoup sué, pour entendre et juger les instruments de musique, pianos, orgues, flûtes, trompettes, tambours, guitares et tamtams. Grande colère des juges contre les hommes des nations fabricants de pianos, orgues, flûtes, trompettes tambours, guitares et tamtams.

Les hommes des nations vouloir tous être le premier et tous demander que leur ami soit le dernier; offrir à nous de boire de l'ava, d'accepter des fruits et des cochons. Nous juges très-fâchés, et pourtant, sans fruits ni cochons, bien dit quels étaient les meilleurs fabricants de pianos, orgues, flûtes, trompettes, tambours, guitares et tamtams. Ensuite quand nous avoir bien étudié, examiné, entendu tout, nous, les vrais juges, être obligés d'aller trouver d'autres juges qui n'avaient pas étudié, examiné ni entendu les instruments de musique, et de leur demander si nous avions trouvé les vrais meilleurs. Eux répondre à nous que non. Alors nous encore une fois très en colère, très-fâchés, vouloir quitter la France et l'Exposition.

Puis redevenir avec les autres juges tous *tayos*, tous amis ; et pour nous rendre notre politesse, ceux-là qui avaient bien examiné, bien étudié, les mérés [1], les maros, les prahos, les tapas, les couronnes, exposés par les gens de Taïti, nous demander s'ils avaient bien fait de donner le prix à la Taïti-Ouna [2]. Nous, bons garçons, qui ne savions rien, répondre tout de suite que oui. Et les juges décider qu'une médaille d'argent serait offerte à Majesté gracieuse, pour les couronnes en écorce d'arrow-root que belle reine a envoyées à ces pauvres hommes d'Europe qui n'en avaient jamais vu. Alors aller tous kaï-kaï, tous manger ensemble ; et pendant le déjeuner, les juges des nations beaucoup parler de gracieuse Taïti-Ouna, demander si elle sait le français, si elle a plus de vingt ans... Les juges des nations, même les ratitas [3], bien ignorants ; pas connaître un seul mot de la langue kanake, pas savoir que

---

[1] Massues, tabliers, pirogues, nattes.
[2] Reine de Taïti.
[3] Les nobles.

gracieuse Majesté s'appeler Aïmata, être née en 1811 (moi rien dire de cela), avoir pris pour troisième mari un jeune arii [1], favori de votre père Pomaré III, qui lui donna son nom par amitié. Ne pas se douter que po veut dire *nuit* et maré *tousser*, et que votre arrière-grand-père Otou, ayant été fort enrhumé et toussant beaucoup une nuit, un de ses gardes avait dit le lendemain : « Po maré le roi » (le roi, tousser la nuit), ce qui donna à S. M. la spirituelle idée de prendre ce nom, et de s'appeler Pomaré Ier.

Les hommes de France savoir seulement que reine gracieuse avoir quantité d'enfants, et eux beaucoup rire de ce que gracieuse Majesté ne veut pas porter des bas. Eux dire aussi que belle Ouna trop fumer gros cigares, trop boire grands verres d'eau-de-vie, et trop souvent jouer aux cartes seule, la nuit, avec les commandants de la station française qui protége les îles.

Après déjeuner, juges des nations monter ensemble dans les galeries du palais de l'Exposition, pour voir l'ouvrage de vos belles mains, auquel ils venaient de donner le prix sans le connaître, et trouver aussitôt l'ouvrage charmant, et convenir que les couronnes de Taïti bien légères sont pourtant bien solides, plus solides que quantité de couronnes d'Europe.

Les juges des nations, aussi bien les arii [2] que les boué-ratiras [3], recommencer en descendant à parler

---

[1] Chef.
[2] Les chefs.
[3] Les cultivateurs, les propriétaires.

de belle reine et de la médaille d'argent qu'elle pourra bientôt pendre à son cou ; et chacun avouer qu'il voudrait bien être une heure ou deux à la place de la médaille. Très-bon pour belle Ouna-Aïmata que soit pas possible, car nous juges des nations tous bien laids.

Pas un tatoué, pas un comparable aux jeunes hommes de Bora-Bora, encore moins au grand, beau, quoique Français, capitaine, qui commandait le Protectorat il y a trois ans, et qui, convenez-en, protégeait si bien.

Adieu, Majesté gracieuse, les tititeou-teou [1] de l'Exposition sont occupés déjà à faire la médaille d'argent, et jolie boîte pour l'enfermer, avec beaucoup gros longs cigares et deux paires de bas fins brodés d'or. Tout sera bientôt en route pour les îles.

Moi avoir voulu d'abord écrire à Ouna-Aïmata en kanak, mais ensuite pas oser, trop peu savant dans la douce langue, et écrire alors simplement en français comme il est parlé à la cour de Taïti.

Nos ioreana [2] et nos bonnes amitiés aux amis Français du Protectorat ; que rien ne trouble vos houpas-houpas [3], et que le grand Oro [4] vous délivre de tous les Pritchards. Je dépose deux respectueux comas [5] sur

[1] Serviteurs.
[2] Salutations, bonjour.
[3] Menus plaisirs.
[4] Dieu.
[5] Baisers.

vos fines mains royales, et suis, belle Aïmata, de Votre Majesté, le tititeou-teou,

Hector Berlioz,
l'un des juges des nations.

Paris, le 18 octobre 1855.

P. S. J'ai oublié de dire à gracieuse Majesté que les bas brodés joints à la médaille et aux cigares peuvent se porter sur la tête.

Prudence et sagacité d'un Provincial. L'orgue mélodium d'Alexandre.

Un amateur, qui avait entendu louer en maint endroit les orgues mélodium d'Alexandre, voulut en offrir un à l'église du village qu'il habitait. « On prétend, se dit-il, que ces instruments ont des sons délicieux, dont le caractère à la fois rêveur et plein de mystère les rend propres surtout à l'expression des sentiments religieux ; ils sont en outre d'un prix modéré ; quiconque possède à peu près le mécanisme du clavier du piano peut en jouer sans difficulté. Cela ferait parfaitement mon affaire. Mais comme il ne faut jamais acheter chat en poche, allons à Paris et jugeons par nous-même de la valeur de ces éloges prodigués aux instruments d'Alexandre par la presse de toute l'Europe et même aussi par la presse américaine. Voyons, écoutons, essayons et nous achèterons après, s'il y a lieu. »

Ce prudent amateur vient à Paris, se fait indiquer le magasin d'Alexandre, et ne tarde pas à s'y présenter.

Pour comprendre ce qu'il y a de grotesque dans le parti qu'il crut devoir prendre après avoir examiné les orgues, il faut savoir que les instruments d'Alexandre, indépendamment du soufflet qui fait vibrer des anches de cuivre par un courant d'air, sont pourvus d'un système de marteaux destinés à frapper les anches et à les ébranler par la percussion au moment où le courant d'air vient se faire sentir. L'ébranlement causé par le coup de marteau rend plus prompte l'action du soufflet sur l'anche, et empêche ainsi le petit retard qui existerait sans cela dans l'émission du son. En outre l'effet des marteaux sur les anches de cuivre produit un petit bruit sec, imperceptible quand le soufflet est mis en jeu, mais qu'on entend assez distinctement de près quand on se borne à faire mouvoir les touches du clavier.

Ceci expliqué, suivons notre amateur dans le grand salon d'Alexandre au milieu de la population harmonieuse d'instruments qui y est exposée.

— Monsieur, je voudrais acheter un orgue.

— Monsieur, nous allons vous en faire entendre plusieurs, vous choisirez ensuite.

— Non, non, je ne veux pas qu'on me les fasse entendre. Le prestige de l'exécution de vos virtuoses peut et doit abuser l'auditeur sur les défauts des instruments et transformer quelquefois ces défauts en qualités. Je tiens à les essayer moi-même, sans être influencé par aucune observation. Permettez-moi de rester seul un instant dans votre magasin.

» — Qu'à cela ne tienne, monsieur, nous nous retirons; tous les mélodium sont ouverts; examinez-les. »

Là-dessus, M. Alexandre s'éloigne, l'amateur s'approche d'un orgue, et, sans se douter qu'il faut pour le faire parler agir avec les pieds sur le soufflet placé au-dessous de la caisse, promène ses mains sur le clavier, comme il eût fait pour essayer un piano.

Il est étonné de ne rien entendre d'abord, mais presque aussitôt son attention est attirée par le petit bruit sec du mécanisme de la percussion dont j'ai parlé : cli, cla, pic, pac, tong, ting; rien de plus. Il redouble d'énergie en attaquant les touches : cli, cla, pic, pac, tong, ting, toujours. « C'est à ne pas croire, dit-il; c'est ridicule! comment ferait-on entendre ce misérable instrument dans une église, si petite qu'on la suppose? Et on loue en tous lieux de pareilles machines, et M. Alexandre a fait fortune en les fabricant! Voilà pourtant jusqu'où s'étend l'audace de la réclame, la mauvaise foi des rédacteurs de journaux. »

L'amateur indigné s'approche pourtant d'un autre orgue, de deux autres, de trois autres, pour l'acquit de sa conscience; mais, employant toujours le même moyen pour les *essayer*, il arrive toujours au même résultat. Toujours : cli, cla, pic, pac, tong, ting. Il se lève enfin, parfaitement édifié, prend son chapeau et se dirige vers la porte, quand M. Alexandre, qui avait tout vu de loin, accourant :

— Eh bien, monsieur, avez-vous fait un choix?

— Un choix! parbleu, vos annonces, vos réclames, vos médailles, vos prix, nous la donnent belle à nous autres provinciaux! vous nous croyez donc bien simples, pour oser nous offrir de si ridicules instruments ! La première condition d'existence pour la musique, c'est de pouvoir être entendue! Or, vos prétendues orgues, que j'ai fort heureusement *essayées* moi-même, sont inférieures aux plus mesquines épinettes du siècle dernier, et n'ont littéralement aucun son, non monsieur, aucun son. Je ne suis ni sourd, ni sot. Bonjour!

La Trompette marine. — Le Saxophone. — Les Savants en instrumentation.

A chacune des représentations du *Bourgeois gentilhomme*, au Théâtre Français, le parterre commet une bévue dont les musiciens, s'il s'en trouve dans la salle, ne peuvent manquer de rire de tout leur cœur. A la première scène du deuxième acte, quand le maître de musique dit : « *Il vous faudra trois voix, un dessus,* une *haute-contre, et une basse, qui seront accompagnées d'une basse de viole, d'un théorbe, et d'un clavecin pour les basses continues, avec deux dessus de violon pour jouer les ritournelles.* »

Monsieur Jourdain répond : « *Il y faudra mettre aussi une trompette marine. La trompette marine est un instrument qui me plaît, et qui est harmonieux.* »

A ces mots de *trompette marine*, l'hilarité du parterre ne manque jamais de faire explosion. Il croit, ce brave parterre, que la *trompette marine*, instrument fort doux, formé d'une seule corde montée sur un chevalet et qu'on joue comme le violoncelle, est un horrible instrument à vent, une conque de triton, capable d'effaroucher les ânes. Il suppose que Molière a fait dire à M. Jourdain une colossale bêtise, quand il lui a prêté seulement une naïveté. Ce n'est pas plus absurde que si un monsieur Jourdain de nos jours disait en semblable circonstance : « Il y faudra mettre aussi une guitare. La guitare est un instrument qui me plaît et qui est harmonieux. »

Un Jupiter de la critique, attaquant dernièrement avec violence les admirables instruments de Sax, rangeait parmi les plus formidables, les plus propres à déchirer l'oreille, le *Saxophone*, instrument à anche d'un timbre voilé, délicieux, qu'il confondait avec les saxhorns, instruments de cuivre à embouchure.

Cet illustre et consciencieux aristarque a sans doute étudié l'instrumentation au parterre du Théâtre-Français.

« Ah! ah! ah! la *trompette marine !* Bravo, parterre ! *l'horrible Saxophone !* Bravo, Jupiter !...... »

Jaguarita. — Les femmes sauvages.

Tous les hommes civilisés et doués d'un peu d'igination ont, à une certaine époque de leur vie, partagé la même illusion à l'endroit des femmes sauvages d'Amérique, les confondant avec les gracieuses Taïtiennes, qui ne sont point sauvages du tout. Tous se sont fait un étrange idéal de ces brunes créatures ; tous se les sont représentées armées de charmes merveilleux et terribles. « Une Mexicaine, une Guyanaise, une Chilienne, une jeune Comanche, disaient-ils, c'est la fille enchanteresse de la libre nature, c'est l'ardeur des tropiques, ce sont les yeux de la gazelle, c'est la voix du bengali, c'est la souplesse de la liane, l'audace de la lionne, la fidélité du pigeon bleu; c'est le parfum de l'ananas, la peau satiné du camélia; c'est la vierge des dernières amours, l'Atala de M. de Chateaubriand, la Cora de M. de Marmontel, l'Amazily de M. de Jouy. » O jeunes idiots ! ô idiots qui n'êtes plus jeunes ! c'est vous qui étiez des enfants de la nature quand vous caressiez de pareilles chimères ! Si vous avez tant soit peu passé l'Atlantique depuis lors, vous êtes bien revenus, n'est-ce pas, de ces poétiques imaginations ? En fait de tropiques, vous savez maintenant que les ardeurs du tropique du Cancer valent celles du tropique du Capricorne ; que les jeunes filles Comanches aux yeux de gazelle ont l'intelligence des oies du Canada ; que leur voix est rauque ; que leur peau, rude au toucher quand elle n'est pas graisseuse, a la couleur du fer rouillé ; que leur audace va jusqu'à égorger un enfant endormi ; que leur fidélité dure vingt-quatre heures ; que leur parfum, fort différent de celui de l'ananas, tue les moustiques, si cruels aux Européens. D'ailleurs, jeunes poëtes, l'Atala de Chateaubriand était une fille européenne blanche, et non point une femme sauvage ; on n'a pas vu davantage au Pérou de vierge semblable à la Cora de Marmontel ; l'Amazily de M. de Jouy, qui s'appelait Marine, au dire des compagnons de Cortez, fut une vraie virago ; elle mérita bien la torture dont les Astèques la menacèrent tant de fois, et, après avoir vécu six ou sept ans avec le ravageur de son pays, autrement dit le conquérant du Mexique, elle épousa un simple caporal de l'armée de ce grand homme. On assure même qu'elle a fini par porter le tonnelet d'eau-de-vie dans un régiment espagnol, et par mourir vieille vivandière.

C'est ainsi que la jeunesse, l'imagination, la naïveté de cœur, la fraîcheur des sens et des aspirations incompressibles vers le beau inconnu, fascinent certaines âmes et les entraînent à préparer à d'autres âmes d'amères déceptions. MM. Halévy, de Saint-Georges et Leuven, qui possèdent évidemment beaucoup de ces qualités, ont produit, je le crains, une œuvre dangereuse pour les jeunes hommes civilisés du boulevard et du quartier du temple, en écrivant l'opéra de *Jaguarita*. Ces enthousiastes en effet, passant rarement l'Atlantique, ont peu de chances de revenir au sentiment de la réalité. Et les voilà pour la plupart, depuis la première représentation de *Jaguarita*, en proie aux rêves sauvages les plus échevelés. Les uns s'exercent à tirer de l'arc dans leur mansarde, les autres à empoisonner des flèches en les trempant dans leur vin bleu, celui-ci mange de la chair crue, cet autre scalpe des têtes à perruque ; tous marcheraient nus au grand soleil si le soleil se montrait encore ; et cela uniquement par amour pour la femme guyanaise, dont l'image occupe leur âme tout entière, incendie leur cœur, fait bondir leurs artères, pour la Cora, pour l'Amazily au ravissant plumage, au séduisant ramage, dont Jaguarita leur a révélé les appas décevants. Mme Cabel, qui remplit ce rôle, est bien coupable d'avoir encore ajouté au prestige de cette création des poëtes la séduction de ses charmes civilisés. Si l'art et la nature, si le satin et les plumes de colibri, les perles et les pommes d'acajou, les bracelets d'or et les colliers de dents humaines s'unissent pour bouleverser les sens de nos jeunes ouvriers dilettanti, Paris, naguère encore si actif, si laborieux, va présenter bientôt l'aspect désolé de la cité carthaginoise quand, après l'arrivée d'Énée, Didon eut perdu l'esprit ; et nous allons dire comme le poëte latin : « *Pendent opera interrupta!* » O poëtes ! ô Virgiles de tous les temps et de tous les lieux, que vos opéras non interrompus causent de malheurs dont vous ne vous doutez guère, font couler de larmes que vous n'avez pas le souci d'essuyer! Si les poëtes n'étaient pas évidemment des êtres d'une nature supérieure, que la Providence envoie parfois sur la terre pour y accomplir une mission mystérieuse en harmonie sans doute avec les grandes lois de l'univers, on ne pourrait s'empêcher de maudire leur venue, de blasphémer leurs œuvres, et de les bannir eux-mêmes des républiques en les couronnant de fleurs.

Mais nous ne ressemblons point à Platon, bien que nous soyons très-philosophes; nous avons sur ce grand homme l'avantage de posséder les lumières du christianisme; nous savons que les desseins de Dieu sont impénétrables, nous nous soumettons aux poëtes qu'il nous envoie, nous ne les couronnons pas de fleurs et nous les gardons.

La famille Astucio.

M. Scribe, dans son opéra *le Concert à la cour*, a dessiné, sous le nom du signor Astucio, un caractère qui fit et fait encore l'admiration et l'effroi des artistes.

On disait à l'époque des premières représentations de cet opéra qu'Astucio était le portrait fidèle et fort peu chargé du compositeur Paër. Il y avait, ce me semble, un peu d'audace à mettre le nom de ce maître italien au bas de la photographie de M. Scribe.

Paër était-il donc le seul maître fourbe de son époque? La race d'Astucio est-elle éteinte? et l'auteur de *Griselda* en fut-il le chef? Bah! il y eut toujours, il y aura toujours des Astucio; à l'heure qu'il est, nous en sommes entourés, circonvenus, minés, rongés. Il y a l'Astucio prudent et l'Astucio hardi, l'Astucio bête et l'Astucio spirituel, l'Astucio pauvre et l'Astucio riche. Ah! prenez garde à cette dernière espèce! c'est la plus dangereuse. L'Astucio spirituel peut en effet n'être pas riche, mais l'Astucio riche a presque toujours de l'esprit. L'un entre partout, pour tout prendre; l'autre se tire des plus fausses positions sans y laisser la moindre de ses plumes. On l'enfermerait dans une bouteille, comme le diable boiteux, qu'il en sortirait sans faire sauter le bouchon. Là où l'or n'a point accès, celui-ci pénètre par son esprit comme dans une place démantelée. Ailleurs, où l'esprit n'a plus cours à force d'être commun, celui-là sait faire manœuvrer la matière et obtenir par ses manœuvres de fabuleux résultats.

La plupart des Astucio ont appris des fourmis l'art de détruire sans avoir l'air d'attaquer.

Les fourmis blanches de l'Inde s'introduisent dans une poutre, en dévorent peu à peu l'intérieur; après quoi elles passent à une autre poutre, et successivement à tous les soutiens de la maison. Les habitants de cette demeure condamnée ne se doutent de rien; ils y vivent, ils y dorment, ils y dansent même dans la plus complète sécurité ; jusqu'à ce qu'une belle nuit, poutres, colonnes, planchers, tout étant rongé à l'intérieur, la maison s'écroule en bloc et les écrase.

N'oublions pas l'Astucio protecteur. Sa chevelure argentée demande le respect ; il a un sourire plein de bénignité ; il protége d'instinct tout le monde ; sa mission est le protectorat. Il protégeait Beethoven il y a vingt-cinq ans, et l'égorgillait tout doucement en disant : « C'est beau, mais *on* ne s'en tiendra pas là. Ce n'est qu'une *école de transition.* » Il n'écoute jamais l'œuvre d'un de ses protégés modernes sans applaudir ostensiblement et sans dire à ses voisins tout en applaudissant : « C'est détestable ! Il n'y a d'abord pas une note à lui là dedans. C'est pris à Gluck, qui l'avait pris à Hœndel. » Avec un peu plus de verve il ajouterait : « Qui me l'avait pris. » Celui-là est le vénérable de l'ordre.

Puis enfin l'Astucio roquet. Il semble jouer en vous mordant, comme font les jeunes chiens au moment de la dentition ; mais en réalité il mord avec une rage concentrée qu'on redoute peu parce qu'elle est impuissante. Le meilleur parti à prendre à l'égard de celui-là, quand ses mordillements incommodent, c'est d'imiter ce Terre-neuve qui, harcelé par un King's Charles, prit le roquet par la peau du cou, le porta gravement, malgré ses cris, jusqu'au bord d'un balcon donnant sur la Tamise, et l'y laissa choir délicatement. Mais tous les Astucio petits ou grands, avec ou sans esprit, avec ou sans dents, avec ou sans or, lorsqu'ils n'imitent pas les fourmis blanches, savent à merveille contrefaire le travail des coraux et des madrépores et construire des remparts sous-marins qui rendent inabordables les belles îles de l'Océan. Ces remparts s'élèvent avec une lenteur extrême; ils montent cependant sans cesse, ils montent peu à peu jusqu'à fleur d'eau. Les insectes travailleurs sont si actifs et si nombreux! Et l'imprudent navigateur qui, ne connaissant pas de récifs à l'entour de Tinian ou de Tonga-Tabou, met sans méfiance le cap sur ces terres, vient un jour se briser et périr sur un rocher de corail de création récente, dont les ondes lui dérobaient la vue. Que de La Peyrouse sont ainsi tombés victimes des insectes madréporiques!

. . . .
. . . .

Les mariages de convenance.

Au dernier acte d'un autre opéra de M. Scribe *(Jenny Bell),* on voit une délicieuse jeune fille, soumise à la volonté paternelle, épouser un gros vieux imbécile d'orfévre, et se faire vertueusement passer pour une coquette, afin d'éloigner un jeune homme qu'elle aime et dont elle est tendrement aimée. Ce dénoûment m'a paru affreux; il m'a mis en colère. Oui, quand je vois

de ces stupides dévouements, de ces insolentes exigences paternelles, de ces infâmes cruautés, de ces écrasements de belles passions, de ces brutaux déchirements de cœur, je voudrais pouvoir mettre tous les gens raisonnables, toutes les héroïnes de vertu, tous les pères éclairés dans un sac, avec cent mille kilos de sagesse au fond, et les jeter à la mer accompagnés de mes plus âcres malédictions. . . . .
. . . .

Vous croyez que je plaisante! eh bien, vous vous trompez. J'étais furieux tout à l'heure; je suis chargé d'une telle haine pour les pères Capulets et les comtes Pâris qui ont ou veulent avoir des Juliettes, que la moindre étincelle dramatique me met en feu et provoque une explosion. La vertu grotesque de *Jenny Bell* m'avait réellement exaspéré. Il y a d'ailleurs tant d'espèces de pères Capulets et de comtes Pâris et si peu de Juliettes! Le grand amour et le grand art se ressemblent tellement! Le beau est si beau! Les passions épiques sont si rares! Le soleil de chaque jour est si pâle! La vie est si courte, la mort si certaine!... Centuples crétins, inventeurs du renoncement, du combat contre les instincts sublimes, des mariages de convenance entre femmes et singes, entre l'art et la basse industrie, entre la poésie et le métier, soyez maudits! soyez damnés! Puissiez-vous raisonner entre vous, n'entendre que vos voix de crécelles et ne voir que vos visages blêmes dans la plus froide éternité!...

Grande nouvelle.

On vient de découvrir que l'hymne national anglais « *God save the king* » attribué à Lulli, qui l'aurait composé sur des paroles françaises pour les Demoiselles de Saint-Cyr, n'est pas de Lulli. L'orgueil britannique repousse cette origine. Le « *God save the king* » est maintenant de Hœndel; il l'a écrit pour les Anglais, sur le texte anglais consacré.

Il y a des découvreurs patentés de ces supercheries musicales.

Ils l'ont depuis longtemps prouvé : *Orphée* n'est pas de Gluck, *le Devin du village* n'est pas de Rousseau, *la Vestale* n'est pas de Spontini, *la Marseillaise* n'est pas de Rouget de l'Isle, enfin certaines gens vont jusqu'à prétendre que *le Freyschütz* n'est pas de M. Castilblaze !!!

Autre nouvelle.

Mme Stoltz, dit-on, retourne au Brésil !... elle vient de signer son engagement : quatre cent cinquante mille francs; assurance contre le mal de mer; six domestiques, huit chevaux!!! et la vue gratuite de la baie de Rio nuit et jour! et un soleil véritable! et un enthousiasme réel! et des rivières de diamants! des écharpes brodées par des mains de marquises! des colombes et des nègres rendus à la liberté après chaque représentation! sans compter les hommes libres qui tombent en esclavage!... Plaisanterie à part, comment la diva résisterait-elle aux offres réellement magnifiques qu'on lui fait à Rio?

Résistons, nous Français, au moins, et ne laissons pas ainsi mettre notre ciel au pillage et enlever nos *étoiles* par ces gens des Antipodes qui ont tous la tête à l'envers.

Le sucre d'orge. — La musique sévère.

On s'imagine dans le monde élégant que ces théâtres récemment éclos, et où l'on a pris la bouffonnerie au sérieux, sont des lieux malsains, mal meublés, mal éclairés, mal hantés et par suite malfamés, et l'on a raison en général de le croire. Il en est de toutes sortes pourtant. Les uns sont en effet mal hantés, mais d'autres ne sont pas hantés du tout. Celui-ci est malfamé, cet autre est affamé. Celui-là, enfin, et c'est du théâtre des Folies-Nouvelles que je parle, est un petit réduit coquet, propret, charmant, illuminé à giorno, et toujours peuplé d'un public bien couvert et de mœurs douces. L'usage s'y est établi (c'est sans doute à cet usage qu'on doit la douceur de mœurs de ses habitués) de consommer dans les entr'actes force bâtons de sucre d'orge. Dès que la toile est baissée, les lionceaux du parterre se lèvent, font un signe amical aux gazelles de la galerie, et s'enfoncent dans la bouche de longs objets de diverses couleurs qu'ils sucent et ressucent avec un sérieux des plus remarquables. Quand je dis que ces objets sucrés sont de diverses couleurs, je me trompe; il y a une couleur adoptée pour chaque entr'acte et qui ne change qu'à l'acte suivant. Après l'exposition, on suce en jaune; au moment où l'action se noue, le rose est sur toutes les lèvres; et quand l'action s'est dénouée, c'est le vert qui triomphe, et toute la salle suce en vert. Ce spectacle est fort étrange et il faut du temps pour s'y bien accoutumer. Pourquoi ce doux usage existe aux Folies-Nouvelles, comment il s'y est établi, ce qui l'y maintient... — question triple à laquelle les vrais savants sont réduits à répondre ce qu'ils répondent à tant de questions simples :

On l'ignore complétement.

Et voyez comme on est mal instruit à Paris des choses même les plus essentielles : je ne savais pas, il y a quinze jours où est situé le théâtre des Folies-Nouvelles, et ce n'est qu'à force de dire, tout le long du boulevard, aux personnes dont la physionomie me faisait espérer de leur part quelque bienveillance : « Monsieur, oserais-je vous prier de vouloir bien prendre la peine de m'indiquer le théâtre des Folies-Nouvelles? » que j'y suis enfin parvenu. Et ce théâtre, charmant, je dois le redire, fait de la musique. Il possède un joli petit orchestre bien dirigé par un habile virtuose, M. Bernardin, et plusieurs chanteurs qui ne sont point maladroits. J'allais ce soir-là, sur la foi d'un de mes confrères, assister à *une tentative de musique sérieuse* dans l'opéra nouveau intitulé le *Calfat*. De la musique sérieuse aux Folies-Nouvelles! me disais-je tout le long du boulevard, c'est un peu bien étrange! Après tout, c'est sans doute un moyen de justifier le titre du joli petit théâtre. Nous verrons bien. Nous avons vu, et nos terreurs se sont vite dissipées. MM. les directeurs des Folies sont gens de trop d'esprit et de bon sens pour tomber dans une erreur si grave et si préjudiciable à leurs intérêts. Hâtons-nous de dire qu'ils n'y ont jamais songé. A quoi donc mon confrère pensait-il quand il m'a parlé sérieusement de la musique sérieuse du *Calfat!* Mais si l'auteur se fût avisé d'une aussi sotte incartade, tous les bâtons de sucre d'orge jaunes, roses et verts eussent disparu pour faire place à d'ignobles bâtons noirs de jus de réglisse, les lionceaux du parterre eussent rugi de fureur et les gazelles du balcon se fussent voilé le museau.

Ah! de la musique sérieuse! sans y être forcé! c'eût été une bonne folie! Ces mots : musique sérieuse, ou musique sévère, ce qui est absolument la même chose dans le sens que leur attribuent certaines gens, me donnent froid dans l'épine dorsale. Ils me rappellent les épreuves si dures, si cruelles, si sévères, que j'ai été contraint de subir dans mes voyages !... La dernière seulement n'a pas eu pour moi de suites fâcheuses ; elle a très-bien fini, n'ayant pas commencé. C'était dans une grande ville du Nord, dont les habitants ont une passion pour l'ennui, qui va jusqu'à la frénésie. Il y a là une salle immense où le public se rue, s'entasse, s'écrase, sans être payé, en payant même, toutes les fois qu'il est certain d'y être sévèrement traité. On a oublié d'inscrire sur le mur de ce temple la fameuse devise qui brille en lettres d'or dans la salle de concerts d'une autre grande ville du Nord :

Res severa est verum gaudium,

et qu'un mauvais plaisant de ma connaissance a traduite par :

L'ennui est le vrai plaisir.

Or donc, je crus de mon devoir d'aller un jour entendre une des choses les plus sévères et les plus célèbres du répertoire musical de cette grande ville. Toutes les places étant prises, je me mis en quête d'un de ces marchands qui vendent à un prix exorbitant des billets aux abords de la salle. J'étais en négociations avec ce négociant, quand un des artistes de l'orchestre qui allait exécuter *rem severam*, m'apercevant : « Que faites-vous donc là ? me dit-il.

— Je marchande un billet, n'ayant jamais entendu le chef-d'œuvre annoncé pour aujourd'hui.

— Et quelle nécessité y a-t-il pour vous de l'entendre ?

— Il y en a plus d'une : les convenances... le désir d'expérimenter...

— Hé, quoi ! ne vous ai-je pas vu il y a quinze jours dans notre salle assister, du commencement à la fin, à l'exécution de notre jeune chef-d'œuvre ?

— Oui ; eh bien ?

— Eh bien, vous pouvez, par comparaison, apprécier le chef-d'œuvre ancien que nous allons chanter. C'est absolument la même chose ; seulement le chef-d'œuvre ancien est une fois plus long que le moderne et sept fois plus ennuyeux.

— Sept fois ?

— Au moins.

— Cela me suffit. »

Et je remis ma bourse dans ma poche et m'éloignai fort édifié.

Voilà pourquoi les sévérités de l'art musical m'inspirent par occasion une crainte si vive. Mais ma terreur était panique cette fois, très-panique ; et rien que la lettre de mon confrère ne devait la justifier. Le *Calfat* est un petit opéra tout à fait bon enfant, qui chante de bonnes grandes valses bien joviales, de bons petits airs bien dégourdis, éveillés, égrillards, et pour rien au monde l'auteur de cette aimable partition, M. Cahen, n'eût voulut se montrer sévère à l'égard des honnêtes gens venus pour l'applaudir. Aussi quel succès! comme on a accueilli son ouvrage! Au dénoûment, les lionceaux et les gazelles laissaient voir un véritable enthousiasme, et les petits bâtons verts s'agitaient dans toutes les bouches comme des pistons de locomotives.

La Jettatura.

M. X.... dirige à Paris un affreux petit théâtre que la pudeur m'empêche de nommer. Ce théâtre et son directeur sont tous les deux *jettatori*; c'est-à-dire qu'ils jettent des sorts, qu'on meurt ordinairement dans le cours de l'année si l'on serre la main au directeur, et qu'on est infailliblement atteint d'une diarrhée violente si l'on entre dans le théâtre.

Dans une maison où je me trouvais ces jours-ci, l'amphitryon, qui pousse la simplicité et l'incrédulité jusqu'à douter de l'influence des jettattori, s'avisa, pour tourmenter un de ses invités, homme de beaucoup d'esprit et de foi au contraire, de lui jouer le tour suivant. Le nom de chaque convive était écrit, selon l'usage, sur un carré de papier placé devant sa serviette. Il s'arrangea pour que le carré de papier du croyant fût retourné, et, indiquant de la main son siége à celui-ci : « Voilà votre place, » lui dit-il. Le malheureux s'assied sans méfiance, déploie sa serviette, retourne machinalement le papier qu'il croyait porter son nom, et y découvre celui de M. X..., écrit sur un coupon de loge du théâtre jettatore. L'homme d'esprit fait un bond en arrière, et aussitôt, sans crier gare, est pris de vomissements violents... avant dîner !

Les dilettanti en blouse et la musique sérieuse.

On s'apercevait depuis quelque temps dans le faubourg du Temple, sur les bords du canal de l'Ourcq, aux environs de la rue Charlot, et même sur la place de la Bastille, de la tristesse étrange des habitants jeunes et vieux de ces parages, braves gens, d'ordinaire si joviaux.

> L'œil morne chaque jour et la tête baissée,
> Ils s'en allaient plongés dans leur triste pensée.

Plus de jeu de bouchon, plus de pipes fumantes. Les bouts de cigares gisaient sur l'asphalte, et pas un amateur ne daignait les cueillir. A minuit, personne devant la marchande de galette, dont la marchandise séchait, dont le grand couteau se rouillait, et dont le four s'éteignait. Titis ni claqueurs ne cherchaient l'accorte et agaçante proie. Plus d'amour, partant plus de joie. Les bouquetières on fuyait. Les notables de la rue Saint-Louis, réunis en conseil avec ceux du faubourg du Temple et du quartier Saint-Antoine, avaient jugé urgent de rédiger un procès-verbal-circonstancié des progrès de la maladie, et l'avaient envoyé par une agile estafette au commissaire de police, qui ne reçut pas la nouvelle, on peut le penser, sans un véritable serrement de cœur. Le cœur des maires qu'il se hâta d'avertir, en fut frappé bien plus cruellement encore. Il y eut un peu de précipitation, on doit l'avouer, dans la manière dont le triste avis leur fut transmis. Il faut ménager les cœurs de maires. Néanmoins l'anxiété fut domptée par l'affection sérieuse que les maires de tous les arrondissements de Paris ont toujours ressentie pour ces malheureux enfants du faubourg du Temple; et ils s'assemblèrent à leur tour précipitamment en conseil. La séance était à peine ouverte que d'autres estafettes accoururent, avec un air incomparablement plus consterné que l'air de la première estafette, annonçant des rassemblements assez nombreux sur divers points de la capitale, rassemblements qui portaient le caractère d'une mélancolie profonde et d'une insondable découragement. Ces rassemblements, absolument inoffensifs du reste, étaient présidés par de très-jeunes gens en casquette, maigres, pâles, efflanqués. L'un stationnait sur le boulevard du Temple, en face de la maison n° 35, où habitent deux acteurs aimés du Théâtre-Lyrique, M. et Mme Meillet; l'autre encombrait la rue Blanche, depuis la rue Saint-Lazare jusqu'au n° 11, où respire la diva adorata, Mme Cabel; le troisième rassemblement, quatorze fois plus nombreux que les deux autres réunis, entourait le palais de M. Perrin, le directeur de l'Opéra-Comique et du Théâtre-Lyrique [1].

Les rassemblés restaient là, les yeux fixés sur les croisées des monuments que je viens de désigner; leur regard exprimait un douloureux reproche, et la foule, entourant le jeune chef auquel elle s'était donnée, imitait son silence autour de lui rangée. — Ces nouvelles nouvelles mirent le comble à l'agitation des maires, et accrurent beaucoup l'inquiétude de leur président. Plusieurs voix s'élevèrent presque simultanément du sein du conseil pour demander la parole. La parole fut accordée à tous les orateurs, qui tous, d'un commun accord, se turent aussitôt : *vox faucibus hæsit*. Telle était l'émotion de chacun. Mais monsieur le président, qui avait conservé encore quelque sang-froid, fit rentrer les porteurs de ces nouvelles nouvelles, et les interrogeant l'un après l'autre :

— Quelle est la cause, leur dit-il vivement, de cette tristesse, de cette mélancolie, de ce désespoir muet, de ces regards désolés, de ces rassemblements, de cette agitation inerte? De nouveaux symptômes de choléra auraient-ils éclaté dans le faubourg du Temple?

---

[1] On voit que je ne fais pas ici de l'histoire contemporaine. Tout dans la direction de ce théâtre et dans les mœurs de ses habitués est changé maintenant.

— Non, monsieur le président.

— Les marchands de boissons alcooliques auraient-ils mis moins de vin que de coutume dans leur eau?

— Non, monsieur, les boissons à coliques sont toujours les mêmes.

— A-t-on fait circuler quelque fausseté sur le siége de Sébastopol?

— Non.

— Alors, qu'est-ce donc?... et pourquoi avoir choisi précisément ces trois monuments pour points de ralliement et pour lieux de rassemblement? cela m'effraye énormément.

— Monsieur le président, on n'a pas pu le savoir... d'abord, mais ensuite on a fini par le savoir. Il paraîtrait que, sauf votre respect, ces gens sont des habitués du Théâtre-Lyrique.

— Eh bien!

— Eh bien, monsieur, ce sont des amateurs passionnés de musique, mais d'une seule espèce de musique, de la musique légère, de la musique douce, comme sont douces leurs habitudes et leurs mœurs. Ils avaient entendu dire et ils s'étaient persuadé que le Théâtre-Lyrique fut créé et mis au monde pour eux, pour satisfaire à ce besoin d'émotions d'art qui les tourmente depuis si longtemps. Ils avaient même conservé cet espoir jusqu'à la dernière ouverture du Théâtre-Lyrique; ouverture après laquelle cet espoir les a tout d'un coup abandonnés. Ils assurent qu'on les a trompés.

— Nous y voyons clair maintenant, disent-ils; ce

n'est pas un théâtre de musique douce, un théâtre de mélodie facile, un théâtre comme il en faut un au peuple le plus gai et le plus naïf de la terre. Loin de là, on y a représenté jusqu'ici exclusivement des œuvres compliquées, dites savantes, auxquelles nous ne comprenons rien. Et nous voyons bien, par la reprise obstinée de tout le répertoire de l'année dernière, que l'intention des artistes et du directeur est de persister dans cette voie, en ne montant que des opéras du genre sévère, au-dessus de notre portée et par conséquent sans charme réel pour nous. Autant vaudrait, n'était le prix des places, aller au Grand-Opéra. — Voilà ce qu'ils disent, monsieur le président ; et sans doute vous trouverez dans votre sagesse quelque moyen de sortir de cette grave situation.

En effet, monsieur le président ayant mandé M. Perrin, s'est bien vite entendu avec cet habile administrateur sur les moyens à prendre pour tourner, sinon vaincre la difficulté. Il a été convenu que, dans l'impossibilité avérée où l'on se trouvait de contraindre les compositeurs à abandonner le haut style, à quitter les régions poétiques de l'art pour se mettre à la portée des intelligences naïves de la classe la plus nombreuse et la plus pauvre, on recourrait au moins à des librettistes gais, et qu'on leur commanderait des pièces si amusantes, si piquantes, si drôles, que la tristesse populaire, malgré les sévérités de la musique savante, fondrait nécessairement à leur aspect, comme fond la glace au soleil. Et on a commencé par l'opéra de *Scha-*

habaham II. Et le succès a dépassé toute attente. Et le peuple a ri comme un seul fou ; et son regard, à l'heure qu'il est, pétille de gaieté ; et les rassemblements sont de plus en plus rares, le palais de M. Perrin devient accessible, le peuple a reconçu l'espoir d'avoir son Théâtre-Lyrique ; et, nous pouvons le dire enfin, il l'a !

Lamentations de Jérémie.

Trop misérables critiques ! pour eux, l'hiver n'a point de feux, l'été n'a point de glaces. Toujours transir, toujours brûler. Toujours écouter, toujours subir. Toujours exécuter ensuite la danse des œufs, en tremblant d'en casser quelques-uns, soit avec le pied de l'éloge, soit avec celui du blâme, quand ils auraient envie de trépigner des deux pieds sur cet amas d'œufs de chats-huants et de dindons, sans grand danger pour les œufs de rossignols, tant ils sont rares aujourd'hui... Et ne pouvoir enfin suspendre aux saules du fleuve de Babylone leur plume fatiguée, et s'asseoir sur la rive et pleurer à loisir !...

Il y a une lithographie de fort triste apparence que je ne puis m'empêcher de contempler longuement toutes les fois que je passe devant le magasin où elle est étalée.

On y voit une troupe de malheureux couverts d'humides et boueux haillons, le chef orné de chapeaux *macairiens*, marchant dans d'immondes tiges de bottes attachées au bas de leurs jambes avec des cordes de paille; la plupart d'entre eux ont une joue enflée, tous ont le ventre creux; ils souffrent des dents et meurent de faim; aucune fluxion, aucune affliction ne leur manque; leurs rares cheveux pendent collés contre leurs tempes amaigries: ils portent pelles et balais, ou plutôt des fragments de pelles, des chicots de balais, dignes instruments de ces travailleurs en loques. Il pleut à verse, ils pataugent d'un pied morne dans le noir cloaque de Paris; et devant eux une espèce d'argousin, armé d'une canne formidable, étend vivement le bras, comme Napoléon montrant à ses soldats le soleil d'Austerlitz, et leur crie en louchant des yeux et de la bouche : « Allons, messieurs, de l'ardeur! » Ce sont des balayeurs...

Pauvres diables!... d'où sortent ces malheureux êtres?... A quel Montfaucon vont-ils mourir?... Que leur octroie la munificence municipale pour nettoyer (ou salir) ainsi le pavé de Paris?... A quel âge les envoie-t-on à l'équarrissage?... Que fait-on de leurs os? (leur peau n'est bonne à rien.) Où cela loge-t-il la nuit?... Où cela va-t-il pâturer le jour?... et quelle est la pâture?... Cela a-t-il une femelle, des petits?... A quoi cela pense-t-il?... De quoi cela peut-il discourir en se livrant, *avec l'ardeur* demandée, à l'accomplissement des fonctions que lui confie M. le préfet de la Seine?... Ces *messieurs* sont-ils partisans du gouvernement représentatif, ou de la démocratie coulant à pleins bords, ou du régime militaire?... Ils sont tous philosophes; mais combien y en a-t-il de lettrés? Combien d'entre eux font des vaudevilles?... Combien ont manié la brosse avant d'être réduits au balai?... Combien furent élèves de Vernet avant de poser pour Charlet?... Combien ont obtenu le grand prix de Rome à l'Académie des Beaux-Arts?...... Je ne finirais pas si je voulais énumérer toutes les questions que cette lithographie soulève. Questions d'humanité, questions de salubrité, questions d'égalité et de liberté et de fraternité, questions de philosophie et d'anatomie, de chimie et de voirie, questions de littérature et de peinture, questions de subsistances et d'aisances, questions de goût et d'égout, questions d'art et de hart!...

Ah çà? à quel propos, je me le demande, cette tirade sur MM. les balayeurs? qu'ai-je de commun avec eux? J'ai obtenu le prix de Rome, il est vrai; j'ai quelquefois des fluxions; je ne manque pas de sujets d'affliction; je suis un grand philosophe; mais M. le préfet de la Seine se garderait bien de me confier les moindres fonctions municipales; mais je n'ai jamais touché une brosse de ma vie; c'est tout au plus si je sais me servir d'une plume; je n'écrivis jamais un vaudeville; je ne serais pas capable de confectionner seulement un opéra-comique.

C'est la *folle du logis* (l'imagination, le caprice, cela se dit quand on ne veut pas employer le mot propre) qui m'a dicté cette élégie. Et je suis fort loin pourtant d'avoir le temps de me livrer à de pareils délassements littéraires; il pleut à verse des opéras-comiques, au boulevard des Italiens, au boulevard du Temple, dans les salons, partout. Et nous sommes critiques, nous sommes à la fois juges et témoins, bien qu'on ne nous ait pas fait jurer sur le Coran de dire la vérité, rien que la vérité et toute la vérité. Négligence regrettable, car si j'avais fait un pareil serment, je le tiendrais. Il est vrai qu'on peut toujours dire la vérité, sans avoir juré de la dire. Or donc, puisqu'il pleut à verse des opéras-comiques et que nous sommes armés d'un chicot de plume, et que nous vivons à Paris pour y être greffier au tribunal lyrique, faisons notre devoir, marchons au noble but offert à notre ambition, et ne nous faisons pas dire deux fois : « Allons, monsieur, de l'ardeur! »

Trop misérables critiques! pour eux l'hiver n'a point de feux, l'été n'a point de glaces. Toujours transir, toujours brûler. Toujours écouter, toujours subir. Toujours exécuter ensuite la danse des œufs, en tremblant d'en casser quelques-uns, soit avec le pied de l'éloge, soit avec celui du blâme, quand ils auraient envie de trépigner des deux pieds sur cet amas d'œufs de chats-huants et de dindons, sans grand danger pour les œufs de rossignols, tant ils sont rares aujourd'hui... Et ne pouvoir enfin suspendre aux saules du fleuve de Babylone leur plume fatiguée, et s'asseoir sur la rive et pleurer à loisir!...

Encore des feuilletons! encore des opéras! encore

des albums! encore des chanteurs! encore des dieux! encore des hommes! La terre a fait depuis l'année dernière un trajet de quelque soixantaine de millions de lieues autour du soleil. Elle est partie, elle est revenue (à ce qu'on dit à l'Académie des Sciences). Et pourquoi s'est-elle donné tant de mouvement? Pourquoi faire un si grand tour? Pour quel résultat?... Je voudrais bien savoir ce qu'elle pense, cette grosse boule, cette grosse tête dont nous sommes les habitants; oui (car, quant à douter qu'elle pense, je ne me le permettrai certes point. Mon pyrrhonisme ne va pas jusque-là; ce serait aussi ridicule que si l'un des habitants de M. XXX le grand mathématicien, se permettait de mettre en doute la faculté de penser de son maître.) Oui donc, je suis curieux de savoir ce que cette grosse tête pense de nos petites évolutions, de nos grandes révolutions, de nos nouvelles religions, de notre guerre d'Orient, de notre paix d'Occident, de notre bouleversement chinois, de notre orgueil japonais, de nos mines d'Australie et de Californie, de notre industrie anglaise, de notre gaieté française, de notre philosophie allemande, de notre bière flamande, de notre musique italienne, de notre diplomatie autrichienne, de notre grand mogol et de nos taureaux espagnols, et surtout de nos théâtres de Paris, desquels il faut que je parle à tout prix. C'est-à-dire, entendons-nous, je ne tiens à savoir la pensée de la terre que sur ceux de nos théâtres où l'on dit que l'on chante; et même (bien que nous en possédions à cette heure cinq bien comptés) je n'ai d'intérêt direct à connaître son opinion que sur trois seulement. De ces trois, l'un s'appelle Académie impériale de Musique, le second a nom Opéra-Comique, le troisième s'intitule Théâtre-Lyrique. D'où il suit que le Théâtre-Lyrique n'est pas comique, que le théâtre de l'Opéra-Comique n'est point académique, et que le théâtre académique n'est point lyrique. Voyez un peu où le lyrisme est allé se nicher !...

Je pourrais donc, comme tant d'autres, consulter l'esprit de la terre sur ces graves questions ; et la terre me répondrait à coup sûr, tout comme elle a répondu à ceux qui dans ces derniers temps ont eu l'audace de l'interroger. Mais j'ai vergogne vraiment de me mettre au nombre des importuns et de la déranger encore. D'autant plus que, dans l'humeur où nous la voyons à cette heure, elle pourrait bien me répondre tout de travers. Elle serait capable de prétendre que le théâtre académique est comique, que le comique est lyrique, et que le lyrique est académique. Jugez du bouleversement produit par de tels oracles dans les idées du public (du public à idées) !

Quoi qu'il en soit, nous ne comptons pas moins de trois théâtres à Paris, dont il faut, je le répète, que je parle encore à tout prix.

Trop misérables critiques ! pour eux l'hiver n'a point de feux, l'été n'a point de glaces. Toujours transir, toujours brûler. Toujours écouter, toujours subir. Toujours exécuter ensuite la danse des œufs, en tremblant d'en casser quelques-uns, soit avec le pied de l'éloge, soit avec celui du blâme, quand ils auraient envie de trépigner des deux pieds sur cet amas d'œufs de chats-huants et de dindons, sans grand danger pour les œufs de rossignols, tant ils sont rares aujourd'hui !... Et ne pouvoir enfin suspendre aux saules du fleuve de Babylone leur plume fatiguée, et s'asseoir sur la rive et pleurer à loisir !...

Quand je songe qu'aujourd'hui 3 juin, très-probablement, le commandant Page entre dans la baie de Papeïti ! que les canons de ses navires saluent la rive taïtienne, qui leur renvoie, avec mille parfums, les cris de joie des belles insulaires accourues sur la plage ! Je le vois d'ici, avec sa haute taille, sa noble figure bronzée par les ardeurs du soleil indien ; il regarde avec sa longue-vue la pointe des cocotiers et la maison du pilote Henry bâtie à l'entrée de la route de Matavaï... Il s'étonne qu'on ne lui rende pas son salut... Mais voilà les canonniers accourant à droite et à gauche de la maison de M. Mœrenhout ; ils entrent dans les deux forts détachés. Feu partout ! Hourra ! c'est la France ! c'est le nouveau chef du protectorat ! Encore une bordée ! Hourra ! hourra ! — Et voilà les casernes qui se dépeuplent, les officiers français qui sortent précipitamment du café, et M. Giraud qui paraît sur le seuil de sa case, et tous, prenant ensemble la rue Louis-Philippe, se dirigent du côté de la maison du capitaine du port. Et ces deux ravissantes créatures qui sortent d'un bosquet de citronniers, où vont-elles en tressant rapidement des couronnes de feuilles et de fleurs d'hibiscus? Ce sont deux filles d'honneur de la reine Pomaré; au bruit du canon, elles ont brusquement interrompu leur partie de cartes commencée dans un coin de la case royale pendant le sommeil de S. M. Elles jettent de furtifs regards du côté de l'église protestante. Pas de révérends Pères! pas de Pritchards! On ne le saura pas! Elles achèvent leur toilette en laissant glisser à terre le *maro,* vaine tunique imposée à leur pudeur par les apôtres anglicans. Leur beau front est couronné, leur splendide chevelure est ornée de guirlandes, les voilà revêtues de tous leurs charmes océaniques; ce sont deux Vénus entrant dans l'onde. « *O Pagé! o Pagé!* (C'est Page! c'est Page!) » s'écrient-elles en fendant comme deux sirènes les vagues inoffensives de la baie. Elles approchent du navire français, et, nageant de la main gauche, elles élèvent la droite en signe de salut amical; et leur douce voix envoie à l'équipage des *ioreana* répétés (bonjour! bonjour!). Un aspirant de marine pousse un cri de.... d'admiration à cet aspect, et s'élance du côté des néréides. Un regard du commandant le cloue à son poste, silencieux, immobile, mais frémissant. M. Page, qui sait la langue kanaque comme un naturel, crie aux deux naturelles en montrant le pont de son navire : Tabou! tabou! (interdit, défendu). Elles cessent d'avancer, et élevant au-dessus de l'eau leur buste de statue antique, elles joignent les mains en souriant d'un air à damner saint Antoine. Mais le commandant, impassible, répète son cruel tabou! elles lui jettent une fleur avec un dernier *ioreana* tout plein de regrets, et retournent à terre. L'équipage ne débarquera que dans deux heures. Et M. Page, assis à tribord, contemple, en attendant, les merveilleux aspects de ce paradis terrestre où il va régner, où il va vivre pendant plusieurs années, respire avec ivresse la tiède brise qui en émane, boit un jeune coco et dit : « Quand je songe qu'il y a maintenant à Paris, par trente-cinq degrés de chaleur, des gens qui entrent à l'Opéra-Comique, et qui vont y rester encaqués jusqu'à une heure du matin, pour savoir si Pierrot épousera Pierrette, pour entendre ces deux petits niais crier leurs amours avec accompagnement de grosse caisse, et pour pouvoir le surlendemain informer les lecteurs d'un journal des difficultés vaincues par Pierrette pour épouser Pierrot! Quels enragés antiabolitionnistes que ces directeurs de journaux! »

Oui, quand je songe qu'on peut faire cette judicieuse réflexion à quatre mille lieues, à nos antipodes! dans un pays assez avancé en civilisation pour se passer de théâtres et de feuilletons; où il fait si frais; où les jeunes belles portent de si élégants costumes sur leur tête; où une reine peut dormir! je me sens cramoisir de honte de vivre chez un de ces peuples enfants que les savants de la Polynésie ne daignent pas même visiter.....

Trop misérables critiques! pour eux l'hiver n'a point de feux, l'été n'a point de glaces. Toujours transir, toujours brûler. Toujours écouter, toujours subir. Toujours exécuter ensuite la danse des œufs, en tremblant d'en casser quelques-uns, soit avec le pied de l'éloge, soit avec celui du blâme, quand ils auraient envie de trépigner des deux pieds sur cet amas d'œufs de chats-huants et de dindons, sans grand danger pour les œufs de rossignols, tant ils sont rares aujourd'hui... Et ne pouvoir enfin suspendre aux saules du fleuve de Babylone leur plume fatiguée, et s'asseoir sur la rive et pleurer à loisir!...

Ces pauvres gens, à Paris surtout, endurent des tourments dont personne ne leur tient compte, et qui suffiraient, s'ils étaient connus, à émouvoir les plus mauvais cœurs. Mais peu désireux de faire pitié, ils se taisent; ils sourient même parfois; on les voit aller, venir, d'un air assez calme, surtout pendant certaines époques de l'année où la liberté leur est rendue sur parole. Quand ensuite l'heure est venue de prendre courage, ils s'acheminent vers les théâtres de leur supplice avec un stoïcisme égal à celui de Régulus retournant à Carthage.

Et personne ne remarque ce qu'il a là de réellement grand. Bien plus, quand quelques-uns d'entre eux, de complexion plus faible que les autres, sont si tourmentés de la soif du beau, ou tout au moins du raisonnable, que leur attitude souffrante, leur tête penchée, leur regard morne, attirent l'attention des passants, joignant alors l'ironie à l'insulte, on leur tend au bout d'une pique une éponge imbibée de fiel et de vinaigre, et l'on rit. Et ils se résignent. Il y en a de violents pourtant; et je m'étonne que l'exaspération de ceux-là n'ait encore amené aucune catastrophe.

Plusieurs, il est vrai, cherchent leur salut dans la fuite. Ce vieux moyen réussit encore. Je dois même l'avouer, j'ai eu la lâcheté de l'employer dernièrement. On annonçait je ne sais quelle exécution; les bourreaux de Paris et leurs aides étaient déjà convoqués. Une lettre m'arrive, indiquant le jour et l'heure. Il n'y avait pas à hésiter. Je cours au chemin de fer de Rouen, et je pars pour Motteville. Arrivé là, je prends une voiture et me fais conduire à un petit port inconnu sur l'Océan où l'on est à peu près sûr de n'être pas découvert. Des renseignements précis m'avaient fait espérer d'y trouver la paix; la paix, ce don céleste que Paris refuse aux hommes de bonne volonté. En effet, Saint-Valery-en-Caux est un endroit charmant, caché dans un vallon au bord de la mer; *est in secessu locus*. On n'y est exposé ni aux orgues de Barbarie, ni aux concours de piano. On n'y a pas encore ouvert un théâtre lyrique; et si on l'eût fait, il serait déjà fermé.

L'établissement de bains est modeste et ne donne pas de concerts; les baigneurs ne font pas de musique; l'une des deux églises n'a pas d'organiste, l'autre n'a pas d'orgue; le maître d'école, qui pourrait être tenté de démoraliser le peuple par l'enseignement de ce qu'on appelle à Paris le *chant*, n'a pas d'élèves; les pêcheurs qui pourraient se laisser ainsi démoraliser n'ont pas de quoi payer le magister. On y voit beaucoup de cordiers et de cordières, mais personne n'y file des sons. Les seules chansons qui s'y élèvent par-ci par-là, de sept à huit heures du matin, sont celles des jeunes filles occupées à tisser des seines et des éperviers, encore ces innocentes enfants n'ont-elles qu'un filet de voix. Il n'y a pas de garde nationale, partant, pas de musique de la loterie; on y entend retentir pour tout bruit les coups de maillet des calfats qui réparent des coques de navires. Il y a un cabinet de lecture derrière les vitres duquel ne figurent ni romances ni polkas avec portraits et lithographies. On ne court les risques d'aucun quatuor d'amateurs, d'aucune souscription pour arracher un virtuose au malheur de servir utilement sa patrie. Les hommes, dans ce pays-là, ont tous passé l'âge de la conscription, et aucun des enfants ne l'a encore atteint.

Enfin c'est un Eldorado pour les critiques, une île de Taïti en terre ferme, entourée d'eau d'un seul côté; moins les ravissantes Taïtiennes, il est vrai, mais aussi moins les ministres protestants, les cantiques nazillards, la grosse reine Pomaré qui enfle dans sa case, et le journal français; car on imprime un journal en langue française à Taïti, ce qu'on se garde bien de faire à Saint-Valery. Ainsi informé et rassuré, je descends de l'omnibus (il faut dire encore que le conducteur de cet omnibus, chargé d'amener les honnêtes gens de Motteville à Saint-Valery, ne joue ni de la trompette, comme ses confrères de Marseille, ni de cette affreuse petite corne dont se servent les Belges sur les chemins de fer pour assassiner les voyageurs). Je descends donc intact et presque joyeux de mon véhicule, et je me hâte de gravir une des falaises qui s'élèvent verticalement de chaque côté du bourg. Alors, du haut de ce radieux observatoire, je crie à la mer qui rumine son hymne éternel à trois cents pieds au-dessous de moi : « Bonjour, la grande ! » Je m'incline devant le soleil couchant qui exécute son decrescendo du soir dans un sublime palais de nuages rose et or : « Salut, majesté ! » Et la délicieuse brise des falaises accourant pour me souhaiter la bienvenue, je l'accueille par un soupir de bonheur en lui disant : « Bonsoir, la folle ! » et la douce verdure de la montagne m'invitant, je me roule à terre et je me livre à une orgie d'air pur, d'harmonies et de lumière.

J'aurais bien des choses à raconter de cette excursion en Normandie. Je me bornerai au récit du naufrage d'un petit lougre qui, commandé par un joueur de clarinette de Rouen, est venu échouer à deux lieues du port de Saint-Valery. Chose étonnante ! car qui pourrait être plus apte qu'un joueur de clarinette à diriger un navire ? Autrefois on s'obstinait à confier ces fonctions à des marins ; mais on a enfin reconnu tous les dangers de cette ancienne habitude. Cela se conçoit ; un marin, un homme du métier, a naturellement des idées à lui, un système ; il exécute ce que son système lui fait paraître bon ; rien ne le ferait consentir à une manœuvre qu'il juge fausse ou inopportune. Chacun à son bord doit lui obéir, sans raisonner ni hésiter; il soumet tout ce qui l'entoure au despotisme militaire. C'est intolérable. Puis les marins sont jaloux les uns des autres; il suffit que l'un ait dit blanc dans une circonstance donnée pour que l'autre dise noir si le même cas se représente. D'ailleurs leurs prétendues connaissances spéciales, leur expérience nautique, ont-elles empêché d'innombrables et affreux malheurs? On est encore à la recherche de sir John Franklin, perdu dans les mers polaires. C'était un maître marin pourtant. Et l'infortuné La Peyrouse qui alla se briser sur les écueils de Vanicoro, n'avait-il pas étudié à fond mathématiques, physique, hydrographie, géographie, géologie, anthropologie, botanique et tout le fatras dont les marins proprement dits s'obstinent à se remplir la tête? Il n'en a pas moins conduit ses deux navires à leur perte. Il avait un système, il prétendait que la hauteur des rochers de corail dont la mer est obstruée dans l'archipel des Nouvelles-Hébrides, voïsin de Vanicoro, était à étudier; qu'il fallait, en allant avec précaution, en déterminer le gisement, chercher des passes, opérer des sondages, et il s'y brisa. A quoi lui a donc servi sa science? Ah! l'on a bien raison de se méfier des hommes spéciaux, des hommes à systèmes, et de les tenir à l'écart!

Voyez encore Colomb! Ferdinand et Isabelle et leurs doctes conseillers n'étaient-ils pas bien inspirés en refusant si obstinément de lui confier deux caravelles, et n'eussent-ils pas sagement fait de persister dans ce refus? Car enfin il a trouvé le Nouveau-Monde, c'est vrai;

mais s'il n'eût pas mis l'entêtement d'un maniaque à poursuivre sa route à l'ouest, il n'eût pas rencontré, vingt-quatre heures avant la découverte de San-Salvador, des morceaux de bois flottants, travaillés à main d'homme, cette circonstance ridicule n'eût pas rendu à son équipage un peu de confiance, et il eût été forcé de boire sa honte, de retourner en Europe et de s'estimer encore trop heureux d'y parvenir. C'est donc le hasard qui amena cette tant fameuse découverte; et tout autre que Colomb, sans être marin ni géologue, qui eût eu l'idée de cingler droit à l'ouest, fût parvenu aux îles Lucayes, et, par suite, sur le continent américain aussi bien que lui.

Et Cook, le fameux, l'étonnant capitaine Cook! N'est-il pas allé se faire tuer comme un niais par un sauvage à Hawaï? Il a découvert la Nouvelle-Calédonie, il en a pris possession au nom de l'Angleterre, et c'est la France qui l'occupe. Le beau service qu'il a rendu à son pays!

Non, non, ces hommes à systèmes sont les fléaux de toutes les institutions humaines, rien n'est plus évident aujourd'hui. Le petit sinistre de Saint-Valery ne prouve rien. Le joueur de clarinette qui commandait le lougre ayant une dizaine de dames à son bord, avait fait, par amour-propre, autant de toile que possible, et comme la brise était gentille, il filait je ne sais combien de nœuds à l'heure, et tout le monde sur la jetée de s'écrier : « Mais voyez donc comme ce petit lougre marche bien ! » Quand arrivé devant Veule, et voulant virer de bord pour revenir, il a touché, et le pauvre lougre a été jeté sur le flanc. Fort heureusement, les gens de Veule n'ont pas hésité à se mettre à l'eau jusqu'à mi-corps pour porter à terre les tremblantes passagères. Le joueur de clarinette ne savait pas sans doute qu'à la marée basse il faut se garder d'approcher la grève de Veule, ni que son lougre tirât tant d'eau. Voilà tout ; et les plus habiles marins qui, ignorant comme lui ces circonstances, fussent venus à pareille heure, au même point de la côte avec ce lougre-là, eussent éprouvé le même accident.

Le lendemain de ce sinistre, qui ne prouve rien, je le répète, contre l'aptitude des joueurs de clarinette au commandement des vaisseaux, une lettre de Paris me découvrit à Saint-Valery, et vint m'apprendre qu'une pièce nouvelle (nouvelle!) venait d'être représentée à l'Opéra-Comique. Mon correspondant ajoutait que, cette œuvre étant assez inoffensive, je pouvais sans grand danger m'y exposer. Je suis donc revenu (il le fallait!) je ne l'ai pas vue, et je suis convaincu qu'on me saura gré de n'en pas faire mention. L'œuvre, à mon retour, était déjà rentrée dans le néant. J'ai questionné à son sujet quelques personnes d'ordinaire bien informées, elles ne savaient pas de quoi je leur parlais. Ayez donc des succès, faites donc des chefs-d'œuvre, couvrez-vous donc de gloire! pour qu'au bout de cinq ou six jours... O Paris! ville de l'indifférence en matière d'opéras-comiques ! Quel gouffre que ton oubli !

Je n'y suis pas moins revenu ; je n'en ai pas moins quitté les hautes falaises, et la grande mer, et les splendides horizons, et les doux loisirs, et la douce paix, pour la ville plate, boueuse, affairée ; pour la ville barbare !... et j'y ai repris la truelle de l'éloge ; j'y loue, j'y reloue, comme auparavant !... plus qu'auparavant !...

Trop misérables critiques ! Pour eux, l'hiver n'a point de feux, l'été n'a point de glaces. Toujours transir, toujours brûler. Toujours écouter, toujours subir. Toujours exécuter ensuite la danse des œufs, en tremblant d'en casser quelques-uns, soit avec le pied de l'éloge, soit avec celui du blâme, quand ils auraient envie de trépigner des deux pieds sur cet amas d'œufs de chats-huants et de dindons, sans grand danger pour les œufs de rossignols, tant ils sont rares aujourd'hui !... Et ne pouvoir enfin suspendre aux saules du fleuve de Babylone leur plume fatiguée, et s'asseoir sur la rive et pleurer à loisir !...

Les Allemands désignent par le nom de *recenseurs* les journalistes chargés de rendre un compte périodique de ce qui se passe dans les théâtres, et même aussi d'analyser les œuvres littéraires récemment livrées à la publicité. Si notre expression de **critiques** s'applique mieux que le terme allemand aux écrivains chargées de cette seconde partie de la tâche, il faut en convenir, le titre modeste de *recenseurs* est plus juste pour désigner beaucoup d'honnêtes gens condamnés au labeur froid, ingrat et bien souvent humiliant qui constitue la première. Qui peut savoir, excepté ces malheureux eux-mêmes, ce que l'accomplissement de cette tâche leur cause parfois de douleurs déchirantes, de vastes et profonds dégoûts, de répulsions frémissantes, de colères concentrées qui ne peuvent faire explosion ?... Que de forces ainsi perdues! que de temps ainsi gaspillé! que de pensées étouffées! que de machines à vapeur, capables de percer les Alpes, employées à tourner la roue d'un moulin!

Tristes recenseurs, inutiles censeurs, si souvent censurés! quand seront-ils...

(Un homme de bon sens interrompant Jérémie :)

« Raca! Raca! Raca! allez-vous recommencer encore votre refrain et nous parler dans un cinquantième couplet *de suspendre votre plume aux saules du fleuve de Babylone et de vous asseoir sur la rive et d'y pleurer ?...*

Savez-vous bien que vos récriminations et vos lamentations sont parfaitement insupportables?... Qui diable vous met dans cet état de désolation? Si vous êtes un homme à vapeurs, prenez des douches; si vous vous sentez cette gigantesque puissance de tranche-montagne, pour Dieu! donnez-lui carrière comme il vous plaira; percez les Alpes, percez l'Apennin, percez le mont Ararat, percez la butte Montmartre même, si tel est votre besoin de percer, et ne venez pas nous déchirer le tympan par vos cris d'aigle en cage? Assez d'autres sont là, plus capables que vous, dont le plus vif désir serait de tourner la roue de votre moulin.

— (Jérémie.) Quiconque dit à son frère : Raca! mérite la damnation éternelle. Mais vous avez raison, trois fois raison, sept fois raison, homme plein de raison; les yeux de mon esprit louchaient, vous êtes l'accident qui me fait rentrer en moi-même, et me voilà maintenant gros Jean comme devant.

Un critique modèle.

Un de nos confrères du feuilleton avait pour principe qu'un critique jaloux de conserver son impartialité ne doit jamais voir les pièces dont il est chargé de faire la critique, afin, disait-il, de se soustraire à l'influence du jeu des acteurs. Cette influence en effet s'exerce de trois façons : d'abord en faisant paraître belle, ou tout au moins agréable, une chose laide et plate; puis en produisant l'impression contraire, c'est-à-dire en détruisant la physionomie d'une œuvre au point de la rendre repoussante, de noble et de gracieuse qu'elle est en réalité; et enfin en ne laissant rien apercevoir de l'ensemble ni des détails de l'ouvrage, en effaçant tout, en rendant tout insaisissable ou inintelligible. Mais ce qui donnait beaucoup d'originalité à la doctrine de notre confrère, c'est qu'il ne lisait pas non plus les ouvrages dont il avait à parler; d'abord parce qu'en général les pièces nouvelles ne sont pas imprimées, puis encore parce qu'il ne voulait pas subir l'influence du bon ou du mauvais style de l'auteur. Cette incorruptibilité parfaite l'obligeait à *composer* des récits incroyables des pièces qu'il n'avait ni vues ni lues, et lui faisait émettre de très-piquantes opinions sur la musique qu'il n'avait pas entendue.

J'ai regretté bien souvent de n'être pas de force à mettre en pratique une si belle théorie, car le lecteur dédaigneux qui, après un coup d'œil jeté sur les premières lignes d'un feuilleton, laisse tomber le journal et songe à toute autre chose, ne peut se figurer la peine qu'on éprouve à entendre un si grand nombre d'opéras nouveaux, et le plaisir que ressentirait à ne les point voir l'écrivain chargé d'en rendre compte. Il y aurait en outre pour lui, en critiquant ce qu'il ne connaît pas, une chance d'être original; il pourrait même sans s'en douter, et par conséquent sans partialité, être utile aux auteurs en produisant quelque invention capable d'inspirer aux lecteurs le désir de voir l'œuvre nouvelle. Tandis qu'en usant, comme on le fait généralement, du vieux moyen, en écoutant, en étudiant de son mieux les pièces dont on doit entretenir le public, on est forcé de dire à peu près toujours la même chose, puisque au fond il s'agit à peu près toujours de la même chose; et l'on fait ainsi, sans le vouloir, un tort considérable à beaucoup de nouveaux ouvrages; car le moyen que le public aille les voir, quand on lui a dit réellement et clairement ce qu'ils sont !

L'accent dramatique.

Le diable fut toujours en haute estime et en grande vénération auprès des auteurs d'opéras-comiques. Les critiques ne leur ressemblent guère sous ce rapport, et leur irrévérence pour le diable va très-souvent (n'est-il pas vrai, chers confrères?) jusqu'à le tirer par la queue.

Le théâtre de l'Opéra-Comique, qu'on le sache et qu'on se le dise, a créé et mis au monde une foule d'ouvrages dont le diable est le héros : *le Diable à quatre, le Diable page, le Diable boiteux, le Diable couleur de rose, le Diable amoureux, le Diable à Séville, la Part du Diable, le Diable à l'école, la Fiancée du Diable.*

Le diable m'emporte ! (c'est moi qui parle; on pourrait encore prendre cette exclamation pour le titre d'un opéra-comique) l'Opéra-Comique faillit en 1830 mettre la main sur *Robert-le-Diable*, qui lui était en effet destiné; mais M. Véron, un fin bourgeois de Paris qui a le diable au corps, eut la démoniaque astuce de se faire forcer la main par un ministre pour ouvrir la plus grande porte de l'Opéra au plus grand diable qui soit jamais sorti de l'enfer, trouvant, en son âme, que l'Opéra-Comique possédait déjà à cette époque une assez belle collection de diables de toutes les couleurs, quand lui, l'Opéra, n'en était encore qu'aux diables bleus (*blue devils*).

Eh bien! cet insatiable Opéra-Comique n'a jamais pu se consoler du départ de ce Robert-le-Diable; pendant longtemps, pendant très-longtemps, sa grotte s'est obstinée à ne pas retentir de ses chants. Rien ne lui réussissait; il faisait des efforts du diable pour attirer le public, et le public se sauvait comme un beau diable. Il engageait de jeunes actrices, il *faisait travailler* de jeunes auteurs; mais, bah! toutes ces jeunesses n'avaient que la beauté du diable, et cela devenait vieux en fort peu de temps, tandis que ce diable de Robert-le-Diable faisait un bruit du diable dans toute l'Europe et précipitait trois fois par semaine une foule infernale dans le gouffre du grand Opéra.

Voici une anecdote qui montre avec quel respect et quelle terreur religieuse les acteurs de l'Opéra-Comique prononcent le nom du malin esprit. Un jour (oui, c'était en plein jour), dans une cérémonie tristement grave, l'un d'eux eut à prononcer l'éloge d'un compositeur d'un grand talent récemment enlevé à l'art. Il lut son oraison funèbre d'une façon assez naturelle et convenable tant qu'il y fut question de choses humaines et surterraines seulement. Mais quand, arrivé à l'énumération des œuvres du compositeur, il fallut prononcer le nom de l'esprit des ténèbres qui sert de titre à l'une de ces œuvres, vous eussiez vu et entendu une étrange et admirable transformation des traits et de la voix de l'orateur. Son visage s'assombrit, ses sourcils se froncèrent, son regard devint noir, son geste perpendiculaire, fourchu, et d'un ton rauque et caverneux il prononça en frissonnant les six dernières syllabes de la phrase suivante : « M. Gomis, en arrivant à Paris, débuta au théâtre de l'Opéra-Comique par un ouvrage intitulé : *Le Diaaaaable à Séville.* » Je n'ajoute rien, ma thèse est soutenue. N'est-ce pas beau?...

Succès d'un Miserere.

On écrit de Naples : « On a chanté à l'église de Saint-Pierre, le 27 mars, un *Miserere* de Mercadante, en présence de S. Em. le cardinal-archevêque et de sa suite, auxquels s'étaient joints les professeurs du Conservatoire. L'exécution a été très-belle, et S. Em. a daigné en témoigner à plusieurs reprises sa satisfaction. La composition renferme des beautés de l'ordre le plus élevé. L'assistance *a voulu entendre deux fois* le *Redde mihi* et le *Benigne fac, Domine.* »

L'assistance a donc crié *bis*, demandé *da capo*, comme font nos claqueurs aux premières représentations théâtrales?... Le fait est curieux. Plaignez-vous maintenant de nos concerts du mois de Marie, des *débuts* de nos jeunes cantatrices dans les églises de Paris!... Eh! malheureux critiques catholiques, votre antipatriotisme vous aveugle; vous ne voyez pas que nous sommes de petits saints!

La saison.
Le club des cauchemars.

Il y a un moment de l'année où, dans les grandes villes, à Paris et à Londres surtout, on fait beaucoup de musique telle quelle, où les murs sont couverts d'affiches de concerts, où les virtuoses étrangers accourent de tous les coins de l'Europe pour rivaliser avec les nationaux et entre eux, où ces plaideurs d'une espèce nouvelle se ruent sur le pauvre public, le prennent violemment à partie, et le payeraient même volontiers pour l'avoir d'abord, et ensuite pour l'enlever à leurs rivaux. Mais, comme les témoins, les auditeurs sont chers et n'en a pas qui veut.

Ce terrible moment, dans la langue des artistes musiciens, s'appelle *la saison*.

La saison! cela explique et justifie toutes sortes de choses que je voudrais pouvoir appeler *fabuleuses*, et qui ne sont que trop vraies.

Les critiques alors se voient assaillis par des gens

pressés qui viennent de fort loin faire leur réputation dans la grand'ville, qui la veulent faire vite et qui tentent sur eux l'emploi des fromages de Hollande comme moyen de corruption.

C'est la saison!

On donne jusqu'à cinq et six concerts chaque jour, à la même heure, et les organisateurs de ces fêtes trouvent fort inconvenant que les pauvres critiques se fassent remarquer à quelques-unes par leur absence! Ils écrivent alors aux absents des lettres fort curieuses, remplies de fiel et d'indignation.

C'est la saison!

Une foule incroyable de gens qui passent *dans leur endroit* pour avoir du talent viennent ainsi acquérir la preuve qu'ils n'en ont pas hors de leur endroit, ou qu'ils n'ont que celui de rendre fort sérieux le public frivole et frivole le public sérieux.

C'est la saison!

Dans ce grand nombre de musiciens et de musiciennes marchant sur les talons les uns des autres, se coudoyant, se bousculant, prenant parfois traîtreusement leurs rivaux par les jambes pour les faire tomber, on remarque pourtant par bonheur quelques talents de haute futaie qui s'élèvent au-dessus du peuple des médiocrités, comme les palmiers au-dessus des forêts tropicales. Grâce à ces artistes exceptionnels, on peut alors entendre de temps en temps quelques fort belles choses, et se consoler de toutes les choses détestables qu'on doit subir.

C'est la saison !

Mais, cette époque de l'année une fois passée, si après une longue abstinence et en proie à une ardente soif, vous cherchez à boire une coupe de pure harmonie ; impossible !

Ce n'est pas la saison.

On vous parle d'un chanteur, on vante sa voix et sa méthode ; vous allez l'entendre. Il n'a ni voix ni méthode.

Ce n'est pas la saison.

Arrive un violoniste précédé d'un certain renom. Il se dit élève de Paganini, comme de coutume ; il exécute, dit-on, *des duos sur une seule corde*, et, qui plus est, il joue toujours juste et chante comme un cygne de l'Éridan. Vous allez plein de joie à son concert. Vous trouvez la salle vide ; un mauvais piano vertical remplace l'orchestre pour les accompagnements ; le monsieur n'est pas seulement capable d'exécuter proprement un solo sur ses quatre cordes, il joue faux comme un Chinois et chante comme un cygne noir d'Australie.

Ce n'est pas la saison.

Pendant les longues soirées de château (en hiver pour les Anglais, en été pour les Français), l'annonce d'une fête musicale organisée avec pompe dans une ville voisine vient tout d'un coup faire dresser les oreilles à une société d'amateurs passionnés pour les grands chefs-d'œuvre et auxquels le chant individuel et le piano ne suffisent pas. Vite on envoie retenir des places; au jour fixé on accourt. La salle du festival est pleine, il est vrai, mais de quels auditeurs!... L'orchestre est composé de dix ou douze artistes et de trente musiciens de guinguettes; le chœur a été recruté parmi les blanchisseuses du lieu et les soldats de la garnison. On écartèle une symphonie de Beethoven, on brait un oratorio de Mendelssohn. Et l'on serait mal venu de se plaindre.

Ce n'est pas la saison.

On annonce par exception, dans la grand'ville, une œuvre nouvelle d'un vieux maître blanchi sous le harnois, chantée par une prima donna dont le nom, dès longtemps populaire, a conservé un grand éclat. Hélas! la musique de l'œuvre nouvelle est incolore et la voix de la cantatrice n'a pas eu le même bonheur que son nom.

Ce n'est plus la saison.

Combien nous comptons peu de pays à saison!

Connaissez-vous la contrée où fleurit l'oranger?.... Cette contrée, depuis longtemps, n'a plus de saison.

Si vous avez vécu aux champs de l'Ibérie, vous devez savoir que là il n'y a pas encore de saison.

Quant aux tristes contrées où fleurissent seulement les sapins, les bouleaux et le perce-neige, elles ont déjà de temps en temps des saisons, mais éclairées comme les nuits polaires, par des aurores boréales seulement. Espérons que, si le soleil leur apparaît enfin, elles auront des saisons de six mois, pour regagner le temps perdu.

Il ne saurait y avoir de saison dans ces lointains pays où tout est affaire, où tous sont affairés, où tout grouille, où tout fouille, où le penseur qui médite passe pour un idiot, où le poëte qui rêve est un fainéant pendable, où les yeux sont obstinément fixés sur la terre, où rien ne peut les forcer de s'élever un instant vers le ciel. Ce sont les Lemnos des cyclopes modernes, dont la mission est grande, il est vrai, mais incompatible avec celle de l'art. Les velléités musicales de ces géans laborieux seront donc longtemps aussi inutiles et aussi contre nature que l'amour de Polyphème pour Galatée, et tout à fait hors de saison.

Restent trois ou quatre petits coins de notre petit globe où l'art, gêné, froissé, infecté, asphyxié par la foule de ses ennemis, persiste pourtant encore à vivre et peut dire qu'il a une saison.

Ai-je besoin de nommer l'Allemagne, l'Angleterre et la France? En limitant à ce point le nombre des pays à saisons, et en indiquant ces trois points centraux de la civilisation, j'espère être exempt des préjugés que chacun des trois peuples qui les habitent conserve encore. En France on croit naïvement qu'il n'y a en Angleterre à cette heure pas plus de musique qu'au temps de la reine Elisabeth. Beaucoup d'Anglais pensent que la musique française est un mythe, et que nos orchestres sont à dix mille lieues de l'orchestre des concerts de Julien. Combien de Français méprisent l'Allemagne comme l'ennuyeuse terre de l'harmonie et du contrepoint seulement! Et si l'Allemagne veut être franche, elle avouera qu'elle méprise à la fois la France et l'Angleterre.

Mais ces opinions plus ou moins entachées de vanité puérile, d'ignorance et de préventions, ne changent rien à l'existence des choses. Ce qui est est; *E pur si muove*! Et justement parce qu'*elle se meut* (la musique) comme la terre, comme tout au monde, précisément parce que ses saisons sont d'une variabilité que l'on remarque davantage d'année en année, les préjugés nationaux doivent plus promptement disparaître ou au moins perdre beaucoup de leur force.

Tout en reconnaissant la douceur des saisons dans une grande partie de l'Allemagne, nous maintenons donc notre droit de regarder comme considérables et très-importantes, quoique souvent rigoureuses, les saisons de Londres et de Paris.

La *belle* saison parisienne ne commence guère que vers le 20 janvier et finit quelquefois au 1er février, rarement dure-t-elle jusqu'au 1er mars.

On a vu des saisons ne finir qu'en avril. Mais ces années-là étaient des années trisextiles, plusieurs comètes avaient paru dans le ciel, et les programmes de la société du Conservatoire avaient annoncé quelque chose de nouveau.

Telle fut par exception la saison de l'an 1853, pendant laquelle on entendit pour la première fois aux concerts du Conservatoire *la Nuit du Walpurgis*, de Mendelssohn, et la presque totalité du *Songe d'une Nuit d'été* du même maître. Mendelssohn écrivit *la*

Nuit du Walpurgis à Rome, en 1831. Il a donc fallu vingt-deux ans à cette belle œuvre pour arriver jusqu'à nous. Il est vrai que la lumière de certains astres ne nous parvient qu'après des milliers d'années de voyage. Mais Leipsick, où les partitions de Mendelsshon sont dès longtemps publiées, n'est pas à une distance de Paris tout à fait égale à celle qui nous sépare de Saturne ou de Sirius.

Le Conservatoire a pour principe de procéder lentement en toutes choses. Toutefois, malgré ce défaut d'agilité et de chaleur que son âge explique, il faut le reconnaître, c'est un vieillard encore vert.

Il a fait de sa salle un musée pour un grand nombre de chefs-d'œuvre de l'art musical, qu'il nous montre chaque année sous leur vrai jour : de là sa gloire. On lui reproche de ne vouloir pas que d'autres y exposent leurs travaux quand le musée est vide et qu'il n'y expose rien. En cela on a grand tort : il possède une bonne salle, la seule bonne de Paris pour la musique d'ensemble; il a voulu en avoir le monopole, il a eu raison; il l'a obtenu, il le garde, il a encore raison. Il ne peut pas, sans doute, en laissant ce champ libre, favoriser la concurrence. S'il était dehors, que d'autres fussent dedans, il trouverait fort naturel que ces autres le laissassent se morfondre à la porte; et il est tout simple qu'il apprécie le bon sens du précepte :

« Il ne faut faire qu'à autrui ce que nous ne voudrions pas qui nous fût fait. »

Cependant, il est peut-être temps qu'il songe à varier son répertoire, pour que le public fatigué n'en vienne pas à faire un mauvais jeu de mots sur le titre de l'harmonieuse société, en l'appelant la *satiété* des concerts. Ce qui pourrait, auprès de certaines gens, ne pas sembler tout à fait hors de saison.

. . . .

. . . .

Paris n'est pas le seul point de la France sur lequel on puisse signaler un important mouvement musical. Il y a tous les quatre ou cinq ans des saisons à Lyon, à Bordeaux ; tous les huit ans il y en a une magnifique à Lille, il y en a d'excellentes à Marseille, où les fruits de l'art musical mûrissent plus vite qu'ailleurs.

Mais après les saisons de France, « la saison de Londres ! la saison de Londres ! » est le cri de tous les chanteurs, italiens, français, belges, allemands, bohèmes, hongrois, suédois et anglais ; et les virtuoses de toutes les nations le répètent avec enthousiasme en mettant le pied sur les bateaux à vapeur, comme les soldats d'Enée en montant sur leurs vaisseaux répétaient : *Italiam ! Italiam !* C'est qu'il n'y a pas de pays au monde où l'on consomme autant de musique dans une saison qu'à Londres.

Grâce à cette immense consommation, tous les artistes d'un vrai talent, après quelques mois employés à se faire connaître, y sont nécessairement occupés. Une fois connus et adoptés, on les attend chaque année, on compte sur eux comme on compte dans l'Amérique du nord sur le passage de pigeons. Et jamais, jusqu'à la fin de leur vie, on ne les voit tromper l'attente du public anglais, ce modèle de fidélité, qui toujours les accueille, toujours les applaudit, toujours les admire,

Sans remarquer des ans l'irréparable outrage.

Il faut être témoin de l'entrain, du tourbillonnement de la vie musicale des artistes aimés à Londres, pour s'en faire une juste idée. Et c'est bien plus curieux encore quand on étudie la vie des professeurs établis depuis longues années en Angleterre, tels que M. Davison, son admirable élève, miss Godard, MM. Mac Farren, Ella, Benedict, Osborne, Frank Mori, Sainton, Piatti. Ceux-là toujours courant, jouant, dirigeant, qui dans un concert public, qui dans une soirée musicale privée, ont à peine le temps de dire bonjour à leurs amis par la portière de leur voiture en traversant le Strand ou Piccadilly...

Quand enfin les saisons de Paris et de Londres sont finies, croyez-vous que les musiciens vont se dire : Prenons du repos, c'est la saison. Ah! bien oui. Les voilà tous qui courent s'entre-dévorer dans les ports de mer, aux eaux de Vichy, de Spa, d'Aix, de Bade. Ce dernier point de ralliement est surtout désigné à leurs empressements, et de tous les coins du monde, pianistes, violonistes, chanteurs, compositeurs, séduits par la beauté du pays, par l'élégante société qu'on y trouve, et plus encore par l'extrême générosité du directeur des jeux, M. Bénazet, s'acheminent alors en criant : A Bade! à Bade! à Bade! c'est la saison.

Et les saisons de Bade sont depuis quelques années organisées de façon à décourager toute concurrence. La plupart des hommes célèbres et des beautés illustres de l'Europe s'y donnent rendez-vous. Bade va devenir Paris, plus Berlin, Vienne, Londres et Saint-Pétersbourg, surtout quand on saura le parti que vient de prendre M. Bénazet et que je vais vous dire.

Tout n'est pas fait quand, pour charmer le public élégant, on est parvenu à le mettre en contact avec les hommes qui ont le plus d'esprit, avec les femmes les plus ravissantes, avec les plus grands artistes, à lui donner des fêtes magnifiques ; il faut encore garantir cette fleur de la fashion de l'approche des individus désagréables à voir et à entendre, dont la présence seule suffit à ternir un bal, à rendre un concert discordant ; il faut écarter les femmes laides, les hommes vulgaires, les sottes et les sots, les imbéciles, en un mot les cauchemars. C'est ce dont nul impresario avant M. Bénazet ne s'était encore avisé. Or il paraît certain que Mme ***, si sotte et si laide, Mlle ***, dont les allures sont si excentriquement ridicules, M***, si mortellement ennuyeux, M***, son digne émule, et beaucoup d'autres non moins dangereux, ne paraîtront plus à Bade de longtemps. Après des négociations assez difficiles, et au moyen de sacrifices considérables, M. Bénazet s'est assuré pour trois saisons de leur absence.

Si ce bel exemple est suivi, et il le sera, n'en doutons pas, je connais des gens qui vont gagner bien de l'argent.

Tous les ans maintenant, aux mois d'août et de septembre, ces cauchemars, ravis de devenir riches, se constitueront en club à Paris, où ils pourront s'adresser de mutuelles félicitations.

« Vous êtes engagés, nous sommes engagés, se diront-ils, par les directeurs de Bade, de Viesbaden, de Vichy, de Spa. Cachons-nous, taisons-nous ; qu'on ne soupçonne pas notre existence.

Nous sommes engagés ; c'est la saison !!! »

Petites Misères des grands Concerts.

C'est au festival annuel de Bade que ces petites misères se font cruellement sentir. Et pourtant tout est disposé en faveur du chef d'orchestre organisateur ; aucune mesquine économie ne lui est imposée, nulle entrave d'aucune espèce. M. Bénazet, persuadé que le meilleur parti à prendre est de le laisser agir librement, ne se mêle de rien... que de payer. « Faites les choses royalement, lui dit-il, je vous donne carte blanche. » A la bonne heure ! c'est seulement ainsi qu'on peut produire en musique quelque chose de grand et de beau. Vous riez, n'est-ce pas, et vous songez à la réponse de Jean Bart à Louis XIV :

« — Jean Bart, je vous ai nommé chef d'escadre !

— Sire, vous avez bien fait ! »

Riez, riez, parbleu ! Jean Bart n'en a pas moins raison. Oui, sire, vous avez bien fait, et il serait fort à désirer que, pour commander les escadres, on ne prît jamais que des marins. Il serait fort à désirer aussi qu'une fois le Jean Bart nommé, le Louis XIV ne vînt jamais contrôler ses manœuvres, lui suggérer des idées, le troubler par ses craintes et jouer avec lui la première scène de la *Tempête* de Shakespeare.

ALONZO, ROI DE NAPLES.

« Contre-maître, de l'attention ! Où est le capitaine ? Faites manœuvrer vos gens !

LE CONTRE-MAITRE.

Vous feriez mieux de rester en bas.

ANTONIO.

Contre-maître, où est le capitaine ?

LE CONTRE-MAITRE.

Ne l'entendez-vous pas ? Vous gênez la manœuvre ; restez dans vos cabines, vous ne faites qu'aider la tempête.

GONZALVE.

Rappelle-toi qui tu as à ton bord.

LE CONTRE-MAITRE.

Il n'y a personne à bord dont je me soucie plus

que de moi-même. Vous êtes conseiller du roi, n'est-ce pas ? Si vous pouvez imposer silence aux vents et persuader à la mer de s'apaiser, nous n'aurons plus à manier un câble ; voyons, employez ici votre autorité. Si, au contraire, vous n'y pouvez rien, remerciez Dieu d'être encore vivant, et allez dans votre cabine vous tenir prêt à tout événement. Courage, mes enfants ! Hors d'ici, vous dis-je ! »

Malgré tant de moyens mis à sa dispostion et cette liberté précieuse de les employer à son gré, c'est encore une rude tâche pour le chef d'orchestre que de mener à bien l'exécution d'un festival comme celui de Bade, tant le nombre des petits obstacles est grand, et tant l'influence du plus mince peut être subversive de l'ensemble dans toute entreprise de cette espèce. Le premier tourment qu'il doit subir lui vient presque toujours des chanteurs, et surtout des cantatrices, pour l'arrangement du programme. Comme cette difficulté lui est connue, il s'y prend deux mois d'avance pour la tourner : « Que chanterez-vous, Madame ? — Je ne sais..... j'y réfléchirai.... je vous écrirai. » Un mois se passe, la cantatrice n'a pas réfléchi et n'a pas écrit. Quinze jours sont encore employés inutilement à solliciter auprès d'elle une décision. On part alors de Paris ; on fait un programme provisoire où le titre du morceau de la diva est laissé en blanc. Arrive enfin la désignation de ce tant désiré morceau. C'est un air de Mozart. Bien. Mais la diva n'a pas la musique de cet air, il n'est plus temps d'en faire copier les parties d'orchestre, et elle ne veut ni ne doit chanter avec accompagnement de piano. Un théâtre obligeant veut bien prêter les parties d'orchestre. Tout est en ordre; on publie le programme. Ce programme arrive sous les yeux de la cantatrice, qui s'effraie ausssitôt du choix qu'elle a fait. « C'est un concert immense, écrit-elle au chef d'orchestre; les diverses parties grandioses de ce riche programme vont faire paraître bien petit, bien maigre mon *pauvre* morceau de Mozart. Décidément je chanterai un autre air, celui de *la Semiramide, Bel raggio*. Vous trouverez aisément les parties d'orchestre de cet air *en Allemagne*, et si vous ne les trouvez pas, veuillez écrire au directeur du Théâtre-Italien de Paris; il se hâtera sans doute de vous les envoyer. » Aussitôt cette lettre reçue, on fait imprimer de nouveaux programmes, coller une bande sur l'affiche pour annoncer la scène de *la Semiramide*. Mais on n'a pas pu trouver les parties d'orchestre de cet air *en Allemagne*, et on n'a pas cru devoir prier M. le directeur du Théâtre-Italien de Paris d'envoyer au-delà du Rhin l'opéra entier de *la Semiramide*, dont on ne peut distraire l'air qu'il s'agit d'accompagner. La cantatrice arrive; on se rencontre à une répétition générale :

« Eh bien ! nous n'avons pas la musique de *la Semiramide* ; il vous faut chanter avec accompagnement de piano.

— Ah ! mon Dieu ! mais ce sera glacial.
— Sans doute.
— Que faire ?

— Je ne sais.

— Si j'en revenais à mon air de Mozart?

— Vous feriez sagement.

— En ce cas répétons-le.

— Avec quoi? Nous n'en avons plus la musique; d'après vos ordres, on l'a rendue au théâtre de Carlsruhe. Il faut de la musique pour l'orchestre, quand on veut que l'orchestre joue. Les chanteurs inspirés oublient toujours ces vulgaires détails. C'est bien matériel, bien prosaïque, j'en conviens; mais enfin cela est. »

A la répétition suivante, les parties d'orchestre de l'opéra de Mozart ont été rapportées; tout est de nouveau en ordre. Les programmes sont refaits, l'affiche est recorrigée. Le chef annonce aux musiciens qu'on va répéter l'air de Mozart, on est prêt. La cantatrice alors s'avance et dit avec cette grâce irrésistible qu'on lui connaît :

« J'ai une idée, je chanterai l'air du *Domino noir*.

— Oh! ah! ha! haï! psch! krrrr!..... Monsieur le cappel-meister, avez-vous dans votre théâtre l'opéra que dit madame?

— Non, monsieur.

— Eh bien, alors?

— Alors il faudra donc me résigner à l'air de Mozart ?

— Résignez-vous, croyez-moi. »

Enfin on commence; la cantatrice s'est résignée au chef-d'œuvre. Elle le couvre de broderies; on pouvait le prévoir. Le chef d'orchestre entend en lui-même retentir plus fort qu'auparavant cette éloquente exclamation : Krrrr ! et, se penchant vers la diva, il lui dit de sa voix la plus douce et avec un sourire qui ne semble avoir rien de contraint :

« Si vous chantez ainsi ce morceau, vous aurez des ennemis dans la salle, je vous en préviens.

— Vous croyez?

— J'en suis sûr.

— Oh ! mon Dieu ! mais..... je vous demande conseil..... Il faut peut-être chanter Mozart simplement, tel qu'il est. C'est vrai, nous sommes en Allemagne ; je n'y pensais pas..... Je suis prête à tout, Monsieur.

— Oui, oui, courage ; risquez ce coup de tête ; chantez Mozart simplement. Il y avait autrefois des airs, voyez-vous, destinés à être brodés, embellis par les chanteurs ; mais ceux-là en général furent écrits par des valets de cantatrice, et Mozart est un maître ; il passe même pour un grand maître qui ne manquait pas de goût. »

On recommence l'air. La cantatrice, décidée à boire le calice jusqu'à la lie, chante simplement ce miracle d'expression, de sentiment, de passion, de beau style, elle n'en change que deux mesures seulement, pour l'honneur du corps. A peine a-t-elle fini que cinq ou six personnes, arrivées dans la salle au moment où l'on recommençait le morceau, s'avancent pleines d'enthousiasme vers la cantatrice en se récriant : « Mille compliments, madame ; comme vous chantez purement et simplement! Voilà de quelle façon on doit interpréter les maîtres; c'est délicieux, admirable! Ah! vous comprenez Mozart! »

Le chef d'orchestre à part : « Krrrrr!!! »

On a un billet avec vingt francs.

Vivier ayant une fois déterminé de cette manière originale le prix des places pour un concert qu'il se proposait de donner, un pauvre joueur de cor de la barrière Pigalle vendit tout ce qu'il pouvait vendre et courut chez le célèbre virtuose.

Arrivé devant le n° 24 de la rue Truffaut à Batignolles, il entre tout palpitant, monte au second, frappe à une petite porte (Vivier le millionnaire affecte des allures fort modestes). Un monsieur barbu, portant un coq sur son épaule gauche et un long serpent à sa main droite, vient ouvrir.

— M. Vivier?

— C'est moi, monsieur.

— On m'a assuré qu'on pouvait obtenir chez vous, avec vingt francs, un billet pour le concert? (Admirez cette flatterie, *le concert!* comme s'il ne devait y avoir que le concert de Vivier à Paris!) Je suis un peu cor aussi, et j'ai même un peu de talent, quoiqu'on n'ait jamais voulu m'admettre à l'Opéra, et vous me rendriez, monsieur, le plus heureux, monsieur, des hommes, monsieur, si...

— Ah! vous aviez des dispositions pour entrer dans la police espagnole?

— La police? Comment?

— Certainement, vous avez voulu prendre place parmi les cors de l'Opéra; ceux qui sont parvenus à cette dignité ont toujours fini par répondre quand on leur a demandé s'il était vrai qu'ils fussent à notre Académie de Musique : Oui, j'y suis cor et j'y dors. Mais assez de philosophie. (Et tendant au pauvre diable un napoléon sur un billet de concert.) Voilà votre affaire!

— Vous me donnez vingt francs, monsieur?

— N'avez-vous-pas vu annoncer dans les papiers publics, ne vous a-t-on pas dit, ne m'avez-vous pas répété vous-même tout à l'heure qu'on vous avait dit que l'on disait qu'on obtenait de moi un billet de concert avec vingt francs? Eh bien! n'avez-vous pas l'un et les autres? Que prétendez-vous? Vingt francs, cela n'est peut-être pas suffisant, à votre avis? Peste! vous êtes un drôle de cor!

— Mais, monsieur...

— Assez! vous veniez me dévaliser! lui crie Vivier d'une voix terrible; sortez d'ici, ou j'appelle la maréchaussée et je vous fais traîner à la Bastille!

Guerre aux bémols.

Une dame passionnée pour la musique entre un jour chez notre célèbre éditeur Brandus et demande à voir les morceaux de chant les plus nouveaux et les plus beaux, en ajoutant qu'elle tient surtout à ce qu'ils ne soient pas trop chargés de bémols. Le garçon du magasin lui présente alors une romance.

— Ce morceau est délicieux, lui dit-il, malheureusement il a quatre bémols à la clé.

— Oh! cela ne fait rien, répond la jeune dame, quand il y en a plus de deux, je les gratte.

VOYAGES
CORRESPONDANCE SCIENTIFIQUE

PLOMBIÈRES ET BADE

(1re Lettre)

A M. LE RÉDACTEUR EN CHEF DU JOURNAL DES DÉBATS

Plombières. — Les Vosges. — La piscine.
— Les parties de plaisir. — Visite à Mlle Dorothée.
Les paysans du Val-d'Ajol. — L'Empereur.

Plombières, le 24 août.

Monsieur,

La position horizontale est évidemment la plus favorable au travail de l'intelligence, à l'expansion de l'esprit, et cela se conçoit. Notre cerveau est la chaudière où se forment les vapeurs connues sous le nom d'idées, qui font marcher et si souvent dérailler le train des choses humaines ; le sang est l'eau bouillante qui vient s'y transformer en vapeurs ; tous les physiologistes vous le diront. Plus ce liquide afflue avec facilité dans la chaudière, et plus il doit nécessairement y engendrer d'idées ou de vapeurs.

Voltaire malade, et par conséquent couché quand il écrivit *Candide*, jouissait d'une santé florissante quand il mit la main à l'œuvre pour *la Henriade*.

Bernardin de Saint-Pierre avait, dit-on, apporté des Indes un hamac où il aimait à s'étendre pour composer ; c'est là qu'il rêva ses délicieux chefs-d'œuvre, *Paul et Virginie* et *la Chaumière indienne*. Quand ensuite il élabora ses *Harmonies de la Nature*, où il veut expliquer le phénomène des marées par la fonte des glaces polaires, le hamac étant usé, il ne s'en servait plus.

J.-J. Rousseau gisait tout de son long au pied d'un arbre de la forêt de Vincennes quand il improvisa sa fameuse prosopopée de Fabricius, mais à coup sûr il écrivit debout la comédie de *Narcisse ou l'Amant de lui-même* et plusieurs chapitres de son dictionnaire de musique.

Séduit par ces illustres exemples et par l'efficacité du procédé, j'ai souvent pensé à me pendre par les pieds, quand je me sentais par trop dépourvu d'esprit et de bon sens. La crainte de ne pouvoir me décrocher assez tôt m'a seule retenu. Mais il y a trois ou quatre imbéciles de ma connaissance, à qui je voudrais bien voir appliquer ce mode de spiritualisation pendant quarante-huit heures seulement.

Or donc, j'étais couché dans la forêt de sapins du vieux château, à Bade, quand j'ai lu la lettre où vous me faites l'honneur de vous plaindre de mon silence et de mon inaction. Gardant ma position horizontale, je me suis mis aussitôt à vous penser une réponse du plus vif intérêt, éloquente, chaleureuse, d'un style net et coloré, pleine aussi de détails piquants et savants. Séduit par le charme du récit que je vous faisais de mon voyage, je me suis levé pour aller l'écrire, car il faut toujours bien en venir là. Mais arrivé chez moi, quel a été mon désespoir de ne me plus trouver ni éloquence, ni chaleur, ni style, ni mémoire ! Je n'avais pas même un souvenir des beaux récits si richements imagés que je vous faisais horizontalement une heure auparavant. J'étais réduit enfin à la médiocrité intellectuelle, pour ne pas dire à la nullité d'esprit, de l'homme perpendiculaire. Il pleuvait à verse, je ne pouvais retourner cueillir des idées dans mon bois de sapins. Vous me direz qu'on peut toujours s'étendre quelque part, sur un lit, sur un canapé, sur un plancher même. C'est bien ce que j'ai fait, mais sans le moindre résultat. Mon sang était devenu froid, la chaudière n'a pas voulu bouillir, je suis demeuré stupide. La nature a des caprices...

Je vous narrerai donc tant bien que mal, en style de guide du voyageur, mon excursion dans les Vosges et dans le duché de Bade ; je vous en demande bien pardon. Je mettrai du moins dans ce récit autant d'ordre que possible et ne vous dirai rien qui ne se rapporte au sujet directement. Tout d'abord ce nom de Vosges me rappelle une assez bonne plaisanterie de M. Méry. Après la révolution de 1848, le nom de la place Royale fut converti par le gouvernement républicain en celui de place des Vosges; on parlait aussi de nommer rue des Vosges la rue Royale. M. Méry, logicien s'il en fut jamais, imaginant alors que la dénomination départementale devait partout être substituée à la qualification royale, écrivit une lettre ainsi adressée :

« A Monsieur le directeur de l'Académie des Vosges de musique. »

Et la lettre parvint.

Vous me parlez des eaux que je suis censé prendre et que je prends réellement, car je suis malade, et vous me demandez quelles sont celles que je préfère. Ce sont les eaux qu'on ne prend pas, celles de Bade. Pour les autres, n'en ayant essayé que d'une sorte, je ne puis établir de comparaison.

Je ne vous dirai pas comme César :

Veni, vidi Vichy;

d'abord parce que le *Journal des Débats* est un journal français, grave, qui ne saurait permettre que l'on fasse dans ses colonnes un pareil abus de la langue latine, ensuite parce qu'en effet je n'ai point vu Vichy. Je suis allé de Paris et revenu ensuite (vous saurez pourquoi) aux eaux de Plombières tout bonnement.

Plombières est un puits creusé par la nature au centre des montagnes Royales (ou des Vosges, s'il vous plaît de leur donner encore ce vieux nom républicain). C'est triste l'été, c'est affreux l'hiver; les environs seuls en sont charmants. Il faut donc absolument en sortir pour s'y plaire. Mais l'Empereur y était, et tout avait un air de fête, loin aux alentours, sur les montagnes, dans les bois et dans le puits. Partout des guirlandes de feuillage, partout des fleurs, des drapeaux flottants, de brillants uniformes, roulements de tambours, volées de cloches, harmonies militaires, vivat faisant retentir le vallon, bals, concerts, ascensions de montgolfières, députations municipales, joyeuses troupes de paysans endimanchés, superbes beautés enharnachées, comédiens du théâtre du Palais-des-Vosges venus de Paris, écrivains, artistes, savants, maires, adjoints, sous-préfets et préfets, célébrités sans autorité, autorités sans célébrité.

C'était une véritable et belle transfiguration.

Une manie des nouveaux venus ici est de chercher l'étymologie du nom de Plombières. On leur en donne plusieurs tirées de l'allemand, et du français, et du latin, et toutes plus tirées par les cheveux les unes que les autres. Eh! mon Dieu! Plombières vient de plomb. Le plomb est un métal, on ne le contestera pas, j'espère; mais le fer en est un autre, et qui a bien son prix. Or les montagnes qui surplombent ce petit lieu sont pleines de minerai de fer, leurs eaux sont ferrugineuses et teignent les fossés d'oxyde de fer; or si le fer, en sa qualité de métal, fait naturellement penser au plomb, n'en voilà-t-il pas plus qu'il ne faut pour justifier le nom de Plombières? Cette étymologie, aussi naturelle qu'évidente, est la seule présentable. N'en parlons plus.

La population de Plombières se compose en été de

deux classes d'individus fort différentes l'une de l'autre : les étrangers, curieux ou baigneurs, et les indigènes. Cette dernière classe, peu nombreuse, quoique Plombières compte plusieurs habitants, se concentre, après la chute des neiges, dans un monument en forme de tombe, qui occupe le milieu de la *ville*, et qu'on nomme le bain romain. Là, du matin au soir, chauffés gratuitement par l'eau qui circule sous les dalles de la salle supérieure, hommes, femmes et enfants travaillent à de fins ouvrages d'aiguille, à des broderies.

Que faire en un tel gîte, à moins que l'on n'y brode ?

Et ne croyez pas qu'il n'y ait que des hommes faibles ou maladifs, des culs-de-jatte, des bossus, des nains appliqués à ce travail. Hélas ! non ; de robustes gaillards, de véritables Hercules, brodent eux-mêmes, aux pieds de cette triste Omphale dont le nom est Nécessité.

Toutes les maisons sont fermées, on y rentre seulement la nuit. Il n'y a plus alors le jour chez les bourgeois, qui pendant l'été louent leurs chambres aux baigneurs, qu'une vieille femme courageuse, sûre d'ailleurs que son aspect suffira pour mettre en fuite les voleurs s'il s'en présente. Car le vieux sexe est terrible dans les Vosges.

La rue de Plombières est en certains endroits d'une largeur raisonnable ; quatre gros hommes peuvent y passer de front. Autrefois les femmes jouissaient du même privilége. Il n'en est plus ainsi. Il n'y passe pas aujourd'hui plus d'une belle dame de front, la loi crinoline le défend. Encore les atours de ces lionnes sont-ils toujours tachés et froissés à gauche et à droite par suite de leur frottement contre les murs.

Les détails que je vous donne là, monsieur, et ceux qui vont suivre, ne sont empruntés à aucun des nombreux ouvrages publiés sur Plombières ; vous pouvez m'en croire. Désireux de m'instruire, je n'en ai lu aucun ; et je vous donne le résultat de mes très-réelles et très-personnelles observations.

Il y a un *salon* à Plombières où l'on pourrait jouer au billard et lire les journaux, si les journaux et le billard n'étaient toujours, comme disent les garçons de café, *occupés*. On y prie le dimanche dans une modeste petite église ; mais il n'y a pas de cimetière ; je n'en ai du moins pas pu découvrir. Il paraît (cela tiendrait-il à la grande efficacité des eaux?) qu'à Plombières on ne meurt pas. C'est pourquoi, sans doute, les habitants y ont tous l'air si vieux, et possèdent un si grand fonds d'expérience... en matière commerciale.

Trois occupations importantes partagent dans la saison d'été la journée des baigneurs. Ce sont le bain, la table d'hôte et la *partie de plaisir*. Ah ! la partie de plaisir ! c'est la partie pénible et vraiment cruelle du régime imposé par les médecins aux malades, et par les malades aux malheureux qui se portent bien. Vous en aurez la preuve. Le bain se prend en général le matin, soit aristocratiquement dans une baignoire placée dans un cabinet, comme à Paris, soit démocratiquement dans une grande cuve de pierre où grouillent à la fois toutes les gibbosités, toutes les infirmités, toutes les laideurs de tous les sexes et de tous les âges. Cette crapaudière porte un nom qui suffirait à me la faire détester si je ne l'exécrais dans son essence (qui n'est pas l'essence de roses, croyez-le bien), c'est le nom de piscine. Piscine! quelle euphonie! quelles idées cela éveille! Piscine! mot venu du latin et désignant un lieu où barbotent des poissons. Piscine! cela fait penser aux lépreux de Jérusalem qui allaient, au dire de la Bible, y laver leurs ulcères.

Eh bien! tout le monde y va, excepté quelques originaux qui ne craignent pas de se faire surnommer les dégoûtés; et je renonce à vous donner une idée approximative de ce spectacle, de ce bruit, de ces êtres enfermés dans des espèces de vilains sacs plus ou moins mal c___ lus ou moins flottants quand on va se mettre à l'eau, plus ou moins collants quand on en sort; de ces conversations, de ces discussions politiques, de ces opinions drôlatiques, de ces chansons de commis voyageur, le tout arrosé de jets d'eau chaude par de turbulents enfants ___rds de la crapaudière, qui ont imaginé les plus ___ manières d'injecter leurs voisins. — Malgré votre dégoût, vous avez donc vu la piscine? me direz-vous. — Non, monsieur, non, je ne l'ai point vue dans son plein, et j'espère bien ne la voir jamais. Jugez de ce que je vous en dirais si je l'avais vue. Piscine! piscine! et par aggravation on en a fait à Plombières le verbe *pisciner*, « nous piscinons, ils ou

12.

elles piscinent! » Heureusement Plombières est maintenant en droit de compter sur de larges et ingénieuses réformes, sur de précieux embellissements ; la promesse lui en a été faite, et cette promesse, venue de haut, est déjà en voie de s'accomplir. Il faut donc espérer qu'avant peu d'années on pourra noyer le souvenir de la piscine dans des bains un peu moins primitifs et plus décents.

Les environs de Plombières offrent des sites ravissants, je l'ai déjà dit, des points de vue grandioses, des retraites délicieuses, des lieux de repos dans les bois, dignes d'être chantés par les Virgile et les Bernardin de Saint-Pierre de tous les temps et de tous les pays. Tels sont le *val d'Ajol,* vu de la *Vieille Feuillée,* les plateaux étalés sur les montagnes qui y conduisent, la fontaine *du roi Stanislas,* celle *du Renard,* la *vallée des Roches* et dix autres que je m'abstiens de nommer. C'est vers l'un de ces lieux poétiques qu'il est d'usage parmi les baigneurs de diriger après le déjeuner, c'est-à-dire vers onze heures, de petites caravanes réunies pour ces excursions, nommées par antiphrase *parties d plaisir.* Promenades charmaffet, si l'on n'y allait qu'à son heure, à son p temps supportable, et seul ou à peu près seul. Mais on y monte d'ordinaire par groupes de huit ou dix personnes, dont six au moins sont à ânes, avec accompagnement de trois ou quatre âniers ou ânières du plus désagréable aspect ; par un soleil à pierre fondre, sans pouvoir s'arrêter où l'on se plaît, s'ébattre, comme le lièvre de la fable, sur le thym ou la bruyère; traîné à la remorque par les âniers, qui, recevant tant par voyage, songent à en faire le plus possible dans la même journée, et connaissent en conséquence le prix du temps.

Ce sont là de véritables parties de purgatoire. L'âne d'ailleurs est un sot animal; avec son air humble et résigné, il se montre beaucoup plus entêté que la mule.

Quand il est chargé d'un lourd monsieur Prudhomme pérorant sur ses devoirs de citoyen, sur le sabre d'honneur qu'il a reçu, lequel sabre *est le plus beau jour de sa vie*, et qu'il jure d'employer *à défendre ou à combattre nos institutions*, si l'on veut hâter son pas (le pas le l'âne) pour être débarrassé de lui (du monsieur Prudhomme) en restant en arrière, le maudit animal (l'âne) fait le cuir dur et la sourde oreille; insensible aux coups, il progresse avec une stoïque gravité et semble au contraire modeler son allure sur la vôtre. S'il porte au contraire une gracieuse crinoline avec laquelle on serait heureux de causer en marchant à son côté, on a beau adresser la plus instante prière à l'âne du purgatoire pour qu'il n'aille pas trop vite, il prend le trot au travers des rocs et des ronces, et vous plante là seul sur une montagne pelée, chauffée à quarante degrés Réaumur, à un quart de lieue de tout ombrage.

Puis une douzaine d'autres petites vexations dont je ne vous parle pas, mais qui ont leur prix.

Oh! la partie de plaisir! Dieu vous en garde! La seule raison qui m'ait fait l'appeler modérément un purgatoire, quand j'étais en droit de la comparer à l'enfer, c'est qu'en général on en revient moulu, brisé, il est vrai, brûlé, *poussé* (couvert de poussière, c'est un mot vosgien), la tête et la gorge en feu, les pieds écorchés, d'une humeur de dogue, regrettant une journée perdue, une belle nature mal vue, des rêveries troublées, des émotions comprimées, mais on en revient..... presque toujours.

J'ai été traînée sur cette ardente claie un jour que les directeurs de la *partie de plaisir* avaient opté pour un pèlerinage à la *Vieille Feuillée* et une visite à Mlle Dorothée. Mlle Dorothée, célèbre à Plombières et très-avantageusement connue depuis Épinal jusqu'à Rémiremont, est une honnête et aimable personne, née il y a longtemps dans le val d'Ajol, d'où elle est sortie pendant quelques années seulement. Ses rapports avec le monde élégant lui ont fait acquérir une élocution correcte, une façon de s'exprimer distinguée sans affectation, et une tenue digne et obligeante sans obséquiosité. Elle construit de ses mains de petits instruments de petite musique, qu'elle nomme épinettes, sans doute parce qu'on en vend à Épinal, car ils n'ont de commun avec la véritable épinette que l'emploi de quatre cordes en métal tendues sur un bâton creux semé de sillets comme un manche de guitare, et qu'on gratte avec un bec de plume.

Mlle Dorothée fait en outre des vers remplis d'expressions bienveillantes pour les voyageurs qui vont la visiter, et offre à ses hôtes du lait exquis, du kirsch et un excellent pain bis, sur une table de pierre plantée il y a soixante-dix ans par son père sur une terrasse qui de très-haut domine le val d'Ajol. De là une vue indescriptible.

Le jour où notre petite caravane, composée d'un bouquet (je devrais dire d'un gerbier) des plus gracieuses crinolines de Plombières, s'achemina vers la retraite de Mlle Dorothée, les ânes encore furent de la partie, et, fidèles à leurs habitudes, ils ne manquèrent pas de tourmenter ceux d'entre nous qui allaient à pied. Malgré nos cris, ils finirent par nous quitter tout à fait. Nous étions trois ainsi délaissés, sous la mitraille d'un soleil furieux, au milieu d'une lande nue, sans avoir la moindre idée de la direction qu'il fallait prendre pour arriver au but de notre voyage. Après quelques moments donnés à la mauvaise humeur, nous fûmes tout surpris de ressentir des impressions dont la compagnie des ânes nous eût sans doute privés. Nous marchions en silence, étudiant la physionomie particulière du plateau élevé de la montagne où nous avions été si inhumainement abandonnés, physionomie que n'ont point les grandes plaines inférieures. Ces hauts lieux semblent plus riches d'air et de lumière ; un certain mystère plane sur l'ensemble du paysage ; l'esprit de la solitude l'habite... cette chaumière ouverte et déserte... ce petit étang où les fées doivent venir s'ébattre en secret la nuit... ce bosquet de chênes immobiles... pas de laid animal cornu, malpropre et ruminant ; pas de chien galeux aboyant ;

pas de berger goitreux déguenillé... pas d'oiseaux domestiques, poules ou dindons, rappelant la basse-cour, l'écurie, etc. Silence et paix partout; sous un léger souffle de la brise, les bruyères agitent doucement leurs petits panaches roses; deux alouettes passent à tire-d'aile... poursuite amoureuse... l'une des deux disparaît dans un champ de blé, l'autre commence à s'élever en spirale en préludant à son grand hymne de joie. Gœthe l'a dit : « Il n'est personne qui ne se sente pressé d'un sentiment profond quand l'alouette invisible dans l'air répand au loin sa chanson joyeuse. » C'est le plus poétique des oiseaux. Ne me parlez pas de votre classique rossignol, *Philomela sub umbrâ,* à qui il faut pour salles de concert des bocages fleuris et sonores, qui chante la nuit pour se faire remarquer, qui regarde si on l'écoute, qui toujours vise à l'effet dans ses pompeuses cavatines avec trilles et roulades, qui singe par certains accents l'expression d'une douleur qu'il ne ressent pas, un oiseau qui a de gros yeux avides, qui mange de gros vers et qui demanderait volontiers des claqueurs. C'est un vrai ténor à cent mille francs d'appointements.

Mais voyez et écoutez le mâle de l'alouette; celui-là est un artiste. Insoucieux de l'effet qu'il peut produire, il chante parce que c'est un bonheur pour lui de chanter; il lui faut l'air libre, l'espace infini. Voyez-le au soir d'un beau jour, quand la nuit déjà fait pressentir son approche, voyez-le s'élancer saluant le soleil qui décline à l'horizon, l'étoile qui scintille en perçant la voûte céleste; il monte en chantant vers l'astre; il nage dans l'éther; on comprend son bonheur démesuré, on le partage; il monte, monte, monte en chantant toujours; sa voix triomphante s'affaiblit peu à peu, mais on sent bien qu'elle a conservé sa force, que la distance seule en adoucit l'éclat; il monte encore, encore, il disparaît... on l'entend toujours; jusqu'à ce que, perdu dans l'azur du ciel, épuisé d'enthousiasme, ivre de liberté, d'air pur, de mélodie et de lumière, il ferme audacieusement ses ailes, et, d'une hauteur immense, se laisse tomber droit sur son nid, où sa femelle et ses petits, reconnaissants de ses douces chansons, le raniment par leurs caresses.

..... Nous écoutions tous les trois...; nous écoutions encore, que l'oiseau Pindare, rentré dans son cher nid, avait fini sa dernière strophe, et murmurait sans doute à sa famille des accents intimes que notre grossière oreille ne pouvait saisir. Mais nous étions tout à fait égarés et un peu inquiets des jeunes crinolines. Par bonheur, nous réveillâmes en passant une vieille femme qui dormait bravement au soleil dans un fossé : elle s'offrit à nous conduire à travers champs. A peine l'eûmes-nous acceptée pour guide, que la vieille nous mit sur le chapitre de l'Empereur, nous demanda si nous l'avions vu, si nous le connaissions, etc.

— Ah! c'est que j' l' connais ben, moi, continua-t-elle. L'autre jou, y passait par ici, comme vous, pour aller chez mam'zelle Dorothée; des gens du val d'Ajol vinrent l'attendre là-bas au coin d' ce bois. Y avait un grand général qui marchait avec un autre mssieu loin devant les autres de la troupe. Les paysans lui dirent comm' ça :

— Dites donc, mssieu, est-ce t'y vous qui êtes l'Empereur?

— Non, le voilà qui vient dans c'te prairie.

Tout d' suite les gens d'Ajol vont vers la prairie et puis disent à l'autre :

— C'est donc vous, mssieu, qui êtes l'Empereur?

— Oui, mes enfants, que l'autre leux répond.

— Ah! ben, alors, tenez, bénissez-nous.

Et les v'là qui se mettent à genoux devant l'Empereur. Y voulait les relever, mais y n' pouvait pas. Y se tortillait la moustache, et l'on voyait ben qu'il avait la larme à l'œil, tout de même, le povre homme.

— Vous avez vu ça ?

— Pardi si j' l'on vu ! je l'on vu comme et j' vous vois. Et plus loin, là haut vers c'te ferme, y n' savions plus l' chemin, et y sont allés l' demander au grand Nicolas qui vannait de sarrazin devant sa porte. Micolas leux a dit oûs qu'y fallait passer, et l'Empereur lui a mis une pièce dans la main. Micolas a cru comm' ça que c'était une pièce de vingt sous, mais quand y-z-ont tous été loin, il a ouvert sa main, il a regardé, et en voyant qu'il avait un vrai napoléon d'or en or, il a fait un cri, et puis y s'est mis à jurer, oh! à jurer que ça faisait peur. De joie, ben entendu, y jurait de joie ; mais c't-égal, ce n'est pas bien tout d' même de jurer comm' ça.

En devisant ainsi dans son jargon rustique, la brave femme est parvenue à nous amener à peu près sains et saufs chez Mlle Dorothée, où nous avons trouvé nos charmantes crinolines, nos vilains ânes, et du kirsch et du lait.

Deuxième lettre

Arrivée chez Mlle Dorothée. — Le val d'Ajol. — Toujours ramper. — Pourquoi vieillir, souffrir et mourir ? — La fontaine de Stanislas. — Les Moraines. — Les glaciers. — Les tables d'hôte. — Caquets et médisances. — L'Eaugronne. — M. le docteur Sibille ; son procédé pour guérir les maladies intestinales. — Les pères sans entrailles. — Effroi de M. Prudhomme. — Concert de Vivier. — Soirée chez l'Empereur. — Bade. — Un opéra nouveau de M. Clapisson ; succès. — Le concert. — Mme Viardot. — Mlle Duprez. — Beethoven. — Retour à Plombières. — Tristesse.

Plombières, le 30 août.

Après les premières exclamations de rigueur, modulées dans tous les tons, avec tous les timbres, sur tous les rhytmes : « Ah ? vous voilà !

— Que vous est-il donc arrivé ?

— Quelle inquiétude !

— Eh mais ! c'est vous qui nous avez plantés là !

— Ce sont ces maudits ânes !

— Ah ! pardi, M'ssieu, l'on sait bien que le-z-ânes vont plus vite que le-z-à pied.

— Et ma selle qui a tourné.

— Ah! ah! on l'a retenue à temps!

— Nous avons cueilli des framboises.

— Quelle vue!

— Dieu! que c'est beau!

— Non, M'ssieu, je ne resterai point! Il faut nous en retourner tout d'suite à Plombié. On m'attend pour aller au Renard. J'veux que mes ânes me rapportent!

— Eh bien! partez, beauté rudanière, nous reviendrons à pied; croyez-vous que nous ayons grimpé jusqu'ici pour y rester seulement deux minutes et repartir sans rien voir? »

On s'est enfin permis de jouir du coup d'œil, d'admirer le val d'Ajol qui se déploie à une grande profondeur au-devant de la maison de Dorothée. C'est un vaste berceau de verdure, avec un village rougeâtre déposé au fond du berceau, comme un jouet d'enfant, et mille arabesques dessinées par des massifs diversement colorés de sapin, de hêtre, de bouleau et de frêne, cet arbre élégant, l'orgueil de la végétation des Vosges; le tout couvert d'un léger voile bleu, et si calme, si frais, si bien encadré de toutes parts... A cet aspect, le premier mouvement du spectateur placé sur le bord de la terrasse est de s'élancer dans l'espace vide pour nager avec délices dans ce grand lac d'air pur. Mais aussitôt il résiste à cette impulsion spontanée qui l'entraîne en avant; il se cramponne à un arbre pour ne pas tomber dans le précipice, et il s'écrie avec Faust : « Oh! que n'ai-je des ailes!... » N'est-il pas naturel en effet d'éprouver alors un sentiment d'humiliation et de se dire : Le plus stupide et le plus lourd des oiseaux, une oie, pourrait le faire, et je ne le puis !... O hommes, si fiers de vos découvertes, de vos engins producteurs et destructeurs, de vos relations familières avec la vapeur et la foudre, dont vous avez fini par faire vos esclaves à peu près soumises, inventeurs si bouffis de votre science, de vos calculs ; vous construisez des maisons roulantes, des palais flottants ; vous avez même fait servir les lois de la gravitation à élever jusqu'aux nues, par une contradiction apparente, de grands globes dont la puissance ascensionnelle aurait dû vous ouvrir la route des airs ; mais vous rampez encore, pourtant. Se traîner sur l'eau ou sur la terre, aidés par les vents ou par la vapeur, c'est toujours ramper. Et jusqu'au moment où vous aurez trouvé le moyen sûr de vous transporter librement dans l'espace, soit en volant, soit en dirigeant des navires aériens, des villes aériennes, malgré tout vous appartiendrez à la race des rampants, et vous n'en resterez pas moins d'ambitieuses chenilles, d'orgueilleux colimaçons.....

Contre l'un des murs de la modeste maison de Dorothée, à l'extérieur, était placardé au milieu d'une couronne de lauriers un quatrain en vers alexandrins de la muse silvestre, sur la visite que l'Empereur lui avait faite quelques jours auparavant.

« — C'est très-beau, mademoiselle, il y a là autant de cœur que de style. Sa Majesté a sans doute été bien satisfaite ?

— L'Empereur a semblé surtout ému de voir l'endroit de ma maison où se sont reposées avant lui la reine Hortense et l'Impératrice Joséphine.

— Ces souvenirs, qu'il ne s'attendait pas à trouver dans cette solitude, ont dû le toucher en effet. Et il est venu chez vous à pied, par une telle chaleur?

— Oui, Mesdames.

— Sa Majesté vous a complimenté aussi sur votre lait? Il est excellent.

— L'Empereur ne l'a pas goûté.

— Comment! vous ne lui en avez pas présenté?

— J'étais si bouleversée que je n'y ai point songé. Il m'a pourtant demandé si nous avions des vaches...

— Eh bien! c'était clair cela!

— Hélas! oui, j'y pense maintenant, il avait soif, c'était une façon détournée de me le faire entendre, et il *n'a pas osé* me demander du lait... Mon Dieu, que je suis honteuse! c'est indigne de ma part. Mais il m'a promis de revenir, et je lui ferai bien des excuses.

— S'il revient, comptez que l'Empereur fera cette fois apporter des rafraîchissements, qu'il prendra à votre barbe sur l'herbe, puisque sur cette table inhospitalière vous ne lui avez pas seulement offert une tasse de lait. »

Après avoir ainsi tourmenté la conscience de notre pauvre hôtesse et *osé* écrire sur son album quelques vers auxquels elle a répondu par un sonnet tout entier deux jours après, nous sommes redescendus sans encombre, sans trop de fatigue et sans nous égarer cette fois, les uns chantant, les autres rêvant et quelque peu philosophant. Une très-aimable dame voulait absolument savoir *pourquoi vieillir, pourquoi souffrir, pourquoi mourir.*

— Ah! je conviens que vieillir, souffrir et mourir sont trois verbes sur la signification desquels on ne saurait trop gémir, et qu'il vaudrait mieux constamment jouir. J'avoue que grandir, parvenir à comprendre le beau, à connaître le vrai, sentir son intelligence et son cœur s'épanouir, pour, au milieu de cette sublime extase, voir peu à peu le mirage s'évanouir, l'espoir s'enfuir, est, sans mentir, une atroce mystification, et qu'on ne pourrait finir que par devenir fou, si l'on s'obstinait à l'approfondir. Mais, Madame, il y a dans cette souricière où nous sommes tous pris, dont l'amour, l'art, le poëme du monde, sont l'appât, et dont la mort est la trappe, bien d'autres choses qu'on ne s'explique pas. Permettez-moi de vous adresser une question : Savez-vous quel est le plus méchant des oiseaux?

— Ma foi non, il y en a tant de méchants. Est-ce le vautour? est-ce le pigeon qui tue ses petits?

— Non; c'est le pinson.

— Le pinson, ce folâtre chanteur, si gracieux, si jovial? Allons donc! et pourquoi?

— On n'a jamais pu le savoir.

— Je comprends l'apologue. Seulement vous calomniez le pinson; et, en disant que vieillir, souffrir et mourir sont trois choses atroces, exécrables, je ne calomnie pas...

— Le vautour inconnu qui tôt ou tard nous dévore? Non, certes; et je vous jure que ce monstre m'est, tout comme à vous, infiniment odieux. Mais pourquoi il est si odieusement atroce, dans bien des milliers d'années, si la race humaine existe encore, il faudra dire, comme aujourd'hui :

On n'a jamais pu le savoir. » —

Le surlendemain (car vingt-quatre heures de repos au moins sont absolument nécessaires après *une partie de plaisir*), il a fallu se hisser jusqu'à la fontaine de Stanislas. Pour y arriver, on suit pendant quelque temps une route jolie et commode, achevée dernièrement par ordre de l'Empereur, et, le reste du trajet se faisant dans les bois, on a au moins de l'ombre, sinon de la fraîcheur.

Autre question philosophique soulevée pendant notre ascension :

Que doit-on le mieux aimer, mourir de chaleur ou mourir de froid?

Tout le monde a été d'avis qu'on devait préférer... ne jamais le savoir.

Arrivés à la fontaine, qui laisse à peine apercevoir son mince filet d'eau, nous avons encore trouvé une vue magnifique, du lait et des vers. En voici quatre sur le roi Stanislas que j'ai cueillis contre le rocher sous lequel pleur la naïade. Je vous les envoie tout frais.

> Heureuse du nom qui me reste,
> Bon roi, si je pouvais chaque jour recueillir
> Les pleurs dus pour jamais à votre souvenir,
> Je ne serais pas si modeste.

Pour aller à la fontaine de Stanislas par la nouvelle route, il faut traverser un amas immense, un fouillis, un chaos de roches grises, concassées en blocs de toutes formes et de toute grandeur, bousculées, entassées les unes sur les autres, dont l'aspect est celui d'une ruine gigantesque et frappe vivement l'imagination. On appelle ces monceaux de rochers des moraines ou des murghers. Et tout le monde de demander qui a pu les apporter là. La légende populaire répond qu'au temps où les fées travaillaient, ces gracieuses ouvrières s'étant mis en tête de construire un pont en cet endroit pour passer d'une montagne à l'autre, vinrent une nuit portant des pierres dans leur tablier pour en poser les fondations. Mais un indiscret qui les observait du bois voisin ayant été aperçu par leur reine, celle-ci poussa un grand cri, et toutes les fées, lâchant les bouts de leur tablier relevé, laissèrent tomber leurs pierres et s'enfuirent épouvantées.

Quelques personnes prétendent que ces amoncellements ont été produits par des glaciers autrefois existants, qui auraient, par une progression lente du haut en bas, comme font en effet pour certains blocs granitiques les glaciers des Alpes, transporté du sommet de la montagne ces fragments dans la vallée. Les auteurs de cette explication oublient seulement de nous dire quels glaciers auraient accumulé les moraines qui se trouvent en si grand nombre *au sommet* des montagnes des environs de Plombières. Et n'y en eût-il pas sur les sommets, n'y en eût-il que dans les vallées, ce qui n'est point, je le répète, il faut toujours bien admettre que les glaciers auraient pris en haut ces pierres qu'ils ont portées en bas. Or, à l'époque où ils les y trouvèrent, quelle cause les avait là réunies?... Il ne faut pas dire cette fois : on n'a jamais pu le savoir! Il est évident, au contraire, que ces moraines sont tout simplement des débris de la croûte de rochers fracassée par le brusque soulèvement qui, dans une convulsion du globe, produisit les montagnes des Vosges. Ces débris, par la violence de la secousse, furent dispersés en désordre dans tous les sens, et, entraînés par leur pesanteur, s'accumulèrent en plus grandes masses sur le versant et au pied des montagnes.

Un monsieur Prud'homme, qui *aurait aimé*, disait-il, à être un géologue fameux, partage tout à fait mon opinion à ce sujet.

« — D'ailleurs, ajoutait-il hier, avec un bon sens que ne m'avait pas fait soupçonner sa prud'homie, que sont devenues ces prétendus glaciers? la terre s'échaufferait donc? Tout le monde sait qu'elle se refroidit.

— Hélas! monsieur, tout le monde sait qu'on ne sait presque rien, et les anciens de Plombières vous assureront, si vous y tenez, qu'il y eut autrefois des glaciers sur ces montagnes. La glace même en était si dure qu'on s'en servait pour faire des pierres à fusils. Si cela est vrai, depuis la découverte des capsules fulminantes le système des fusils à percussion ayant prévalu, la Providence, qui ne fait rien pour rien, a dû tout naturellement supprimer les glaciers.

— En effet, voilà qui est logique. Je n'avais point admis ce cas. Mon Dieu! que j'aurais aimé à être un géologue fameux! J'ai toujours eu du goût pour la géologie. Mais la vie est si courte! Voyez comme on s'instruit lentement; j'aurai soixante ans sonnés dans dix-huit mois, et jusqu'à présent il ne m'était pas parvenu que l'on pût faire avec de la glace des pierres à fusil. La nature est impénétrable. Mais je viens d'employer le mot de *géologue* pour désigner un homme savant en géologie; est-ce ainsi qu'il faut dire, monsieur?

— Théologie fait théologien, astrologie produit astrologue, entomologie donne entomologiste. Je crois donc qu'il faut nous partager la difficulté, dites géologiste, je dirai géologien, et nous serons à peu près certains de nous tromper tous les deux.

— Au reste, cela m'est égal, je n'aurais pas aimé à être un grand grammairien.

— Allons, vous n'avez pas à vous plaindre. »

. . . .

A la table d'hôte, à Plombières, s'accomplit, je vous l'ai dit, la troisième importante fonction de la journée. Ces réunions, trop nombreuses, sont en général bien composées ; on y compte peu de monsieur Prud'homme, et encore ne les voit-on pas trop faire blanc de *leur sabre,* et ne pérorent-ils que rarement *sur nos institutions.* Seulement on est forcé, comme au festin de Boileau,

> De faire un tour à gauche et manger de côté.

Puis le service y est fort lent. Les poulets n'y ont que deux ailes ; quand il en reste une et qu'elle passe devant vous, vous la prenez, et vous êtes vexé, parce que le voisin, en son for intérieur, vous traite d'égoïste ; si vous ne la prenez pas par discrétion, vous êtes vexé bien plus encore. On y sert d'excellentes truites et des quantités de grenouilles (objet d'horreur pour les Anglais). D'où je suis forcé de conclure qu'à Plombières comme ailleurs, la table d'hôte n'est en somme qu'une piscine où l'on mange.

Après le dîner, tout le monde va dans la rue ; les dames étalent leur bouffante et ébouriffante toilette devant leur porte, sur des bancs, sur des chaises ; d'autres restent debout sur leur balcon, et toutes de s'entre-dévorer avec un zèle et une verve dont on a peu d'exemples, même dans les antres léonins de Paris. —

— Cette demoiselle bleue, oui, elle est jolie... encore... mais on a aperçu le haut de son bras hier au bal, et on y a vu... enfin c'est un malheur ! on ne viendrait pas à Plombières si l'on n'avait quelque infirmité.

— Ah ! cette dame si maigre, elle a une singulière idée des convenances, elle se permet d'exposer sa fille décolletée le soir depuis la nuque... jusqu'au lendemain.

— Eh bien! vous savez le malheur de la grosse comtesse russe?

— Non!

— Quoi! la montgolfière! vous n'avez pas su?

— Pas encore.

— Personne n'a poussé la crinolofurie aussi loin que la comtesse.

— Certes, elle porte la circonférence de la grande cloche du Kremlin.

— Or, des charlatans, hier, sur la promenade des dames, ont lancé une mongolfière en papier rose et blanc, beaucoup plus grosse encore que la fameuse cloche de Moscou. A peine le ballon a-t-il paru au-dessus des grands frênes de la promenade, que tout le monde rassemblé s'est écrié : « Ah! mon Dieu! voilà Mme la comtesse qui s'envole! »

Il y a une petite rivière, où, pour mieux dire, un gros ruisseau à Plombières; les gens lettrés le nomment Eaugronne, et les gens du pays l'Eau-grogne. Cette dernière appellation est la vraie; l'autre, n'en déplaise aux savants, n'en est que la correction prétentieuse. La rivière en effet roule ses ondes avec bruit; son eau grogne toujours. L'animation que ses tours et détours donnent dans la partie basse de la ville, et sa limpidité, sont un peu compensées par les immondices de toute sorte qu'elle entraîne constamment. Les bouchers y jettent des débris animaux aussi désagréables à la vue qu'à l'odorat. Partout on voit de longs tubes intestinaux qui, accrochés par un bout à quelque pierre, flottent par l'autre dans le courant, en serpentant comme des anguilles. C'est fort laid. M. Prud'homme, extrêmement intrigué par ces vilains objets, m'a demandé un matin ce qui pouvait en causer la présence dans l'Eau-grogne.

« — Ne savez-vous donc pas, mon cher monsieur, que les eaux de Plombières sont excellentes pour la cure des maladies intestinales ? Le médecin, inspecteur des eaux, M. Sibille...

— Pardon si je vous interromps, je voulais justement vous demander quelques renseignements sur M. l'inspecteur Sibille ; c'est un savant médecin, on le proclame tel ?

— Oui, et en outre un homme d'esprit, d'une bonté parfaite, ce qui est plus rare. Bien différent des autres médecins, à qui il faut des malades de choix, des gens robustes, vigoureux, bien portants, il consent à soigner de vrais malades, et même les plus faibles, les malingres, les désespérés, et en très-peu de temps il vous les rend à la santé.

— D'où est-il, s'il vous plaît ?

— Parbleu, d'où voulez-vous qu'il soit, sinon de Cumes en Italie ? Sa famille est très-ancienne ; elle était célèbre déjà dans Rome au siècle d'Auguste, et Virgile parle des Sibilles de Cumes en maint endroit de ses poëmes.

— Très-bien. Reprenons l'historique des maladies intestinales.

— M. le docteur Sibille donc a fait ce raisonnement

judicieux : Au lieu d'immerger le malade, s'est-il dit, et de l'affaiblir par des bains interminables, si l'on immergeait seulement celui de ses organes qui le fait souffrir, la cure ne serait-elle pas à la fois et moins fatigante, et plus sûre, et plus complète? Cela doit être, évidemment. Guidé par cette idée lumineuse, l'ingénieux docteur a aussitôt imaginé une admirable opération dont on ne trouve pas la description dans les livres sibillins (il en garde le secret), qu'il fait sans douleur, et au moyen de laquelle les intestins du malade sont doucement extraits de son corps. Il les expose alors dans le courant de l'onde bienfaisante, et en trente-six heures au plus la guérison s'opère. Par exemple, le malade est obligé d'observer pendant ce laps de temps une diète absolue.

— Oh! sans doute, il serait insensé de ne pas s'y soumettre. Qui veut la fin veut les moyens.

— Après quoi les intestins sont remis à leur place, sans douleur toujours, et cette merveilleuse cure est accomplie. Mais il faut tout vous dire : à ce grand avantage physique viennent malheureusement se joindre quelquefois des inconvénients moraux. Vous n'ignorez pas que l'Eau-gnogne fourmille de truites? or la truite est un poisson vorace, et il arrive fréquemment, pendant l'immersion des organes... ma foi... vous comprenez...

— Vous me faites frémir!

— Oui, à la fin, il peut manquer une partie de l'appareil digestif, quelques mètres du tube intestinal...

Le savant docteur, qui sait combien l'imagination du patient deviendrait en ce cas pour lui un adversaire dangereux, garde sur cet accident le plus complet silence; il remet en place ce qui reste du tube, le malade ne s'aperçoit de rien et guérit. Sa digestion s'opère plus vite, voilà tout. Mais son moral n'est plus le même; il est brusque, dur; il maltraite sa femme et ses enfants; il va même, ce qui est grave, jusqu'à les ruiner volontairement, à leur enlever tout ce qu'il peut de son héritage. On a vu ainsi de bons et respectables chefs de famille sortir de Plombières, après leur guérison, pères à peu près sans entrailles.

— Voilà qui me confond!

— Eh! monsieur, vous en conveniez hier à propos d'une question de géologie, et vous aviez bien raison : la nature est impénétrable.

— Sans doute; je n'en tremble pas moins; et si jamais, ce dont Dieu me garde, il m'incombait une maladie intestinale, je n'aurais point recours à l'audacieuse science de M. Sibille, je tiens trop à conserver un bon père à mes enfants. »

Vivier, ce grand ennemi des monsieur Prud'homme, était à Plombières au moment le plus brillant de la saison. Il a eu l'idée extravagante d'y donner un concert. Ceci décidé, il a retenu *le salon;* plus rien ne manquait que la musique et les musiciens. Car il en faut dans un concert; ce n'est pas comme dans beaucoup d'opéras où un dialogue qui n'est souvent ni vif ni animé remplace la musique très-avantageusement. Le cor de Vivier a beau se multiplier et faire entendre trois ou quatre sons à la fois, il ne saurait suffire en pareil cas. On a voulu recourir à Mlle Favel, la gracieuse transfuge de l'Opéra-Comique de Paris. Mlle Favel, suppliée de venir en aide à Vivier, a tout d'abord dit non, puis de nouvelles instances lui ont arraché un oui bien faible, et quelques heures après elle a renvoyé un énorme non bien formel. On dit que Mlle Favel a découvert un maître de chant (Colomb est dépassé) qui lui défend d'émettre un son avant l'an de grâce 1860, promettant à cette condition de lui fournir un talent au moins égal au génie des premières déesses de l'époque.

Il n'y a que la foi qui perd.

Vivier alors a invité une jeune cantatrice de Nancy, Mlle Millet, douée d'un filet de voix mince comme le filet d'eau de la fontaine de Stanislas, et de plus un accompagnateur, M. Humblot, excellent musicien, habile pianiste, élève du Conservatoire de Paris, qui professe à Épinal. Quant au piano, il n'y fallait pas songer. Il y a bien à Plombières des mélodiums d'Alexandre (où n'y en a-t-il pas maintenant?) mais le poétique et religieux instrument ne saurait remplacer le piano, et on a dû se résigner à l'emploi d'une de ces *commodes* nasillardes qu'on s'obstine encore à nommer pianos droits. Le concert a eu lieu. Malgré leur prix élevé, les billets ont tous été pris. Le monsieur Prud'homme regimbait. On lui a fait comprendre que *cette solennité* étant placée sous un haut patronage, son absence y serait remarquée, et pour ne *pas faire de scandale*, il s'est enfin résigné. Vivier a obtenu un très-beau succès. On a trouvé seulement le menu du festin musical offert au public par le bénéficiaire un peu... menu. Il se composait d'excellente venaison et de beaucoup de noisettes : chasses à triples fanfares, par Vivier; barcarolles, chansonnettes du répertoire de la musique facile, par M. Millet. Rien de plus.

Trois jours après, soirée intime chez l'Empereur, où Vivier a produit ses charges les plus inouïes, ses ingénieux proverbes semi-lyriques, ses idylles soldatesques, enfin tout son grand répertoire. Jamais soirée ne fut plus gaie; Sa Majesté, qui cédait comme ses invités à une irrésistible hilarité, a plusieurs fois complimenté le spirituel violoniste-acteur-pianiste-mime-chanteur, sur l'incomparable originalité de composition de ses scènes et sur la verve qu'il mettait dans leur exécution. On a dansé pendant les entr'actes. A deux heures du matin, après le départ des danseurs et des danseuses, l'Empereur, qui avait fait une fausse sortie, est venu causer un instant avec les soupeurs. A deux heures et demie, nous nous sommes retirés, charmés de l'hospitalité impériale, fatigués de rire et d'applaudir, et à quatre heures je partais pour Bade.

. . . .

A Bade, d'abord, première représentation d'un opéra français en deux actes, de MM. de Saint-Georges et Clapisson, intitulé le *Sylphe*. Les deux rôles principaux sont fort bien joués et chantés par Montjauze et Mlle Duprez. C'est vif, gai, émaillé de mélodies gracieuses, de scènes ingéneusement traitées, et la partition est finement instrumentée. Comme il me paraît impossible que cet ouvrage, après l'accueil qu'on lui a fait à Bade, ne soit pas très-prochainement représenté à Paris, je n'en dirai rien de plus cette fois-ci.

Puis le concert organisé par les soins de M. Bénazet au bénéfice des inondés de France; longs préparatifs. Je dois aller le matin à Carlsrhue faire répéter les artistes de la chapelle ducale, revenir dans l'après-midi pour la répétition de ceux de Bade; le soir, mettre en ordre la musique arrivée de Strasbourg et d'ailleurs, donner ses instructions au charpentier pour la construction de l'estrade, etc., etc. La veille du concert, grande affluence au salon de conversation : j'y trouve des amis allemands venus de Berlin et de Weimar, de célèbres amateurs de musique russes, anglais, suisses et français, des artistes renommés de Paris, des membres de l'Institut de Paris, des confrères de la presse de Paris. Le concert a lieu devant ce public d'élite! Dix mille six cents francs de recette; exécution d'une rare beauté; le délicieux chœur de Carlsruhe admirablement instruit par son habile chef, M. Krug; l'orchestre irréprochable; Mme Viardot étincelante de brio et *d'humour* musicale dans ses mazurkas de Chopin, dans ses airs espagnols, dans la cavatine de la *Sonnambula*, voire même dans son gros air de Graun; Mlle Duprez, touchante et naïve dans le beau morceau d'*Iphigénie en Aulide* :

> Adieu, conservez dans votre âme
> Le souvenir de notre ardeur,

et brillante aussi de virtuosité dans la piquante sicilienne de Verdi; grands applaudissements pour MM. Gremminger et Eberius, du théâtre de Carlsruhe; la scène d'*Orphée* largement rendue; l'adagio de la symphonie en *si* bémol de Beethoven purement et poétiquement chanté par l'orchestre. Cela gonfle le cœur; douleur de ne pouvoir exprimer ce qu'on sent. C'est de la musique d'une sphère supérieure. Beethoven est un Titan, un Archange, un Trône, une Domination. Vu du haut de son œuvre, tout le reste du monde musical semble lilliputien.... Il a pu, il a dû même paraphraser l'apostrophe de l'Évangile, et dire : « Hommes, qu'y a-t-il de commun entre vous et moi? »

. . . .

Le lendemain, recrudescence d'une gastralgie ramenée par diverses causes où l'excès de la fatigue entre pour beaucoup. Confiant, non sans raison, dans l'efficacité des eaux de Plombières, je vais encore une fois leur demander un soulagement qui ne se fait pas attendre.

Mais quel changement! on n'est plus contraint, à la table d'hôte, à manger de côté; plus de crinolines, la grosse comtesse du Kremlin s'est décidément envolée; plus d'uniformes, de musique militaire, plus de célébrités, plus d'autorités; les guirlandes de feuillage ont disparu; les alexandrins de Mlle Dorothée n'ont plus qu'onze pieds; on ne dévore plus le prochain après dîner, sur le seuil des maisons; on entend retentir les sabots des passants dans la rue déserte de Plombières... Il pleut... Les jours se suivent et se ressemblent... Je prends un parapluie et je vais me promener dans les bois, écoutant le bruit harmonieux et mélancolique des gouttes d'eau tombant sur le feuillage, pendant que l'Eaugronne grogne dans son lit au fond de la vallée. Un rouge-gorge, ce gentil avant-coureur de l'automne, passe curieusement entre deux branches sa jolie tête, attache sur le promeneur immobile son regard intelligent, et semble dire : « Que vient faire chez moi, par un pareil temps, cet original? » Et je rentre; et je vous écris. Tout est triste.

On était si épanoui à Plombières il y a trois semaines, que les malades eux-mêmes avaient l'air bien portant; aujourd'hui tous les bien portants ont l'air malade... Il pleut encore... Il pleut toujours... L'Empereur est parti... Le monsieur Prud'homme s'obstine à rester.

J'aimerais à revoir Paris.

Adieu, monsieur.

H. Berlioz.

Aberrations et hallucinations de l'oreille.

Un jour, assistant à un concert où l'on exécutait l'une des plus merveilleuses sonates de Beethoven, pour piano et violon, j'avais à côté de moi un jeune musicien étranger, récemment arrivé de Naples, où jamais, me disait-il, le nom de Beethoven n'avait frappé son oreille. Cette sonate lui causait des impressions très-vives et qui l'étonnaient profondément. L'andante varié et le finale le ravirent. Après avoir écouté au contraire avec une attention presque pénible le premier morceau :

« — C'est beau cela, me dit-il, n'est-ce pas, monsieur? Vous trouvez cela beau?

— Oui, certes, c'est beau, c'est grand, c'est neuf, c'est de tout point admirable.

— Eh bien! monsieur, je dois vous l'avouer, je ne le comprends pas. »

Il était à la fois honteux et chagrin. C'est un phénomène bizarre que l'on peut observer chez les auditeurs même les plus heureusement doués par la nature, mais dont l'éducation musicale est incomplète. Sans qu'il soit possible de deviner pourquoi certains morceaux leur sont inaccessibles, ils ne les comprennent pas; c'est-à-dire ils n'en apprécient ni l'idée mère, ni les développements, ni l'expression, ni l'accent, ni l'ordonnance, ni la beauté mélodique, ni la richesse harmonique, ni le coloris. Ils n'entendent rien;

pour ces morceaux-là certains auditeurs sont sourds. Bien plus, n'entendant point ce qui y surabonde, ils croient souvent entendre ce qui n'y est pas.

Pour l'un d'eux, le thème d'un adagio était *vague* et *couvert par les accompagnements :*

« — Aimez-vous ce chant? lui dis-je un jour, après avoir chanté une longue phrase mélodique lente.

— Oh! c'est délicieux, et d'une netteté de contours parfaite; à la bonne heure.

— Tenez, voilà la partition; reconnaissez l'adagio dont vous avez trouvé le thème *vague*, et tâchez de vous convaincre par vos yeux que les accompagnements ne sauraient le couvrir, puisqu'il est exposé *sans accompagnement.* »

Un autre, reprochant à l'auteur d'une romance d'en avoir gâté la mélodie par une modulation intempestive, *rude, dure* et mal préparée.

« — Parbleu! répliqua le compositeur, vous me feriez plaisir en m'indiquant cette malencontreuse modulation ; voici le morceau, cherchez-la. »

L'amateur eut beau chercher et ne trouva rien; le morceau est en *mi* bémol d'un bout à l'autre, il ne *module pas.*

Je ne cite là que des idées erronées, produites par des impressions fausses, chez des auditeurs impartiaux, bienveillants même, et désireux d'aimer et d'admirer ce qu'ils écoutent. On juge de ce que peuvent être les aberrations, les hallucinations des gens prévenus, haineux, à idées fixes. Si l'on faisait entendre à ces gens-là l'accord parfait de *ré* majeur, en les avertissant que cet accord est dans l'œuvre d'un compositeur qu'ils détestent :

— Assez, assez, s'écrieraient-ils, c'est atroce, vous nous déchirez l'oreille !

Ce sont de véritables fous.

Je ne sais si dans les arts du dessin on a pu constater l'existence de cette race de maniaques pour qui le rouge est vert, le blanc est noir, le noir est blanc, les rivières sont des flammes, les arbres des maisons, et qui se croient Jupiter.

CORRESPONDANCE PHILOSOPHIQUE

LETTRE ADRESSÉE A M. ELLA

directeur de l'Union musicale de Londres au sujet de

La fuite en Égypte

FRAGMENTS D'UN MYSTÈRE EN STYLE ANCIEN (1)

"Some judge of authors' names, not works, and then
Nor praise nor blame the writings, but the men."

Mon cher Ella,

Vous me demandez pourquoi le Mystère (la Fuite en Égypte) porte cette indication : *attribué à Pierre Ducré, maître de chapelle imaginaire.*

C'est par suite d'une faute que j'ai commise, faute grave dont j'ai été sévèrement puni, et que je me reprocherai toujours. Voici le fait.

---

[1] Qui fait partie maintenant de ma trilogie sacrée : L'enfance du Christ.

Je me trouvais un soir chez M. le baron de M***, intelligent et sincère ami des arts, avec un de mes anciens condisciples de l'Académie de Rome, le savant architecte Duc. Tout le monde jouait, qui à l'écarté, qui au whist, qui au brelan, excepté moi. Je déteste les cartes. A force de patience, et après trente ans d'efforts, je suis parvenu à ne savoir aucun jeu de cette espèce, afin de ne pouvoir en aucun cas être appréhendé au corps par les joueurs qui ont besoin d'un partenaire.

Je m'ennuyais donc d'une façon assez évidente, quand Duc, se tournant vers moi :

« Puisque tu ne fais rien, me dit-il, tu devrais écrire un morceau de musique pour mon album!

— Volontiers. »

Je prends un bout de papier, j'y trace quelques portées, sur lesquelles vient bientôt se poser un andantino à quatre parties *pour l'orgue*. Je crois y trouver un certain caractère de mysticité agreste et naïve, et l'idée me vient aussitôt d'y appliquer des paroles du même genre. Le morceau d'orgue disparaît, et devient le chœur des bergers de Bethléem adressant leurs adieux à l'enfant Jésus, au moment du départ de la Sainte Famille pour l'Égypte. On interrompt les parties de whist et de brelan pour entendre mon saint fabliau. On s'égaye autant du tour moyen âge de mes vers que de celui de ma musique.

« — Maintenant, dis-je à Duc, je vais mettre ton nom là-dessous, je veux te compromettre.

— Quelle idée ! mes amis savent bien que j'ignore tout à fait la composition.

— Voilà une belle raison, en vérité, pour ne pas composer ! mais puisque ta vanité se refuse à adopter mon morceau, attends, je vais créer un nom dont le tien fera partie. Ce sera celui de Pierre Ducré, que j'institue maître de musique de la Sainte Chapelle de Paris au dix-septième siècle. Cela donnera à mon manuscrit tout le prix d'une curiosité archéologique. »

Ainsi fut fait. Mais je m'étais mis en train de faire le Chatterton. Quelques jours après, j'écrivis chez moi le morceau du *Repos de la Sainte Famille*, en commençant cette fois par les paroles, et une petite ouverture fuguée, pour un petit orchestre, dans un petit style innocent, en *fa dièze mineur sans note sensible ;* mode qui n'est plus de mode, qui ressemble au plain-chant, et que les savants vous diront être un dérivé de quelque mode phrygien, ou dorien, ou lydien de l'ancienne Grèce, ce qui ne fait absolument rien à la chose, mais dans lequel réside évidemment le caractère mélancolique et un peu niais des vieilles complaintes populaires.

Un mois plus tard je ne songeais plus à ma partition rétrospective, quand un chœur vint à manquer dans le programme d'un concert que j'avais à diriger. Il me parut plaisant de le remplacer par celui des Bergers de mon Mystère, que je laissai sous le nom de Pierre Ducré, maître de musique de la Sainte-Chapelle de Paris (1679). Les choristes, aux répétitions, s'éprirent tout d'abord d'une vive affection pour cette musique d'ancêtres.

« — Mais où avez-vous déterré cela? me dirent-ils.

— Déterré est presque le mot, répondis-je sans hésiter; on l'a trouvé dans une armoire murée, en faisant la récente restauration de la Sainte Chapelle. C'était écrit sur parchemin en vieille notation que j'ai eu beaucoup de peine à déchiffrer. »

Le concert a lieu, le morceau de Pierre Ducré est très-bien exécuté, encore mieux accueilli. Les critiques en font l'éloge le surlendemain en me félicitant de ma découverte. Un seul émet des doutes sur son authenticité et sur son âge. Ce qui prouve bien, quoique vous en disiez, Gallophobe que vous êtes, qu'il y a des gens d'esprit partout. Un autre critique s'attendrit sur le malheur de ce pauvre ancien maître dont l'inspiration musicale se révèle aux Parisiens après cent soixante treize ans d'obscurité. « Car, dit-il, aucun de nous n'avait encore entendu parler de lui, et le Dictionnaire biographique des musiciens de M. Fétis, où se trouvent pourtant des choses si extraordinaires, n'en fait pas mention! »

Le dimanche suivant, Duc se trouvant chez une jeune et belle dame qui aime beaucoup l'ancienne musique et professe un grand mépris pour les productions modernes quand leur date lui est connue, aborde ainsi la reine du salon :

« — Eh bien, madame, comment avez-vous trouvé notre dernier concert?

— Oh ! fort mélangé, comme toujours.

— Et le morceau de Pierre Ducré ?

— Parfait, délicieux ! voilà de la musique ! le temps ne lui a rien ôté de sa fraîcheur. C'est la vraie mélodie, dont les compositeurs contemporains nous font bien remarquer la rareté. Ce n'est pas votre M. Berlioz, en tout cas, qui fera jamais rien de pareil. »

Duc à ces mots ne peut retenir un éclat de rire, et a l'imprudence de répliquer :

« — Hélas, madame, c'est pourtant mon M. Berlioz qui a fait l'Adieu des Bergers, et qui l'a fait devant moi, un soir, sur le coin d'une table d'écarté. »

La belle dame se mord les lèvres, les roses du dépit viennent nuancer sa pâleur, et tournant le dos à Duc, lui jette avec humeur cette cruelle phrase :

« — M. Berlioz est un impertinent ! »

Vous jugez, mon cher Ella, de ma honte, quand Duc vint me répéter l'apostrophe. Je me hâtai alors de faire amende honorable, en publiant humblement sous mon nom cette pauvre petite œuvre, mais en laissant toutefois subsister sur le titre les mots : « *Attribué à Pierre Ducré, maître de chapelle imaginaire,* » pour me rappeler ainsi le souvenir de ma coupable supercherie.

Maintenant on dira ce qu'on voudra ; ma conscience ne me reproche rien. Je ne suis plus exposé à voir, par ma faute, la sensibilité des hommes doux et bons s'épandre sur des malheurs fictifs, à faire rougir les dames pâles, et à jeter des doutes dans l'esprit de certains critiques habitués à ne douter de rien. Je ne pècherai plus. Adieu, mon cher Ella, que mon funeste exemple vous serve de leçon. Ne vous avisez jamais de prendre ainsi au trébuchet la religion musicale de vos abonnés. Craignez l'épithète que j'ai subie. Vous ne savez pas ce que c'est que d'être traité d'impertinent, surtout par une belle dame pâle.

Votre ami contrit,
HECTOR BERLIOZ.

La débutante.
Despotisme du directeur de l'Opéra.

Ce n'est pas chose facile de débuter à l'Opéra, même pour une jeune cantatrice douée d'une belle voix, dont le talent est reconnu, qui est d'avance engagée et chèrement payée par l'administration de ce théâtre, et qui a par conséquent le droit de compter sur le bon vouloir du directeur et sur son désir de la produire en public le plus tôt et le mieux possible. Il faut d'abord choisir, et l'on conçoit l'importance de ce choix, le rôle dans lequel elle paraîtra. Aussitôt qu'il en est question, des voix s'élèvent avec plus ou moins d'autorité et d'éclat, qui font entendre à l'artiste ces mots contradictoires :

« — Prenez mon ours!

— Ne prenez pas son ours!

— Vous aurez un succès, je vous le garantis.

— Vous éprouverez un échec, je vous le jure.

— Toute *ma presse* et toute *ma claque* sont à vous.

— Tout le public sera contre vous. Tandis qu'en prenant mon ours vous aurez le public pour vous.

— Oui, mais vous aurez pour ennemis toute ma presse et toute ma claque, et moi par-dessus le marché. »

La débutante effrayée se tourne alors vers son directeur, pour qu'il la dirige. Hélas! demander à un directeur une direction, quelle innocence! Le pauvre homme ne sait lui-même à quel diable se vouer. Il n'ignore pas que les marchands d'ours ont raison quand ils parlent de la réalité de leur influence, et de quel intérêt il est pour une débutante surtout de les ménager. Pourtant, comme après tout on ne peut pas contenter à la fois l'ours à la tête blanche et l'ours à la tête noire, on en vient à se décider pour l'ours qui grogne le plus fort, et la pièce de début est annoncée. La débutante sait le rôle, mais, ne l'ayant jamais encore chanté en scène, il lui faut au moins une répétition, pour laquelle il est nécessaire de réunir l'orchestre, le chœur et les personnages principaux de la pièce. Ici commence une série d'intrigues, de mauvais vouloirs, de niaiseries, de perfidies, d'actes de paresse, d'insouciance, à faire damner une sainte. Tel jour on ne peut convoquer l'orchestre, tel autre on ne peut avoir le chœur; demain le théâtre ne sera pas libre, on y répète un ballet; après-demain le ténor va à la chasse, deux jours plus tard il en reviendra, il sera fatigué; la semaine prochaine le baryton a un procès à Rouen qui l'oblige à quitter Paris; il ne sera de retour que dans huit ou dix jours; à son arrivée sa femme est en couches, il ne peut la quitter; mais, désireux d'être agréable à la débutante, il lui envoie des dragées le jour du baptême de l'enfant; on prend rendez-vous pour répéter au moins avec le soprano au foyer du chant, la débutante s'y rend à l'heure indiquée; le soprano, qui n'est pas trop enchanté de voir poindre une nouvelle étoile, se fait un peu attendre, il arrive cependant; l'accompagnateur seulement ne paraît pas. On s'en retourne sans rien faire. La débutante voudrait se plaindre au directeur. Le directeur est sorti, on ne sait quand il rentrera. On lui écrit; la lettre est mise sous ses yeux au bout de vingt-quatre heures. L'accompagnateur admonesté reçoit une convocation pour une nouvelle séance, il est exact cette fois; le soprano à son tour n'a garde de paraître. Pas de répétition possible; le baryton n'a pu être convoqué, la barytone étant toujours malade; ni le ténor, qui est toujours fatigué. Alors si on utilisait ces loisirs en allant visiter les critique influents... (on a fait croire à la débutante qu'il y avait des critiques influents, c'est-à-dire, pour parler français, qui exercent sur l'opinion une certaine influence).

« —Êtes-vous allée, lui dit-on, faire une visite à M***,

le farouche critique sous la griffe duquel vous avez le malheur de tomber ? Ah ! il faut prendre bien garde à celui-là. C'est un capricieux, un entêté, il a des manies musicales terribles, des idées à lui, c'est un hérisson, on ne sait par quel bout le prendre. Si vous voulez lui faire une politesse, il se fâche. Si vous lui faites une impolitesse, il se fâche encore. Si vous allez le voir, vous l'ennuyez ; si vous n'y allez pas, il vous trouve dédaigneuse ; si vous l'invitez à dîner la veille de votre début, il vous répond que « lui aussi, ce jour-là, il donne *un dîner d'affaires.* » Si vous lui proposez de chanter une de ses romances (car il fait des romances), et c'est pourtant fin et délicat, cela, c'est une charmante séduction, essentiellement artiste et musicale, il vous rit au nez et vous offre de chanter lui-même les vôtres quand vous en composerez. Ah ! faites attention à ce méchant homme et à quelques autres encore, ou vous êtes perdue. » — Et la pauvre débutante aux cent mille francs commence à éprouver cent mille terreurs.

Elle court chez ce calomnié.

Le monsieur la reçoit assez froidement.

« — Il n'y a que deux mois qu'on annonce votre début, mademoiselle, en conséquence vous avez encore au moins six semaines d'épreuves à subir avant de faire votre première apparition.

— Six semaines, monsieur !...

— Ou sept ou huit. Mais enfin ces épreuves finiront. Dans quel ouvrage débutez-vous ? »

A l'énoncé du titre de l'opéra choisi par la débutante, le critique devient plus sérieux et plus froid.

« — Trouvez-vous que j'aie mal fait de prendre ce rôle?

— Je ne sais si le choix sera heureux pour vous, mais il est fatal pour moi, la représentation de cet opéra me faisant toujours éprouver de violentes douleurs intestinales. Je m'étais juré de ne plus jamais m'y exposer, et vous allez me forcer de manquer à mon serment. Je vous pardonne mes coliques néanmoins, mais je ne saurais vous pardonner de me faire manquer à ma parole et perdre ainsi l'estime de moi-même. Car j'irai, mademoiselle, j'irai vous entendre malgré tout; je vais prévenir mon médecin. »

La débutante sent le frisson parcourir ses veines à ces paroles menaçantes; ne sachant plus quelle contenance faire, elle prend congé du monsieur en réclamant son indulgence, et sort le cœur navré. Mais un autre critique *influent* la rassure. — « Soyez tranquille, mademoiselle, nous vous soutiendrons, nous ne sommes pas des gens sans entrailles comme notre confrère, et l'opéra que vous avez choisi, quoiqu'un peu dur à digérer, ne nous fait pas peur. » Enfin le directeur espère qu'il ne sera pas impossible de réunir prochainement les artistes pour une répétition générale. Le baryton a gagné son procès, sa femme est rétablie, son enfant a fait ses premières dents; le ténor est remis de sa fatigue, il est même fort engraissé; le soprano est rassuré, on lui a promis que la débutante ne réussirait pas; le chœur et l'orchestre n'ayant pas fait de répétitions depuis deux mois, on peut risquer un appel à leur dévouement. Le directeur, s'armant de tout son courage, aborde même un soir les acteurs et les chefs de service et leur tient le despotique langage de ce capitaine de la garde nationale qui commandait ainsi l'exercice : « Monsieur Durand, pour la troisième et dernière fois, je ne le répéterai plus, oserais-je vous prier d'être assez bon pour vouloir bien prendre la peine de me faire le plaisir de *porter armes?* »

Le jour de la répétition est fixé, bravement affiché dans les foyers du théâtre, et, chose incroyable, presque personne ne murmure de cet abus de pouvoir du directeur. Bien plus, le jour venu, une heure et demie à peine après l'heure indiquée, tout le monde est présent. Le directeur des succès est au parterre entouré de sa garde et une partition à la main; car ce directeur-là, qui est un original, a senti le besoin d'apprendre la musique pour pouvoir suivre de l'œil les répliques mélodiques et ne pas faire faire à son monde de fausses entrées.

Le chef d'orchestre donne le signal, on commence... « Eh bien! eh bien! et la débutante où donc est-elle? Appelez-la. » On la cherche, on ne la trouve pas; seulement un garçon de théâtre présente à M. le directeur une lettre qu'on venait d'apporter *la veille*, dit-il, annonçant que la débutante, atteinte de la grippe, est dans l'impossibilité de quitter son lit, et par conséquent de répéter. Fureur de l'assemblée; le directeur des succès ferme violemment sa partition; l'autre directeur se hâte de quitter la scène; M. Durand qui commençait à *porter armes*, remet son fusil sous son bras et rentre chez lui en grommelant. Et tout est à recommencer; et la pauvre grippée, à la fin guérie, doit s'estimer heureuse que le baryton ne puisse avoir de procès et d'enfants que tous les dix ou onze mois, que le ténor ne se soit pas fait découdre par un sanglier, et que M. Durand, n'ayant pas monté la garde depuis fort longtemps, soit assez bon pour vouloir bien prendre la peine encore une fois de porter armes. Car, il faut lui rendre cette justice, il finit par la prendre.

En ce cas la débutante finit aussi par débuter; à moins qu'un nouvel obstacle ne survienne. Oh! alors, M. le directeur, exaspéré, ne se connaît plus, et vient dire carrément à ses administrés sans employer de précautions oratoires, et d'un ton qui n'admet pas de réplique : « Mesdames et Messieurs, je vous préviens que demain à midi, il n'y aura pas de répétition! »

Le chant des coqs. — Les coqs du chant.

« Que pensez-vous de l'emploi du trille vocal dans la musique dramatique? me demandait un soir un amateur dont une *prima donna* venait de vriller le tympan.

— Le trille vocal est quelquefois d'un bon effet, comme expression d'une joie folâtre, comme imitation musicale du rire gracieux; employé sans raison, introduit dans le style sérieux et ramené à tout bout de chant, il m'agace le système nerveux, il me rend féroce. Cela me rappelle les cruautés que j'exerçais dans mon enfance sur les coqs. Le chant triomphal des coqs m'exaspérait alors presque autant que le trille victorieux des *prime donne* me fait souffrir aujourd'hui. Maintes fois aussi m'est-il arrivé de rester en embuscade, attendant le moment où l'oiseau sultan, battant des ailes, commencerait son cri ridicule qu'on ose appeler chant, pour l'interrompre brusquement et souvent pour l'étendre mort d'un coup de pierre. »

Plus tard, je me corrigeai de cette mauvaise habitude, je me bornai à couper le cri du coq d'un coup de fusil. Aujourd'hui l'explosion d'une pièce de quarante-huit suffirait à peine à exprimer l'horreur que le trille des coqs du chant m'inspire en mainte circonstance.

Le trille vocal est en général aussi ridicule en soi, aussi odieux, aussi sottement bouffon que les *flattés*, les *martelés* et les autres disgrâces dont Lulli et ses contemporains inondèrent leur lamentable mélodie. Quand certaines voix de soprano l'exécutent sur une note aiguë, il devient furieux, enragé, atroce, (l'auditeur bien plus encore) et un canon de cent dix, alors, ne serait pas de trop.

Le trille des voix graves, au contraire, sur les

notes basses surtout, est d'un comique irrésistible; il en résulte une sorte de gargouillement assez semblable au bruit de l'eau sortant d'une gouttière mal faite. Les musiciens de style l'emploient peu. On commence à reconnaître la laideur de cet effet de voix humaine. Il est déjà si ridicule, qu'un chanteur a l'air de commettre une action honteuse en le produisant. On en rougit pour lui. Dans deux ou trois cents ans on y renoncera tout à fait.

Un compositeur parisien de l'école parisienne a publié dernièrement un morceau *religieux funèbre*, pour voix de basse. A la fin de son morceau se trouve un long trille sur la première syllabe du mot *requiem*:

Pie Jesu, domine, dona eis re....quiem!!!!

Voilà le sublime du genre.

Les moineaux.

Quelqu'un désignait un jour Paris comme la ville du monde où l'on aime le moins la musique et où l'on fabrique le plus d'opéras comiques. La première proposition est peu soutenable. Evidemment on aime encore plus la musique à Paris qu'à Constantinople, à Ispahan, à Canton, à Nangasaki et à Bagdad. Mais nulle part, à coup sûr, on ne confectionne des opéras comiques en quantité aussi prodigieuse et d'aussi bonne qualité qu'à Paris. Ce que deviennent ces innombrables produits est un mystère qu'il ne m'a été donné de pénétrer jusqu'ici. Si on les brûlait, ils deviendrait de la cendre, on en ferait même de la potasse utile dans le commerce. Mais on se garde bien de les livrer aux flammes, je m'en suis informé; on conserve avec soin, au contraire, ces masses de papier de musique, parties d'orchestre, parties de chant, rôles et partitions qui coûtèrent si cher à couvrir de notes, et dont la valeur, au bout de quelques années, est celle des feuilles mortes amassées par l'hiver au fond des bois. Où les cache-t-on, ces monceaux de papier? où trouve-t-on des greniers, des hangars, des caves pour les y entasser? à Paris, où le terrain est à si haut prix, où les auteurs d'opéras comiques ont eux-mêmes tant de peine à se loger?... La statistique est aussi ignorante à ce sujet que sur le chapitre des moineaux. Que deviennent les moineaux de Paris? Toutes les recherches des savants ont été vaines jusqu'à ce jour pour éclaircir cette question, qui n'est pas sans importance pourtant, qui en a même beaucoup plus que celle relative aux opéras comiques. En effet, en supposant qu'un couple de ces mélodieux oiseaux vive cinq ans, chaque couple produisant deux nichées par saison, chaque nichée étant de quatre petits au moins, c'est donc quatre couples de plus au bout d'un an; lesquels couples produisant à leur tour, sans que leurs parents pendant quatre années cessent de produire, doivent nécessairement donner naissance, au bout d'un siècle seulement, à une fourmilière de moineaux dont s'épouvante l'imagination, et qui devrait avoir couvert depuis longtemps la surface de la terre. Les mathématiques sont là pour en donner la preuve : ce qui prouve une fois de plus que les preuves ne prouvent rien ; car, en dépit de toutes les démonstrations algébriques, nous voyons que la population des moineaux de Paris n'est pas plus nombreuse aujourd'hui qu'elle ne le fut au temps du roi Dagobert.

De même, chaque théâtre lyrique (l'Opéra excepté) produisant un nombre vraiment extraordinaire de petits moineaux, je veux dire d'opéras comiques, tous les ans, hiver comme été, qu'il vente, qu'il grêle, qu'il tonne, qu'il y ait ou qu'il n'y ait pas de chanteurs, que le public s'absente, qu'on assiége Sébastopol, que le choléra sévisse, que les Indes-Orientales soient en feu, que l'Amérique du Nord fasse banqueroute, organise le brigandage et avoue cette nouvelle manière de faire des affaires, sur ce nombre effrayant de productions musicales et littéraires, on ne rencontre pas plus de chefs-d'œuvre qu'on n'en trouvait, je ne dirai pas au temps du roi Dagobert, mais à l'époque de Sédaine, de Grétry, de Monsigny, où les théâtres lyriques, peu nombreux, fonctionnaient avec une si louable réserve. Cette inexplicable circonstance doit donc donner beaucoup de prix aux moineaux qui chantent bien, quand on a le bonheur d'en attraper un en lui mettant un grain de sel sur la queue ; en ce temps-ci surtout, où le vrai sel est devenu si rare, qu'on se voit bien souvent forcé d'employer pour les opéras comiques du sel de Glauber.

— Qu'est-ce que le sel de Glauber, direz-vous?

— Demandez à votre médecin, et priez-le de ne vous en faire jamais prendre.

La musique pour rire.

Un nouveau genre de musique (du moins on prétend qu'il y a de la musique là dedans) est en grand honneur à cette heure à Paris. On l'appelle *la musique pour rire*. Cela se vend, comme la galette des pâtissiers du boulevard Bonne-Nouvelle, à très-bon marché. On en a, si l'on veut, pour six sous, pour quatre sous, pour deux sous même; cela veut être chanté par les gens qui n'ont point de voix et ne savent pas la musique, cela veut être accompagné par des pianistes qui n'ont pas de doigts et ne savent pas la musique, et cela plaît aux gens dont l'esprit ne court pas les rues et qui pourraient se piquer de ne savoir ni le français ni la musique.

On juge de la quantité des consommateurs. Aussi le

nombre des théâtres où cette musique appelle les passants augmente-t-il chaque jour. Il y en a *intrà muros* et *extrà muros*. Les amateurs ne prennent même aucune précaution pour y entrer. Ils ne se cachent pas ; les représentations eussent-elles lieu en plein jour, je crois, Dieu me pardonne, qu'ils s'y rendraient sans hésiter. Bien plus, dans certains salons même on organise maintenant des concerts de musique pour rire. Seulement on a remarqué que l'auditoire de ces concerts restait toujours fort sérieux et que les chanteurs seuls avaient l'air de rire. Je dis *avaient l'air*, parce que ces pauvres gens sont en général mélancoliques comme Triboulet.

L'un d'eux, qui avait chanté de la musique pour rire toute sa vie sans avoir pu trouver un seul instant de gaieté, est mort d'ennui l'année dernière. Un autre vient, dit-on, de se faire professeur de philosophie. On en cite un seul plus chanceux que ses émules. Celui-là vit entouré de l'estime et de la considération que lui vaut son immense fortune amassée dans une entreprise de pompes funèbres. Mais cet heureux est si gai, qu'il ne chante plus.

Témoin de ce triomphe de la musique pour rire et de l'influence incontestable qu'elle exerce, l'Opéra-Comique a voulu y recourir pour rendre son public un peu plus sérieux. Il avait entendu parler de la chanson de *l'Homme au serpent*, chantée et exécutée avec tant de succès dans les Concerts-de-Paris, et d'une comédie intitulée *les Deux Anglais*, qui eut à l'Odéon un grand nombre de représentations, il y a vingt-huit ou trente ans, et puis encore de deux ou trois vaudevilles sur le même sujet. Alors l'Opéra-Comique s'est dit avec un bon sens au-dessous de son âge : si je faisais confectionner avec tout cela quelque chose de nouveau, ce serait fort; ce serait très-fort, et cela ferait le pendant d'un autre nouvel ouvrage que j'ai inventé et qui s'appelle *l'Avocat Pathelin*. — Et l'Opéra-Comique a réussi. Il a maintenant deux cordes à son arc, il ne lui manque plus que le trait; mais il sait faire flèche de tout bois, et le trait vient à point à qui sait l'attendre.

Les sottises des nations.

(Castigat ridendo mores.)

Je déteste la tartuferie, et rien ne m'exaspère comme les proverbes, qui affichent, et sur une toile de théâtre encore, des prétentions morales. Une sentence latine prétend que le théâtre de l'Opéra-Comique *épure* les mœurs. Car son *castigat* n'a pas d'autre signification réelle. N'est-ce pas là une tartuferie stupide en style lapidaire? Et quand ce serait une vérité, qui demande aux théâtres cette fonction dépurative? Nigauds! Épurez votre répertoire, épurez la voix de vos chanteurs, épurez le style de vos auteurs et de vos compositeurs, épurez le goût de votre public, épurez la population de vos premières loges et n'y laissez entrer que de jeunes et jolies femmes, votre mission sera remplie, c'est tout ce que nous voulons. D'ailleurs, voyez à quel point est sage la sagesse des proverbes!

Qui trop embrasse mal étreint!

Il ne faudrait donc jamais s'occuper que d'un seul travail, que d'une seule entreprise, il ne faudrait pas avoir plus d'un vaisseau sur le chantier, plus d'un canon à la fonte, plus d'un régiment à l'exercice. César, qui dictait trois lettres à la fois en trois langues différentes, était un sot; Napoléon qui, à Moscou, trouvait le temps de réglementer le Théâtre-Français, un esprit léger. Et les maris affligés d'une grosse femme ont donc tort de l'embrasser, car en l'embrassant ils embrassent beaucoup et étreignent mal.

Un tiens vaut mieux que deux tu l'auras.

Ce proverbe-ci tend à déconsidérer et à détruire le commerce, ni plus ni moins. Il tend à détruire même l'agriculture, car si le laboureur en tenait compte, il garderait son grain au lieu d'ensemencer sa terre ; et nous mourrions de faim.

L'ennui porte conseil.

Néo-proverbe mensonger; j'assiste journellement à des opéras, à des cantates, à des soirées, à des sonates d'un ennui mortel, et loin d'être bien conseillé par l'ennui, je sens, en sortant du lieu de l'épreuve, que j'étranglerais avec transport des gens que j'eusse volontiers salués courtoisement en y entrant.

On n'est jamais trahi que par les chiens.

Celui-ci est d'une naïveté qui le met au-dessous de la critique; on est trahi par tout le monde.

Il faut hurler avec les loups.

Quant à cet aphorisme, une foule de chanteurs de notre temps en ont reconnu la justesse; ils en blâment seulement la forme; ils le trouvent trop long de moitié.

Ces exemples me paraissent suffisants pour démontrer que les proverbes latins et français sont les sottises des nations.

L'ingratitude est l'indépendance du cœur.

Il y avait une fois un homme de beaucoup d'esprit, d'un naturel excellent, très-gai, mais dont la sensibilité était si vive, qu'à force d'avoir le cœur froissé et meurtri par le monde qui l'entourait, il avait fini par devenir mélancolique. Un grand défaut déparait ses rares qualités : il était moqueur, oh! mais, moqueur, comme nul ne le fut avant ni après lui. Il se moquait de tous, sinon de tout; des philosophes, des amoureux, des savants, des ignorants, des dévots, des impies, des vieillards, des jeunes gens, des malades, des médecins (des médecins surtout), des pères, des enfants, des filles innocentes, des femmes coupables, des marquis, des bourgeois, des acteurs, des poëtes, de ses ennemis, de ses amis, et enfin de lui-même. Les musiciens seuls ont échappé, je ne sais comment, à son infatigable raillerie. Il est vrai que la satire des musiciens était déjà faite : Shakspeare les avait assez bien fustigés dans la scène finale du quatrième acte de *Roméo et Juliette :*

PIERRE.

« Et toi, Jacques Colophane, que dis-tu?

TROISIÈME MUSICIEN.

Ma foi, je ne saurais rien dire.

PIERRE.

Tu ne sais rien dire? Ah! c'est juste! *Tu es le chanteur de la troupe.*

. . . .

DEUXIÈME MUSICIEN.

Descendons; *attendons le convoi funèbre; nous souperons.* »

On ne conçoit pas qu'après avoir vilipendé tant de monde, l'excellent homme dont je parle n'ait pas été une seule fois assassiné. Après sa mort, le peuple, il est vrai, n'eût pas mieux demandé que de le traîner sur la claie, et sa femme ne vint à bout de calmer les furieux qu'en leur jetant de l'argent par les fenêtres de la chambre mortuaire. Quoique fils d'un simple tapissier, il avait fait de bonnes études classiques. Il écrivait en vers et en prose d'une façon remarquable; on a fini même par le tant remarquer, qu'après un siècle et demi de réflexions les Parisiens ont eu l'idée de lui ériger une statue de bronze, portant sur le socle le titre de ses nombreux ouvrages. C'était très-bien de leur part. Seulement, comme les gens chargés de la direction de ce travail, entrepris pour glorifier un homme de lettres, n'étaient pas forts en orthographe, ils écrivirent ainsi le nom de l'un des chefs-d'œuvre de l'illustre railleur : *l'Avarre.* Ce qui produisit dans le temps une assez vive sensation parmi les épiciers savants de la rue Richelieu, et mit le directeur des travaux du monument dans l'obligation de faire gratter l'inscription irrégulière pendant la nuit.

Juste retour, monsieur, des choses d'ici-bas.

Vous avez tourné en dérision un individu qui sollicitait l'emploi de *correcteur des enseignes et inscriptions de Paris*, et voilà qu'au dix-neuvième siècle on vous appelle à Paris, dans une inscription, l'auteur de *l'Avarre.*

Ce misanthrope (le lecteur ne l'eût jamais deviné) se nommait Poquelin de Molière, et voici à quel propos je me permets de parler ici de lui : le fouet de cet enragé fouetteur de ridicules n'est jamais tombé, je le disais tout à l'heure, sur les épaules des musiciens. Ne faut-il pas encore reconnaître une ironie du sort dans l'acharnement que les musiciens seuls ont mis, sinon à égratigner, au moins à farder, à enjoliver les figures des personnages qu'il a mis au monde, et à les enduire de mélodies qui leur donnent une sorte d'éclat factice dont Molière sans doute serait peu jaloux de les voir briller?... Il est donc vrai que pour les musiciens au moins « l'ingratitude est l'indépendance du cœur. »

L'un de ces ingrats a ouvert le feu contre Molière avec une énergie et un succès qui, fort heureusement, n'ont pas été égalés depuis lors. Il se nommait Mozart. Il vint à Paris fort jeune. Il manifesta le désir d'écrire une grande partition pour le théâtre de l'Opéra (l'Académie royale de musique). Mais comme il jouait très-bien du clavecin et qu'il avait déjà publié plusieurs sonates pour cet instrument, les administrateurs de l'Opéra, en hommes judicieux et sagaces, lui firent sentir l'impertinence de son ambition, et l'éconduisirent en l'engageant à se borner à écrire des sonates. Mozart ayant reconnu, avec peine il est vrai, qu'il n'était qu'un paltoquet, s'en retourna piteusement en Allemagne, où il se fit arranger en libretto un drame de Molière dont la représentation l'avait beaucoup frappé. Puis il le mit en musique et le fit représenter à Prague avec un succès prodigieux, au dire des uns, sans succès, au dire des autres. Ainsi apparut le *Don Giovanni*, dont la contre-gloire pendant nombre d'années a fait un peu pâlir la gloire du *Don Juan*. Les grands compositeurs qu'honorait alors la confiance de messieurs les directeurs de l'Opéra eussent été incapables d'un tel acte d'ingratitude.

Beaucoup plus tard, on porta à l'Opéra-Comique une petite partition écrite sur une autre pièce de Molière, *le Sicilien ou l'Amour peintre*. Je ne sais si elle a été représentée. Plus tard est venue *la Psyché*, de M. Thomas. *Le Médecin malgré lui*, de M. Gounod, fait et fera longtemps encore les beaux jours du Théâtre-Lyrique. Enfin *les Fourberies de Marinette*, de M. Creste, constituent le dernier attentat contre l'auteur de *Don Juan* qui ait été enregistré dans les annales de l'ingratitude musicale.

En somme, il est inutile de le nier aujourd'hui, de tous les musiciens qui devaient de la reconnaissance à Molière, Mozart fut évidemment le plus ingrat.

Vanité de la gloire.

Un directeur de l'Opéra rencontrant un soir Rossini sur le boulevard des Italiens, l'aborde d'un air riant, comme quelqu'un qui vient annoncer à un ami une bonne nouvelle :

— Eh bien, cher maître, lui dit-il, nous donnons demain le troisième acte de votre *Moïse!*

— Bah! réplique Rossini, tout entier?

La repartie est admirable, mais ce qui l'est plus encore, c'est qu'en effet on ne donnait pas le troisième acte tout entier. Ainsi sont respectées à Paris les plus belles productions des grands maîtres.

Certains ouvrages, d'ailleurs, sont prédestinés aux *palmes du martyre*. Il en est peu dont le martyre ait été aussi cruel et aussi long que celui de l'opéra de *Guillaume Tell*. Nous ne saurions trop insister sur cet exemple offert par Rossini aux compositeurs de toutes les écoles, pour prouver le peu d'autorité et de respect accordé dans les théâtres aux dons les plus magnifiques de l'intelligence et du génie, à des travaux herculéens, à une immense renommée, à une gloire éblouissante. On dirait même que, plus la supériorité de certains grands hommes qui ont daigné écrire pour le théâtre est incontestable et incontestée, et plus la racaille des petits met à insulter leurs ouvrages d'acharnement et de ténacité. Je ne rappellerai pas ici ce qu'on a fait en France de l'œuvre dramatique de Mozart, en Angleterre de celle de Shakspeare, je dirai comme Othello : *They know it, no more of that* (On le sait, n'en parlons plus). Mais ce que devient peu à peu l'œuvre de Gluck en ce moment dans les théâtres où on la représente encore (j'en excepte celui de Berlin), dans les concerts où l'on en chante des fragments, dans les boutiques où l'on en vend des lambeaux, c'est ce dont la plus active imagination de musicien ne saurait se faire une idée. Il n'y a plus un chanteur qui en comprenne le style, un chef d'orchestre qui en possède l'esprit, le sentiment et les traditions. Ceux-là au moins ne sont pas coupables, et c'est presque toujours involontairement qu'ils en dénaturent et éteignent les plus radieuses inspirations. Les arrangeurs, les instrumentateurs, les éditeurs, les traducteurs, au contraire, ont fait avec préméditation, en divers endroits de l'Europe, de cette noble figure antique de Gluck un masque si hideux et si grotesque, qu'il est déjà presque impossible d'en reconnaître les traits.

Une fourmilière de Lilliputiens s'est acharnée sur ce Gulliver. Des batteurs de mesure du dernier ordre, de détestables compositeurs, de ridicules maîtres de chant, des danseurs même, ont instrumenté Gluck, ont déformé ses mélodies, ses récitatifs, ont changé ses modulations, lui ont prêté de plates stupidités. L'un a ajouté *des variations pour la flûte* (je les ai vues) au solo de harpe de l'entrée d'Orphée aux enfers, trouvant ce prélude trop pauvre sans doute et insignifiant. L'autre a bourré d'instruments de cuivre le chœur des ombres du Tartare du même ouvrage, en leur adjoignant le *serpent* (je l'ai vu), apparemment parce que le serpent doit tout naturellement figurer dans une scène infernale où il est question des Furies. Ici au contraire on a réduit à un simple quatuor toute la masse des instruments à cordes. Ailleurs un maître de chapelle a imaginé de faire aboyer les choristes (j'ai entendu cette horreur) en leur recommandant expressément de ne pas chanter..., encore dans la scène des enfers d'Orphée. Il avait voulu produire ainsi un chœur de Cerbères, *de chiens dévorants...* invention sublime qui avait échappé à Gluck.

J'ai sous les yeux une édition allemande de l'*Iphigénie en Tauride*, où l'on remarque, entre autres mutilations, la *suppression de huit mesures* dans le fameux chœur des Scythes : « Les dieux apaisent leur courroux », et les inversions les plus tristement comiques dans le texte de la traduction. Celle-ci, entre mille, quand Iphigénie dit :

> J'ai vu s'élever contre moi
> Les dieux, ma patrie... et mon père.

la phrase musicale se termine par un accent douloureux et tendre sur « et mon père », dont il est impossible de méconnaître l'intention. Cet accent se trouve faussement appliqué dans l'édition allemande, le traducteur ayant interverti l'ordre des mots et dit :

> Mon peuple, mon père et les dieux.

supposant qu'il n'importait guère que père fût devant ou bien qu'il fût derrière. Ceci me rappelle une traduction anglaise de la ballade allemande *le Roi des Aulnes*, dans laquelle le traducteur, par suite de je ne sais quelle licence poétique, avait jugé à propos d'intervertir l'ordre du dialogue établi entre deux des personnages. A la place de l'interpellation placée par le poëte allemand dans la bouche du *père*, se trouvait dans la traduction anglaise la réponse de l'*enfant*. Un éditeur de Londres, désireux de populariser en Angleterre la belle musique écrite par Schubert sur cette ballade, y fit ajuster tant bien que mal les vers du traducteur anglais. On devine le bouffon contre-sens qui en résulta ; l'enfant s'écriant dans un paroxysme d'épouvante : « Mon père ! mon père ! j'ai peur ! » sur la musique destinée aux paroles : « Calme-toi, mon fils, etc. », et réciproquement.

Les traductions des opéras de Gluck sont émaillées de gentillesses pareilles.

Et le malheur veut que l'ancienne édition française, la seule où l'on puisse retrouver intacte la pensée du maître (je parle de celle des grandes partitions), devienne de jour en jour plus rare, et soit très-mauvaise sous le double rapport de l'ordonnance et de la correction. Un déplorable désordre et d'innombrables fautes de toute espèce la déparent.

Dans peu d'années, quelques exemplaires de ces vastes poëmes dramatiques, de ces inimitables modèles de musique expressive resteront seuls dans les grandes bibliothèques, incompréhensibles débris de l'art d'un autre âge, comme autant de Memnons qui ne feront plus entendre de sons harmonieux, sphinx colossaux qui garderont éternellement leur secret. Personne n'a osé en Europe entreprendre une édition nouvelle, et soignée, et mise en ordre, et annotée, et bien traduite en allemand et en italien des six grands opéras de Gluck. Aucune tentative sérieuse de souscription à ce sujet n'a été faite. Personne n'a eu l'idée de risquer vingt mille francs (cela ne coûterait pas davantage) pour combattre ainsi les causes de plus en plus nombreuses de destruction qui menacent ces chefs-d'œuvre. Et malgré les ressources dont l'art et l'industrie disposent, grâce à cette monstrueuse indifférence de tous pour les grands intérêts de l'art musical, ces chefs-d'œuvre périront.

Hélas! hélas! Shakspeare a raison : *La gloire est comme un cercle dans l'onde, qui va toujours s'élargissant, jusqu'à ce qu'à force de s'étendre il disparaisse tout à fait.* Et Rossini a depuis longtemps semblé croire que le cercle de la sienne était trop étendu, tant il a accablé d'un colossal dédain tout ce qui pouvait y porter atteinte. Sans cela, sans cette prodigieuse et grandiose indifférence, peut-être se fût-on contenté, à l'Opéra de Paris, de mettre aux archives ses partitions du *Siége de Corinthe*, de *Moïse* et du *Comte Ory*, et se fût-on abstenu de fouailler comme on l'a fait son *Guillaume Tell*. Qui n'y a pas mis la main? qui n'en a pas déchiré une page? qui n'en a pas changé un passage, par simple caprice, par suite d'une infirmité vocale ou d'une infirmité d'esprit? A combien de gens qui ne savent ce qu'ils font le maître n'a-t-il pas à pardonner? Mais quoi! pourrait-il se plaindre? ne vient-on pas de reproduire *Guillaume Tell* presque tout entier? On a remis au premier acte la marche nuptiale qu'on en avait retranchée depuis longtemps; tous les grands morceaux d'ensemble du troisième nous sont rendus; l'air « Amis, secondez ma vaillance! » qui avait disparu plus d'un an avant les débuts de Duprez et qu'on réinstalla ensuite pour en faire le morceau final de la pièce en supprimant tout le reste, fut plus tard tronqué dans sa péroraison pour garantir un chanteur du danger que lui présentait la dernière phrase,

Trompons l'espérance homicide.

Eh bien! cette péroraison ne vient-elle pas d'être restituée au morceau? N'a-t-on pas poussé la condescendance jusqu'à faire entendre au dénoûment le magnifique chœur final avec ses larges harmonies sur lesquelles retentissent si poétiquement des réminiscences d'airs nationaux suisses? et le trio avec accompagnement d'instruments à vent, et même la prière pendant l'orage, qu'on avait supprimée avant la première représentation? Car dès le début déjà, aux répétitions générales, les hommes capables du temps s'étaient mis à l'œuvre sur l'œuvre, ainsi que cela se pratique en pareil cas, pour donner de bonnes leçons à l'auteur, et bien des choses qui, à leur avis, devaient infailliblement compromettre le succès du nouvel opéra, en furent impitoyablement arrachées. Et ne voilà-t-il pas toutes ces belles fleurs mélodiques qui repoussent maintenant, sans que le succès de l'œuvre soit moindre qu'auparavant, au contraire? Il n'y a guère que le duo « Sur la rive étrangère » qu'on n'a pas cru prudent de laisser chanter. On ne peut pas donner le chef-d'œuvre de Rossini absolument tel qu'il l'a composé, que diable! ce serait trop fort et d'un trop dangereux exemple. Tous les autres auteurs jetteraient ensuite les hauts cris sous le scalpel des opérateurs.

Après une des batailles les plus meurtrières de notre histoire, un sergent chargé de présider à l'ensevelissement des cadavres étant accouru tout effaré vers son capitaine :

— Eh bien! qu'y a-t-il? lui dit cet officier. Pourquoi ne comble-t-on pas cette fosse?

— Ah! mon capitaine, il y en a qui remuent encore et qui disent comme ça qu'ils ne sont pas morts....

— Allons! sacredieu, jetez-moi de la terre là-dessus vivement; si on les écoutait, il n'y en aurait jamais un de mort!...

Madame Lebrun.

Je me rappelle avoir vu M. Étienne à l'Opéra, un soir où l'on y jouait une terrible chose nommée *le Rossignol*, dont M. Lebrun (quelques-uns disent Mme Lebrun) a fait la musique, et dont lui, M. Étienne, confectionna le *poëme*. L'illustre académicien était au balcon des premières loges et attirait sur lui l'attention de toute la salle par la joie expansive qu'il paraissait éprouver à entendre chanter ses propres vers. Quand vint ce beau passage d'un air du bailli :

> Je suis l'ami de tous les pères,
> Le père de tous les enfants,

M. Étienne laissa échapper un tel éclat de rire que je me sentis rougir et que je sortis tout attristé. Ce fut la dernière fois qu'il m'arriva de voir presque jusqu'au bout ce célèbre ouvrage, dans lequel le rossignol chantait avec tant de verve qu'on eût juré entendre un concerto de flûte exécuté par Tulou. On devrait remettre en scène cette belle chose ; je suis sûr que beaucoup de gens encore y prendraient plaisir.

> Si Peau-d'Ane m'était conté,
> J'y prendrais un plaisir extrême,

a dit le Bonhomme. Les habitués de l'Opéra qui connurent Mme Lebrun seraient certes charmés d'une telle attention. C'était une femme si énergique, dans sa conversation surtout. Son rossignol fut cousin germain du perroquet de Gresset. Les F et les B étaient ses deux consonnes favorites. Je ne me rappelle pas sans attendrissement le compliment qu'elle m'adressa dans l'église de Saint-Roch, le jour de l'exécution de ma première messe solennelle. Après un *O Salutaris* très-simple sous tous les rapports, Mme Lebrun vint me serrer la main et me dit avec un accent pénétré : « F..., mon cher enfant, voilà un *O Salutaris* qui n'est point piqué des vers, et je défie tous ces petits b.... des classes de contrepoint du Conservatoire d'écrire un morceau aussi bien ficelé et aussi crânement religieux. » C'était un suffrage, l'opinion de Mme Lebrun étant alors fort redoutée. Et comme elle descendait bien du ciel sous les traits de Diane, au dénoûment d'*Iphigénie en Aulide* et à celui d'*Iphigénie en Tauride!* car, dans les deux chefs-d'œuvre de Gluck, l'action se dénoue par l'intervention de Diane. Je l'entends encore dire avec une majestueuse lenteur et d'une voix un peu virile :

Scythes, aux mains des Grecs remettez mes images ;
Vous avez trop longtemps, dans ces climats sauvages,
Déshonoré mon culte et mes autels.

Elle était si bien assise dans sa *gloire,* avec son carquois de carton sur l'épaule gauche! Elle lisait la musique à première vue sur une partition renversée, elle accompagnait sur le piano les airs les plus compliqués, elle eût au besoin conduit un orchestre; enfin elle passait pour avoir composé la musique du *Rossignol.* Elle n'avait qu'un défaut, celui de ressembler un peu trop, dans les dernières années de sa vie surtout, à l'une des *trois sœurs du destin* de Macbeth. Eh bien! Mme Lebrun est morte à peu près inconnue, ou tout au moins oubliée de la génération actuelle.

Ainsi passent toutes les gloires !

Le temps n'épargne rien.

On ne saurait disconvenir que les postillons ne soient à cette heure dans une assez mauvaise situation. La vapeur les asphyxie, les immobilise, les met *à pied*; quand viendra le règne de la puissance électrique, et ce règne est proche, ce sera bien pis. L'électricité les foudroiera, les mettra en poudre. Enfin à l'avénement de l'aérostation dirigée, avénement auquel nous nous obstinons à croire, le nom de ces joyeux conducteurs de chevaux sera devenu un vieux mot de la langue française dont la signification échappera complétement à l'intelligence de la plupart des voyageurs. Et quand, en passant au-dessus de Lonjumeau, le ballon-poste de Paris contiendra quelque lettré savant, s'il s'avise de s'écrier, en considérant ce village avec sa longue-vue : « Voilà le pays du postillon qu'un ancien compositeur a rendu fameux ! » les dames occupées à jouer au volant dans le grand salon du navire aérien interrompront leur partie pour demander au savant ce qu'il veut dire. Et le savant répondra : « Au dix-neuvième siècle, Mesdames, les nations dites civilisées rampaient à terre comme font les escargots. Les voyageurs qui en ces temps de prétentieuse barbarie parcouraient dix ou douze lieues à l'heure, dans de lourds wagons roulés sur des voies de fer par la vapeur, ressentaient de cette *rapide* locomotion une fierté risible. Mais parmi les gens obligés de s'éloigner de vingt ou trente lieues de leur chenil natal, un très-grand nombre encore s'enfermait alors en d'affreuses caisses de bois, où l'on ne pouvait être ni debout ni couché, où il n'était pas même possible d'étendre ses jambes. On y éprouvait toutes les tortures du froid, du vent, de la pluie, de la chaleur, du mauvais air, des mauvaises odeurs et de la poussière ; les patients, secoués comme sont les grains de plomb dans une bouteille qu'on nettoie, avaient en outre à supporter un bruit assourdissant et incessant ; ils y dormaient tant bien que mal les uns sur les autres, la nuit, en s'infectant les uns les autres, ni plus ni moins que les bestiaux que nous entassons dans nos petits navires de transports agricoles. Ces horribles et lourdes boîtes appelées diligences, par antiphrase apparemment, étaient traînées dans de boueux ravins nommés routes royales, impériales ou départementales, par des chevaux capables de parcourir en une heure jusqu'à deux lieues et demie. Et l'homme chevauchant sur l'un des quadrupèdes chargés du labeur de tirer la machine se nommait postillon, le *lion de la poste*. Or, en ce hameau de Lonjumeau, vécut naguère un postillon fameux. Ses aventures fournirent le sujet d'une de ces pièces de théâtre où l'on parlait et chantait successivement, et qu'on désignait alors sous le nom d'opéras comiques. La musique de cet ouvrage fut écrite par un compositeur à la verve facile, célèbre en France sous le nom de Dam ou d'Edam (quelques historiographes le nomment Adam), et qui fut, cela est certain, membre de l'Institut. De là l'illustration du hameau de Lonjumeau, qu'on apercevait à l'ouest tout à l'heure, et que vous ne voyez plus. »

Lonjumeau ! Lonjumeau ! *Fuit Troja !!*...

Le rhythme d'orgueil.

Une dame très-forte sur la théologie, et qui joue aussi très-bien du piano, a publié récemment une brochure curieuse sur le rhythme, où l'on trouve entre autres choses entièrement nouvelles le passage suivant :

« *La musique de Beethoven fait aimer et se complaire dans le désespoir* (l'auteur a peut-être voulu dire que cette musique fait aimer le désespoir et s'y complaire); *on y pleure des larmes de sang, non pas sur les douleurs d'un Dieu mort pour nous, mais bien sur la perte éternelle du diable. Rhythme d'orgueil qui cherche la vérité, qui implore la vérité, mais qui ne veut pas accepter cette vérité dans les conditions où il lui a plu de se révéler à nous. C'est toujours le Juif disant au Rédempteur : Descends de la croix, et nous croirons en toi. Obéis à nos caprices, flatte nos mauvais instincts, et nous te proclamerons le Dieu de vérité, sinon... Crucifige! Et ces œuvres-là le mettent à mort dans nos cœurs, comme les Juifs l'ont mis à mort sur la croix.* »

Quel malheur de n'être pas théologien et philosophe ! Il me semble que si je l'étais, je comprendrais tout cela. Et cela doit être bien beau. L'un des points de la doctrine de l'auteur m'inspire pourtant quelques doutes. J'ai en effet souvent pleuré en entendant les œuvres de Beethoven; ces larmes, il est vrai, n'étaient *point causées par les douleurs d'un Dieu mort pour nous*, mais à coup sûr, j'en puis jurer la main sur ma conscience, elles ne coulaient pas non plus sur *la perte éternelle du diable*, pour qui je n'ai plus d'amitié depuis longtemps.

Mot de M. Auber.

Un ténor dont la voix n'est ni pure ni sonore, chantait dans un salon la romance de *Joseph;* au moment où il prononçait ces paroles :

« Dans un humide et froid abime,
» Ils me plongent, dans leur fureur, »

M. Auber, se tournant vers son voisin, dit : « Décidément, Joseph est resté trop longtemps dans la citerne. »

La musique et la danse.

La danse s'est toujours montrée, à l'égard de la musique, sœur tendre et dévouée. La musique, de son côté, témoigne, en mainte occasion, de son dévouement pour la danse. Il n'est sorte de bons procédés que ces deux charmantes sœurs ne se prodiguent l'une à l'autre. Il en est ainsi depuis un temps immémorial : on les voit partout liguées, étroitement unies, prêtes à combattre à outrance les autres arts, les sciences, la philosophie et même le terrible bon sens. Ce fait avait été reconnu déjà au siècle de Louis XIV; Molière l'a prouvé dans le premier acte de son *Bourgeois gentilhomme :*

« — La philosophie est quelque chose ; mais la musique, monsieur, la musique...

— La musique et la danse... la musique et la danse, c'est là tout ce qu'il faut.

— Il n'y a rien qui soit si utile dans un État que la musique.

— Il n'y a rien qui soit si nécessaire aux hommes que la danse.

— Sans la musique un État ne peut subsister.

— Sans la danse un homme ne saurait rien faire. »

Pourtant, si l'une des deux Muses abuse un peu de temps en temps de la bonté et de l'affection de l'autre, je crois que c'est la danse. Voyez ce qui se passe dans la confection des ballets. La musique s'est donné la peine de composer un délicieux morceau, bien conçu, mélodieux et instrumenté avec art, gai, alerte, entraînant. Arrive la danse qui lui dit : « Chère sœur, ton air est charmant, mais il est trop court; allonge-le de seize mesures, ajoute-s-y n'importe quoi, j'ai besoin de ce supplément. » Ou bien : « Voilà un morceau ravissant, mais il est trop long, il faut me le raccourcir d'un quart. » La musique a beau répondre : « Ces mesures que tu veux me faire ajouter formeront un non-sens, une répétition oiseuse, ridicule. » Ou bien : « La coupure que tu me demandes va détruire toute l'ordonnance du morceau.....

—N'importe, répond sa bondissante sœur; ce que je demande est indispensable. » Et la musique obéit. Ailleurs la danse trouve l'instrumentation trop délicate; il lui faut des trombones, des cymbales, de bons coups de grosse caisse, et la musique, en gémissant, se résigne à toutes sortes de brutalités. Ici le mouvement est trop vif pour que le danseur puisse se livrer aux *grands écarts,* aux nobles *élévations* de son pas; là musique, soumise, brise le rhythme, en attendant le moment de reprendre son allure naturelle; et il lui faut de la patience, car le grand danseur s'élève si haut, que fort souvent, on le sait, il lui arrive à lui-même de s'ennuyer en l'air. Là le mouvement devra être plus ou moins accéléré, selon que la danseuse veut faire œuvre des dix doigts de ses pieds ou des deux gros orteils seulement. Alors la musique sera forcée de passer et de revenir, et de repasser et de revenir encore, en quelques mesures, de l'allégro au presto, ou de l'allegretto au prestissimo, sans égard pour le dessin mélodique disloqué et même pour la possibilité de l'exécution. Mais voici qui est bien plus grave. Quand un ballet nouveau a triomphé, on taille, on rogne, on déchire, on extermine un opéra quelconque, fût-ce un chef-d'œuvre consacré par l'admiration générale, pour en faire le complément de la soirée que le ballet ne suffit pas à remplir, pour en faire un *lever de rideau*. Mais si d'aventure il naissait quelque bel opéra en trois actes, dont la durée, par conséquent, serait insuffisante à occuper la scène de sept heures du soir à minuit, ferait-on un lever de rideau avec quelque fragment de ballet? Dieu du ciel, quelle honte! la danse ne la subirait pas.

Abîmons tout plutôt : c'est l'esprit de la danse !

Les danseurs poëtes.

Un danseur disait en parlant d'un de ses propres entrechats : *C'est une poignée de diamants jetée au soleil!* En voyant Mme Ferraris dans *le Cheval de bronze*, un autre s'écria : *C'est une rose emportée par le vent dans un tourbillon de turquoises, de rubis et de poudre d'or.*

Autre mot de M. Auber.

Dernièrement un habitué de l'orchestre de l'Opéra, ne reconnaissant pas la jeune danseuse qui entrait en scène, demanda à un de ses voisins comment elle s'appelait : « C'est Mlle Zina, répondit celui-ci, dont le maillot, vous le savez, s'est décousu le soir de son premier début. — Accident remarquable, ajouta doucement M. Auber qui se trouvait là, car ce fut une des rares occasions où le décousu a du succès. »

Concerts.

Je serais un ingrat si je ne parlais pas ici des douces heures que m'ont fait passer, cet hiver, à Paris les donneurs de concerts.

Presque chaque jour pendant quatre mois, j'ai été l'un des acteurs de la comédie suivante :

Le théâtre représente un cabinet de travail modestement meublé et un malade toussant au coin de sa cheminée. Entrent deux pianistes, trois pianistes, quatre pianistes et un violoniste.

LE PIANISTE N° 1, *au malade*.

Monsieur, j'ai appris que vous étiez fort souffrant...

LE PIANISTE N° 2.

J'ai su, moi aussi, que votre santé...

LES PIANISTES N°s 7 ET 9.

On nous a dit que vous étiez gravement indisposé...

LE PIANISTE N° 1.

Et je viens... vous prier d'assister à mon concert qui a lieu dans le salon d'Érard.

LE PIANISTE N° 2.

Et je me suis fait un devoir de venir vous demander... de vouloir bien venir entendre mes nouvelles études et mon concert chez Pleyel.

LE PIANISTE N° 8.

Quant à moi, un seul motif m'amène, mon cher ami, le soin de votre santé. Vous travaillez trop ; il faut sortir, prendre l'air, vous distraire ; je viens dans l'intention formelle de vous enlever ; j'ai une voiture à votre porte, il faut que vous assistiez à mon concert chez Herz. Allons! allons!

LE MALADE.

Quand aura lieu le vôtre?

LE N° 1.

Ce soir à huit heures.

LE MALADE.

Et le vôtre?

LE N° 2.

Ce soir à huit heures.

LE MALADE.

Et le vôtre?

LE N° 8.

Ce soir à huit heures.

LE VIOLONISTE, *éclatant de rire*.

Il y en a six ou sept à la fois, ce soir. Et comme j'ai bien prévu que, selon votre usage, ne pouvant aller partout, vous n'iriez nulle part, et par discrétion en outre, pour ne pas vous déranger, souffrant comme vous l'êtes, j'ai apporté ma boîte ; mon violon est là. Si vous le permettez, je vais vous jouer mes nouveaux caprices pour la quatrième corde.

LE MALADE, *à part*.

La peste de ta corde, empoisonneur au diable,
En eusses-tu le cou serré.

. . . .

Le fait est, et cela est triste à dire, que les concerts à Paris sont devenus de pitoyables non-sens. Il y en a une telle quantité, ils vous poursuivent, vous obsèdent, vous assomment, vous scient avec une si cruelle obstination, que le propriétaire d'un vaste salon littéraire a eu dernièrement l'idée de placer devant sa porte une affiche ainsi conçue : *Ici on ne donne pas de concerts.* Et son salon, depuis lors, regorge de lecteurs et d'amis de la paix qui viennent y chercher un abri.

Depuis que Mme Erard s'est résignée à ouvrir gratuitement ses salons aux féroces virtuoses errant en liberté dans Paris, le produit de la vente des pianos de sa fabrique a baissé d'une façon déplorable, personne n'osant plus aller chez elle, le jour ni la nuit, examiner ses instruments, dans la crainte de tomber en plein concert sous la griffe d'un de ces lions.

Notez qu'il n'y a plus assez de salons, de manéges, de halles, de corridors pour satisfaire tous les concertants. Les salles de Herz, de Pleyel, d'Erard, de Gouffier, de Sainte-Cécile, du Conservatoire, de l'hôtel du Louvre, de l'hôtel d'Osmond, de Valentino, du Prado, du Théâtre-Italien n'y suffisent pas. Et comme en désespoir de cause plusieurs virtuoses commençaient à travailler en plein air, dans certaines rues neuves où le bruit des rares voitures qui y passent garantit mal l'inviolabilité des oreilles des habitants, les propriétaires ont dû faire inscrire en lettres énormes sur leurs maisons : *Il est défendu de faire de la musique contre ce mur.*

Les donneurs de concerts novices en sont encore, les innocents! à répandre dans Paris des invitations gratuites qu'ils glissent la nuit sous les portes cochères; ils s'étonnent ensuite de voir leur salle déserte! Il est bon d'avertir ici ces dignes virtuoses, étrangers pour la plupart, arrivant de Russie, d'Allemagne, d'Italie, d'Espagne, des Indes, du Japon, de la Nouvelle-Calédonie, du Congo, de Monaco, de San-Francisco, de Macao, de Cusco, qu'un auditoire de concert se paye maintenant, comme on a de tout temps payé le chœur, l'orchestre et les claqueurs. Un auditoire de six cents oreilles coûte au moins trois mille francs.

L'un des *bénéficiaires* donneurs de concerts a bien voulu dernièrement recourir au procédé américain, qui consiste à offrir avec un billet une tasse de chocolat et une tranche de pâté; mais les auditeurs parisiens, n'étant pas en général gros mangeurs, ont trouvé la compensation insuffisante, et tout d'abord ont fait demander par un de leurs chefs au virtuose amphitryon, s'il ne serait pas possible de consommer le chocolat et le pâté sans entendre le concert. Le bénéficiaire indigné, ayant répondu comme le philosophe ancien : « Mange, mais écoute ! » l'affaire n'a pas pu s'arranger.

La bravoure de Nelson.

Il y a un pays, voisin du nôtre, où la musique est réellement aimée et respectée, et où l'on ne saurait en conséquence entendre un concert ni une représentation lyrique de longue durée. Dans ce pays-là, une soirée musicale commencée à six heures et demie doit être terminée à neuf heures, à neuf heures et demie tout au plus, car à onze heures tout le monde dort.

Chez nous, à onze heures, tout le monde dort bien aussi, mais la musique n'est pas finie. Pour obtenir des succès productifs, il faut même à toute force que nos compositeurs écrivent de ces bons gros mâtins d'opéras qui aboient de sept heures à minuit et quelquefois encore par delà. On aime à y dormir, on aime à y pâtir, on aime à y bâtir des châteaux en Espagne, bercé par le bruit incessant de la cascade de cavatines, jusqu'à ce qu'un accident fasse que l'on rentre en soi-même, que la claque oublie d'applaudir, par exemple; alors on s'éveille en sursaut.

Cette tendance à faire descendre la musique à de vils emplois, tels que ceux d'inviter le public au sommeil dans un théâtre, d'accompagner les conversations dans un salon, de faciliter la digestion pendant les festins, ou d'amuser les enfants de tous les âges, est l'indice le plus sûr de la barbarie d'un peuple. A cet égard nous sommes en France assez peu civilisés, et notre *goût* pour l'art en général ressemble fort à celui d'un de nos rois à qui l'on demandait s'il aimait la musique, et qui répondit avec bonhomie : « Eh! je ne la crains pas! » Je ne suis pas si brave que ce roi, et j'avoue en toute humilité que la musique bien souvent me fait une peur affreuse. Mais si, comme Nelson, je tremble au moment du combat, pourtant, quoi qu'on en dise, on me voit toujours aussi à mon poste à l'heure du danger, et l'on me trouvera mort un beau soir au sixième acte de quelque opéra de Trafalgar.

Préjugés grotesques.

Le préjugé, chez nous, dit beaucoup plus qu'ailleurs d'énormes sottises, et voudrait du haut de son insolence régenter toutes les parties de l'art musical. Sans relever ce qu'il dit de l'harmonie, de la mélodie, du rhythme, à en croire l'une de ses assertions outrecuidantes, il n'y aurait qu'une seule forme à donner aux textes destinés au chant; il serait impossible de chanter de la prose; les vers alexandrins seraient les pires de tous pour le compositeur. Enfin certaines gens soutiennent que *tous les vers* destinés au chant doivent être, sans exception, ce qu'on appelle des vers *rhythmiques*, c'est-à-dire scandés d'une façon uniforme du commencement à la fin d'un morceau, ayant chacun un nombre égal de syllabes longues et brèves placées aux mêmes endroits.

Quant à faire de la musique sur de la prose, rien

n'est plus facile; il s'agit seulement de savoir sur quelle prose. Les illustres chefs-d'œuvre de l'art religieux, messes et oratorios, ont été écrits par Hændel, Haydn, Bach, Mozart, sur de la prose anglaise, allemande et latine. « Oui, dit-on, cela se peut en latin, en allemand et en anglais, mais c'est impraticable en français. » On appelle toujours chez nous impraticable ce qui est impratiqué. Or ce n'est pas même impratiqué; il y a de la musique écrite sur de la prose française, et il y en aura tant qu'on voudra. Dans les opéras les plus célèbres on entend chaque jour des passages où les vers de l'auteur du livret ont été disloqués par le compositeur, brisés, hachés, dénaturés par la répétition de certains mots et par l'addition même de certains autres, de telle sorte que ces vers sont devenus en réalité de la prose, et cette prose se trouve convenir et s'adapter à la pensée du musicien que les vers contrariaient.

Cela se chante pourtant sans peine, et le morceau de musique n'en est pas moins beau comme musique pure; et *la mélodie se moque de vos prétentions à la guider, à la soutenir par des formes littéraires arrêtées à l'avance par un autre que le compositeur.*

Un librettiste critiquait violemment devant moi les vers d'un opéra nouveau :

« Quels rhythmes ! » disait-il, « quel désordre ! C'est comme de la prose. Ici un grand vers, là un petit vers, aucune concordance dans la distribution des accents, les longues et les brèves jetées au hasard ! quel tohu-bohu ! Faites donc de la musique là-dessus ! »

Je le laissai dire. Quelques jours plus tard, en me promenant avec lui, je chantais, mais sans paroles, une mélodie qui paraissait le charmer :

« Connaissez-vous cela? lui dis-je.

— Non, c'est délicieux ; cela doit être de quelque opéra italien, car les Italiens au moins savent faire des paroles qui n'empêchent pas de chanter.

— C'est la musique des vers que vous trouviez si antimélodiques l'autre jour. »

Combien de fois ne me suis-je pas amusé à faire tomber dans le même piége des partisans de l'emploi exclusif des vers rhythmiques en leur chantant au contraire une mélodie à laquelle j'avais adapté des paroles italiennes ; puis, quand mes auditeurs s'étaient bien évertués à prouver l'heureuse influence de la coupe des vers italiens sur l'inspiration du compositeur, je soufflais sur leur enthousiasme, en leur apprenant que la forme des vers ne pouvait en aucune façon avoir, en ce cas, déterminé celle de la mélodie, puisque le chant qu'on venait d'entendre appartenait à une symphonie de Beethoven et qu'il avait par conséquent été écrit *sans paroles*.

Ceci ne veut point dire que les vers rhythmiques ne puissent être excellents pour la musique. Bien plus, j'avouerai qu'ils sont fort souvent indispensables. Si le compositeur a adopté pour son morceau un rhythme obstiné dont la persistance même est la cause de l'effet, tel que celui du chœur des démons dans l'*Orphée* de Gluck :

> Quel est l'audacieux
> Qui dans ces sombres lieux,

il est bien évident que cette forme doit se retrouver dans les vers, sans quoi les paroles n'iraient pas sur la musique.

Si plusieurs strophes différentes sont destinées à être chantées successivement sur la même mélodie, il serait fort à désirer également qu'elles fussent toutes coupées et rhythmées de la même façon; on empêcherait ainsi les fautes grossières de prosodie produites nécessairement par la musique sur les couplets qui ne sont point rhythmés comme le premier, ou l'on évirait au compositeur soigneux l'obligation de corriger ces fautes en modifiant sa mélodie pour les diverses strophes, lorsqu'il a tout intérêt à ne pas la modifier.

Mais dire que dans un air, dans un duo, dans une scène où la passion peut et doit s'exprimer de mille façons diverses et imprévues, il faut absolument que les vers soient uniformément coupés et rhythmés, prétendre qu'il n'y a pas de musique possible sans cela, c'est prouver clairement tout au moins qu'on n'a pas d'idée de la constitution de cet art; et l'application de ce système par les poëtes italiens, en mainte occasion où la musique la repousse, n'a sans doute pas peu contribué à donner à l'ensemble des productions musicales de l'Italie l'uniformité de physionomie qu'on a le droit de lui reprocher.

Quant à la prévention contre les vers alexandrins, prévention que beaucoup de compositeurs partagent, elle est d'autant plus étrange, que ni poëtes ni musiciens ne manifestent d'aversion pour les vers de six pieds. Or, qu'est-ce qu'un vers alexandrin coupé en deux par l'hémistiche, sinon deux vers de six pieds qui ne riment pas? Et que fait la rime, je vous prie, au développement d'une période mélodique?... Bien plus, il arrive souvent que ces poëtes, compteurs si rigoureux de syllabes, croyant faire deux vers de six pieds, font un abominable vers de treize pieds, faute de tenir compte de la non-élision de la fin du premier vers avec le commencement du second. Telle fut la maladresse commise par l'auteur des paroles du *Pré aux Clercs*, quand Hérold lui demanda des vers *rhythmiques* (il en fallait là) de six pieds pour un de ses plus jolis morceaux :

> C'en est fait, le ciel même
> A reçu leurs serments,
> Sa puissance suprêME
> VIENT d'unir deux amants.

L'ensemble des deux premiers vers, grâce à l'élision qui les unit, fait bien douze syllabes pour le musicien, mais l'ensemble des deux autres en forme évidemment treize, l'élision ne pouvant avoir lieu entre *suprême* et *vient*, et il résulte de cette syllabe surnuméraire l'obligation d'ajouter dans la musique une note qui dérange l'ordonnance de la phrase et produit un petit soubresaut des plus disgracieux. Voilà de la barbarie !

Dans un livre très-bien fait sous plusieurs rapports, intitulé *Essai de rhythmique française,* M. Ducondut a prouvé fort catégoriquement, que malgré le préjugé qui existe contre ses aptitudes à cet égard, la langue française pouvait se prêter sans peine à toutes les formes de vers et à toutes les divisions rhythmiques, et que si on n'avait pas fait jusqu'à présent usage des formes qu'il croit indispensables à la musique, il fallait s'en prendre aux poëtes et non pas accuser l'insuffisance de la langue. Les exemples qu'il donne de vers rhythmiques de toutes sortes démontrent avec évidence sa théorie. Mais cette théorie, admettant comme une nécessité absolue de la poésie lyrique l'emploi des règles qu'elle donne, est en soi radicalement fausse, je le répète. La musique est en général insaisissable dans ses caprices, alors même qu'elle semble le moins en avoir; et hors les cas exceptionnels dont j'ai parlé tout à l'heure, il est parfaitement insensé de prétendre n'employer pour le chant que des vers rhythmiques, et de croire que la cadence monotone de vers ainsi faits facilitera la composition de la mélodie en lui imposant à l'avance une forme invariable; car si la mélodie n'avait pas fort heureusement mille moyens de s'y dérober, ce serait en réalité précisément le contraire.

« La musique, dit M. Ducondut, procède par phrases, qui se composent de mesures égales entre elles et dont chacune se divise elle-même en temps forts et en temps faibles ; elle a ses notes frappées et levées, avec ses points de repos ou cadences ; et le retour régulier de toutes ces choses, dans les membres correspondants de la période mélodique, constitue, avec la carrure des phrases, le rhythme musical. La poésie qui prétend s'allier à la musique est tenue de se conformer à cette marche... etc., sans quoi il y a désaccord entre les deux arts associés. » Sans doute, mais cette marche de la musique est fort loin d'avoir la régularité absolue que vous lui attribuez et qui existe dans vos vers. Une mesure est égale à une autre mesure ; égale en durée, je le veux bien, mais cette durée est inégalement partagée. Dans celle-ci, je n'emploierai que *deux notes* qui porteront *deux syllabes ;* dans la suivante j'en écrirai quatre ou six ou sept qui pourront porter quatre ou six ou sept syllabes si je le veux, ou *une seule syllabe*, s'il me plaît que la série de notes soit vocalisée. Que devient alors votre rhythme poétique établi à si grand'peine ? La musique le détruit, le broie, l'anéantit. La poésie est esclave du rhythme qu'elle s'est imposé, la musique, non-seulement est indépendante, mais c'est elle qui crée le rhythme et qui, tout en le conservant dans ses éléments constitutifs, peut le modifier de mille manières dans ses détails. Et le *mouvement*, dont les auteurs de théories poétiques ne parlent jamais et qui seul peut donner au rhythme son caractère, qui est-ce qui le détermine ? C'est le musicien. Car le mouvement est l'âme de la musique, et les poëtes n'ont jamais songé seulement à trouver le moyen de fixer le degré de rapidité ou de lenteur convenable à la récitation de leurs vers.

L'écriture du langage d'aucun peuple n'a les signes indicateurs de la division du temps. La musique (moderne) seule les possède; la musique peut écrire le silence et en déterminer la durée, ce que les langues parlées ne sauraient faire. La musique enfin, et pour couper court à ces singulières prétentions renouvelées des Grecs qu'élèvent des grammairiens et des poëtes qui ne la connaissent pas, existe par elle-même; elle n'a aucun besoin de la poésie; et toutes les langues humaines périraient qu'elle n'en resterait pas moins le plus poétique et le plus grand des arts, comme elle en est le plus libre. Qu'est une symphonie de Beethoven, sinon la musique souveraine dans toute sa majesté ?... . . . .
. . . . Tel est encore le préjugé toujours ranimé à propos de tous les musiciens de style, de la suprématie accordée par eux, dit-on, à la partie instrumentale au détriment de la vocale. Vienne un compositeur qui sait écrire, qui possède son art à fond, qui, par conséquent, sait employer l'orchestre avec discernement, avec finesse, le faire parler avec esprit, se mouvoir avec grâce, jouer comme un gracieux enfant, ou chanter d'une voix puissante, ou tonner, ou rugir; qui ne va pas, à l'exemple des compositeurs vulgaires, se ruer à coups de pied, à coups de poing sur les instruments; celui-là, dira-t-on, est

un homme d'un grand talent, mais il *a mis la statue dans l'orchestre*. Et cette niaise critique des opéras de Mozart, faite il y a quatre-vingts ans par le faux bonhomme Grétry, reste et restera longtemps encore infligée comme un blâme par la foule des connaisseurs ou par les connaisseurs de la foule, aux musiciens qui ont le plus de droits à l'éloge contraire. Si quelqu'un avait osé répondre la vérité à Grétry censurant ainsi Mozart, il lui eût dit : « Mozart, à votre avis, *a mis le piédestal sur la scène et la statue dans l'orchestre?* Cette comparaison saugrenue pourrait en mainte circonstance n'être pas un blâme, on vous le prouvera ; dans votre bouche elle en est un. Or ce blâme est injuste, la critique porte à faux ; l'orchestre de Mozart est charmant, sinon très-riche de coloris, il est discret, délicatement ouvragé, énergique quand il le faut, parfait ; aussi parfait que le vôtre est délabré, impotent et ridicule.

» Mais la partie vocale de ses opéras n'en est pas moins restée, presque partout, la partie dominante, la scène n'en est pas moins toujours remplie par le sentiment humain, ses personnages n'en chantent pas moins librement et d'une façon dominatrice la vraie phrase mélodique. Otez l'orchestre, monsieur Grétry, remplacez-le par un clavecin, et vous verrez, à votre grand regret, j'imagine, que l'intérêt principal de l'opéra de Mozart est resté sur la scène et que son *piédestal* a autant de traits humains et paraît encore plus beau que toutes vos *statues*. » Voilà ce qu'on aurait pu répliquer à ce faux bonhomme qui faisait de faux bons mots sur

Gluck et sur Mozart. On aurait dû ajouter que si quelques compositeurs ont mis réellement la statue dans l'orchestre, en certains cas, ce sont les Italiens. Oui, ce sont les maîtres de l'école italienne qui, avec autant de bon sens que de grâce, ont les premiers imaginé de faire chanter l'orchestre et réciter les paroles sur une partie de remplissage, dans les scènes bouffes où le *canto parlato* est de rigueur, et dans beaucoup d'autres même où il serait absolument contraire au bon sens dramatique de faire chanter par l'acteur une vraie mélodie. Le nombre d'exemples que l'on pourrait citer de cet excellent procédé chez les maîtres italiens, depuis Cimarosa jusqu'à Rossini, est incalculable. La plupart des compositeurs français modernes ont eu le bon esprit de les imiter ; les Allemands, au contraire, recourent très-rarement à ce déplacement de l'intérêt musical. Mais ce sont eux précisément que l'on *accuse* de mettre *la statue dans l'orchestre*, uniquement parce qu'ils n'écrivent pas des orchestres de bric-à-brac. Ainsi le veut le préjugé.

Le préjugé veut encore, à Paris, qu'un musicien ne soit apte à faire que ce qu'il a déjà fait. Tel a débuté par un drame lyrique, qui sera inévitablement taxé d'outrecuidance s'il prétend écrire un opéra bouffon, seulement parce qu'il a montré des qualités éminentes dans le genre sérieux. Si son coup d'essai a été une belle messe. « Quelle idée, dira-t-on, à celui-ci de vouloir composer pour le théâtre ! Il va nous faire du plain-chant ; que ne reste-t-il dans sa cathédrale ? »

Si le malheur veut qu'il soit un grand pianiste : « Musique de pianiste ! » s'écrie-t-on avec effroi. Et tout est dit, et voilà notre homme à demi écrasé par un préjugé contre lequel il aura à lutter pendant longues années. Comme si un grand talent d'exécution impliquait nécessairement l'incapacité de composition, et comme si Sébastien Bach, Beethoven, Mozart, Weber, Meyerbeer, Mendelssohn et d'autres n'ont pas été à la fois de grands compositeurs et de grands virtuoses.

Si un musicien a commencé par écrire une symphonie, et si cette symphonie a fait sensation, le voilà classé ou plutôt parqué : c'est un symphoniste, il ne doit songer à produire que des symphonies, il doit s'abstenir du théâtre, pour lequel il n'est point fait ; il ne doit pas savoir écrire pour les voix, etc., etc. Bien plus, tout ce qu'il fait ensuite est appelé par les gens à préjugés, symphonie ; les mots, pour parler de lui, sont détournés de leur acception. Ce qui, produit par tout autre, serait appelé de son vrai nom de cantate, est, sortant de sa plume, nommé symphonie ; un oratoire, symphonie ; un chœur sans accompagnement, symphonie ; une messe, symphonie. Tout est symphonie venant d'un symphoniste.

Il eût échappé à cet inconvénient si sa première symphonie eût passé inaperçue, si c'eût été une platitude ; il eût même alors rencontré chez plus d'un directeur de théâtre un préjugé en sa faveur : « Celui-ci, eût-on dit, n'a pas réussi dans la musique de concert, il *doit* réussir au théâtre. Il ne sait pas tirer parti des instruments, *donc il saura* parfaitement employer les voix. C'est un mauvais harmoniste, au dire des musiciens, il *doit être* farci de mélodies. »

Par contre on n'eût pas manqué de dire : « Il traite magistralement l'orchestre, il ne doit pas savoir traiter les voix. C'est un harmoniste distingué, il faut se méfier de sa mélodie, s'il en a. Enfin il ne veut pas écrire comme tout le monde, il *croit à l'expression* en musique, il a un système.... c'est un homme dangereux... »

Les prôneurs de ces belles doctrines ont au ciel deux puissants protecteurs dont le nom ressemble fort à celui des patrons des savetiers ; ils s'appellent, dit-on, saint Crétin et saint Crétinien.

Les Athées de l'expression.

« La musique, a dit Potier, est, comme la justice, une bien belle chose.... quand elle est juste. »

Je parlais tout à l'heure des compositeurs qui croient à l'expression musicale, mais qui y croient avec réserve et bon sens, sans méconnaître les limites imposées à cette puissance expressive par la nature même de la musique et qu'elle ne saurait en aucun cas dépasser.

Il y a beaucoup de gens à Paris et ailleurs qui, au contraire, n'y croient pas du tout. Ces aveugles niant la lumière, prétendent sérieusement que *toutes paroles vont également bien sous toute musique*. Rien ne leur semble plus naturel, si le livret d'un opéra est jugé mauvais, que d'en faire composer un autre d'un genre entièrement différent sans déranger la partition. Ils font des messes avec des opéras bouffes de Rossini. J'en connais une dont les paroles se chantent sur la musique du *Barbier de Séville*. Ils *ajusteraient* sans remords le poëme de la *Vestale* sous la partition du *Freyschütz*, et réciproquement. On ne discute point de telles absurdités, qui, professées par des hommes placés dans certaines positions particulières, peuvent pourtant avoir sur l'art une détestable influence.

On aurait beau répondre à ces malheureux comme cet ancien qui marchait pour prouver le mouvement, on ne les convertirait pas.

Aussi est-ce pour le divertissement des esprits sains seulement, que nous présentons ici les paroles de deux morceaux célèbres, placées, les premières sous l'air de *la Grâce de Dieu*, les autres sous celui de la chanson *Un jour maître corbeau*.

Paroles de la Marseillaise

Adaptées à la musique de la *Grâce de Dieu*

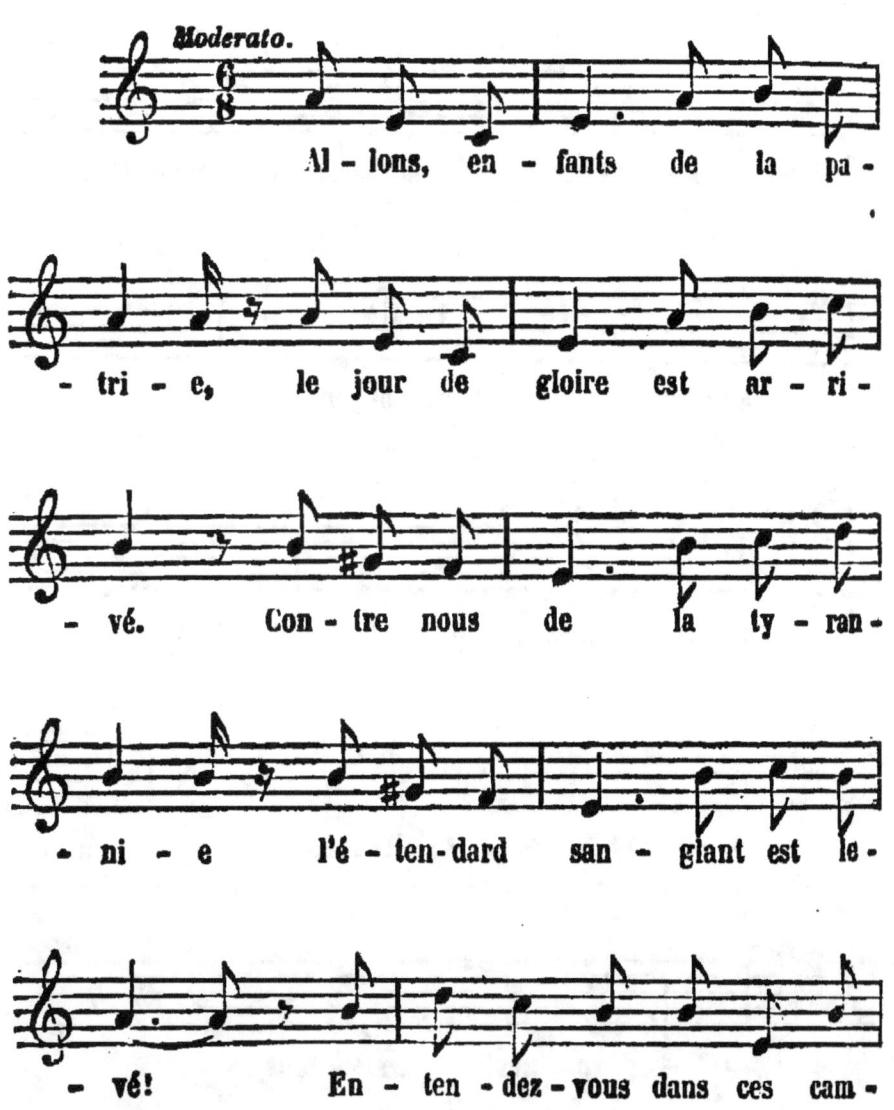

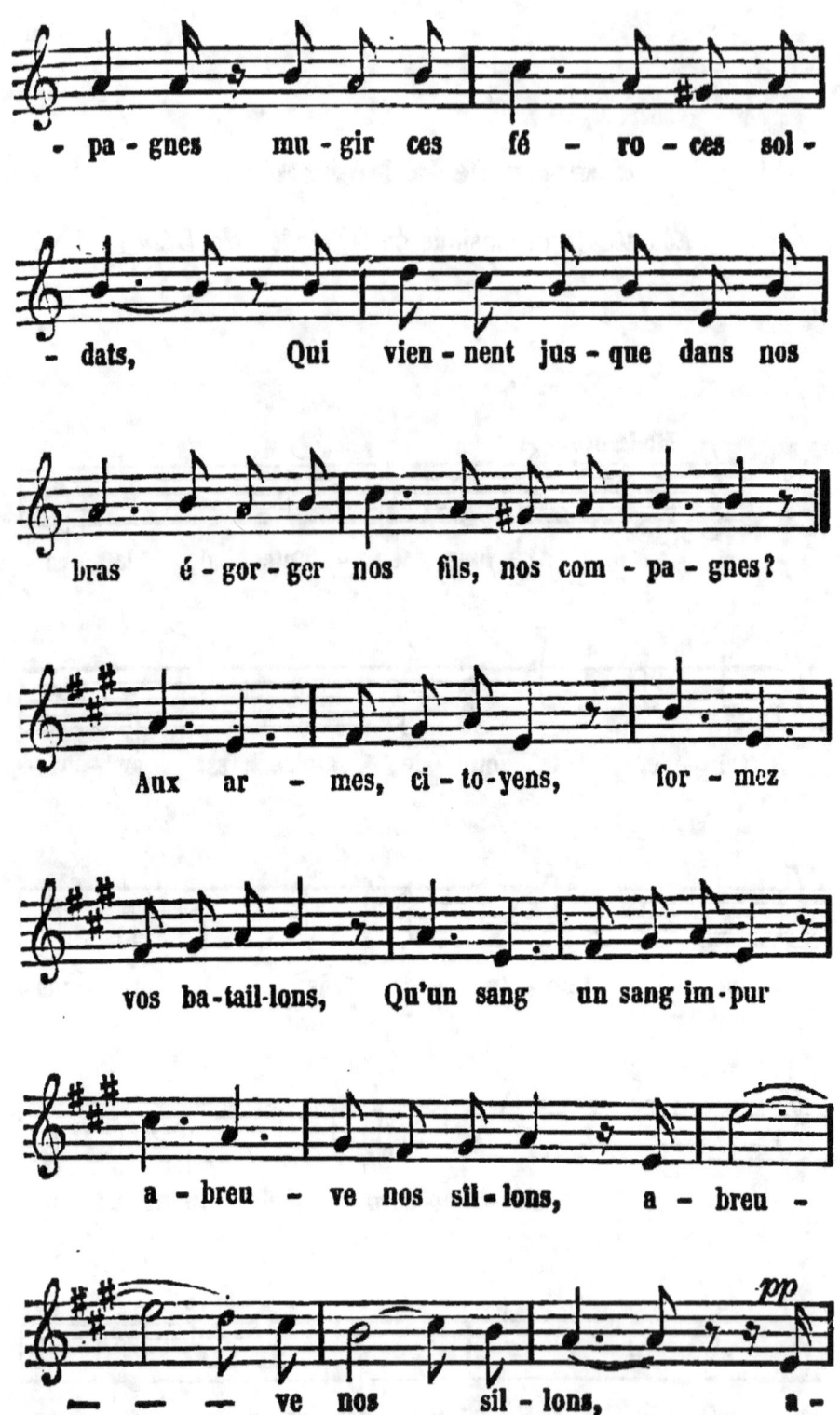

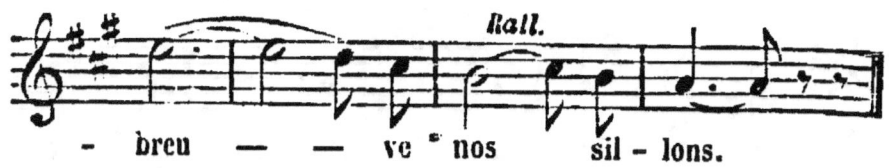

Paroles de l'air d'Éléazar dans la Juive

ADAPTÉES A LA MUSIQUE DE LA CHANSON

Un jour, maître Corbeau

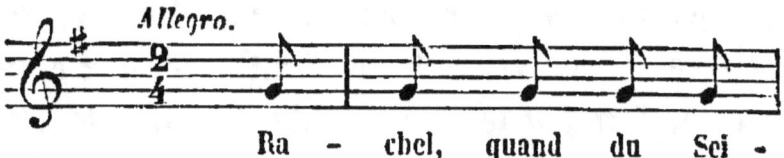

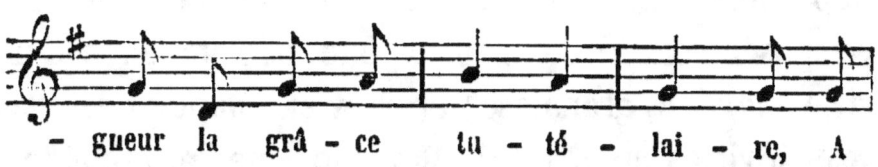

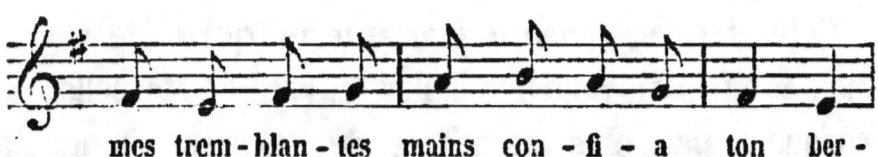

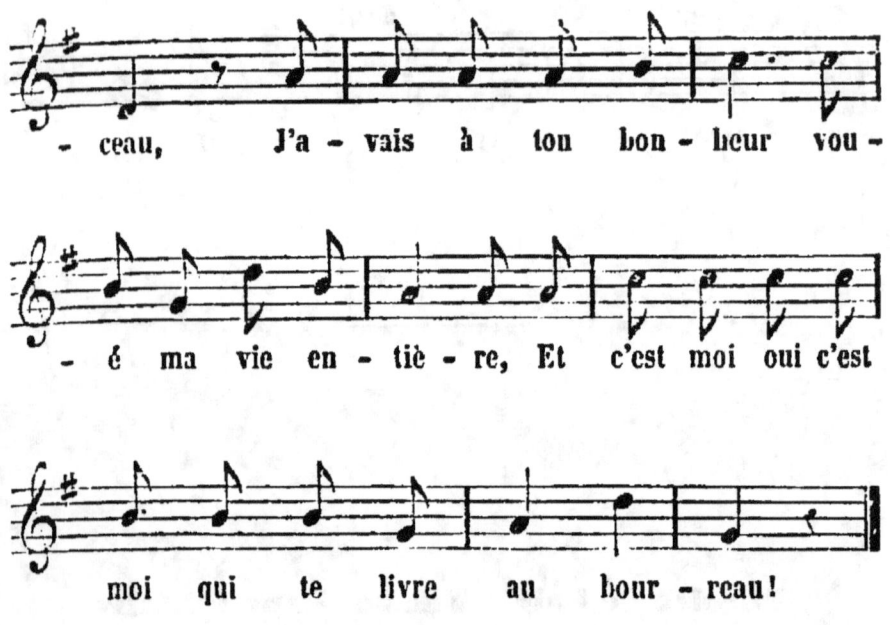

Ces deux exemples grimaçants, dans lesquels une musique nouvelle et spéciale, substituée à la noble inspiration de Rouget de l'Isle et de M. Halévy, se trouve accolée à des vers pleins d'enthousiasme et de tendresse, forment le pendant de l'hymne de Marcello, que j'ai cité en commençant ce livre. Dans ce morceau trop célèbre, une mélodie d'une jovialité bouffonne fut composée par l'auteur pour une ode italienne d'un style élevé et grandiose; et c'est en adaptant des paroles joviales au chant de Marcello, que j'ai établi une concordance parfaite entre la musique et les vers.

Cette irrévérencieuse plaisanterie, qui n'ôte rien à mon admiration pour les belles œuvres de Marcello, ne choquera pas plus les athées de l'expression que la parodie de *la Marseillaise* et celle de l'air d'Éléazar, puisque, à les en croire, toutes paroles vont également bien sous toute musique.

Voici le thème du compositeur vénitien avec le double texte *des poëtes* :

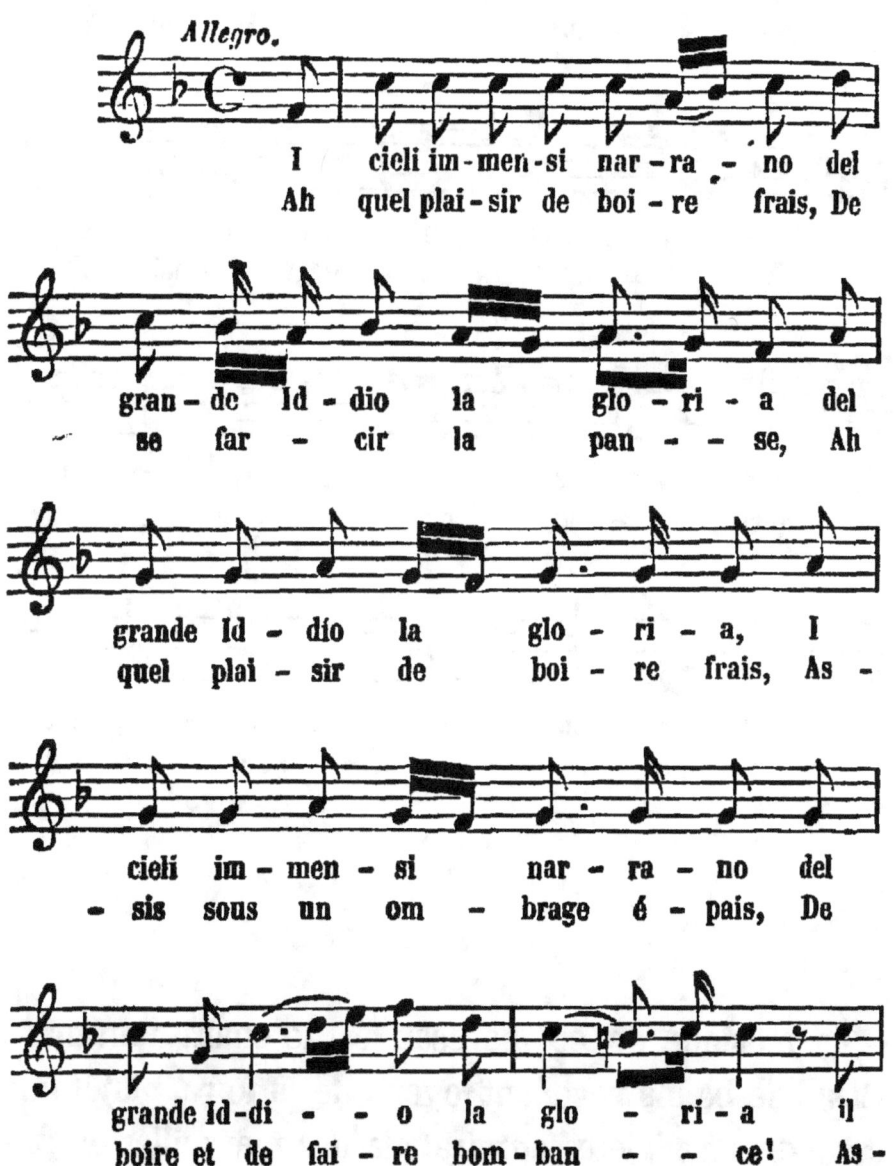

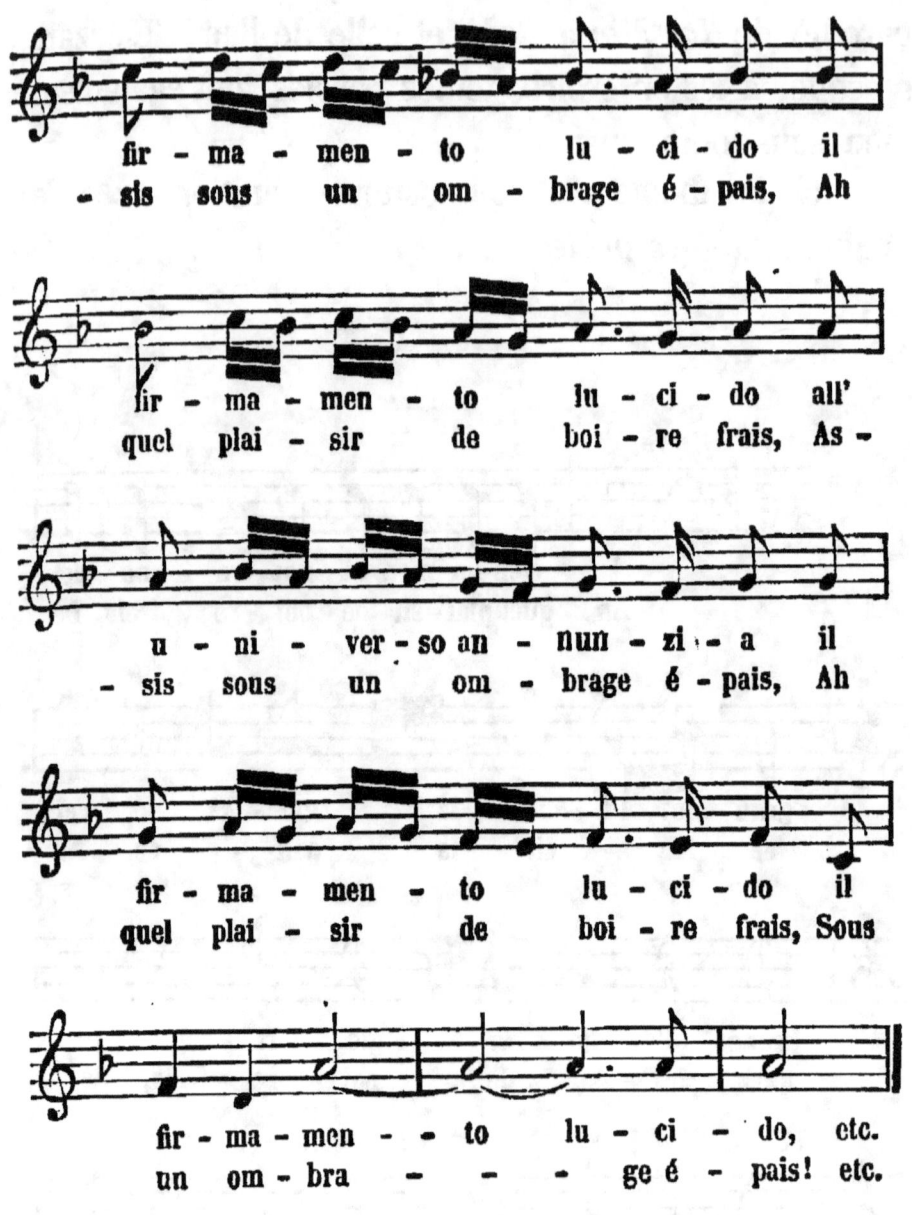

La musique de ce morceau est le chant d'un marchand de bœufs revenant joyeux de la foire, plutôt que celui d'un religieux admirateur des merveilles du firmament. Les athées de l'expression n'admettent point qu'il puisse exister entre deux chants de cette espèce la moindre différence de caractère.

Marcello a produit un grand nombre de très-beaux pseaumes, de véritables odes, qui lui valurent le glorieux surnom de Pindare de la musique, mais on n'en chante aucun. Il eut le malheur de laisser échapper de sa plume cette grotesque mélodie, on l'entend aujourd'hui partout; elle est devenue à Paris presque populaire.

Allons, les athées ont raison; écrions-nous avec Cabanis : « Je jure qu'il n'y a point de Dieu. »

Le vrai est le faux, le faux est le vrai ! L'horrible est beau, le beau est horrible !

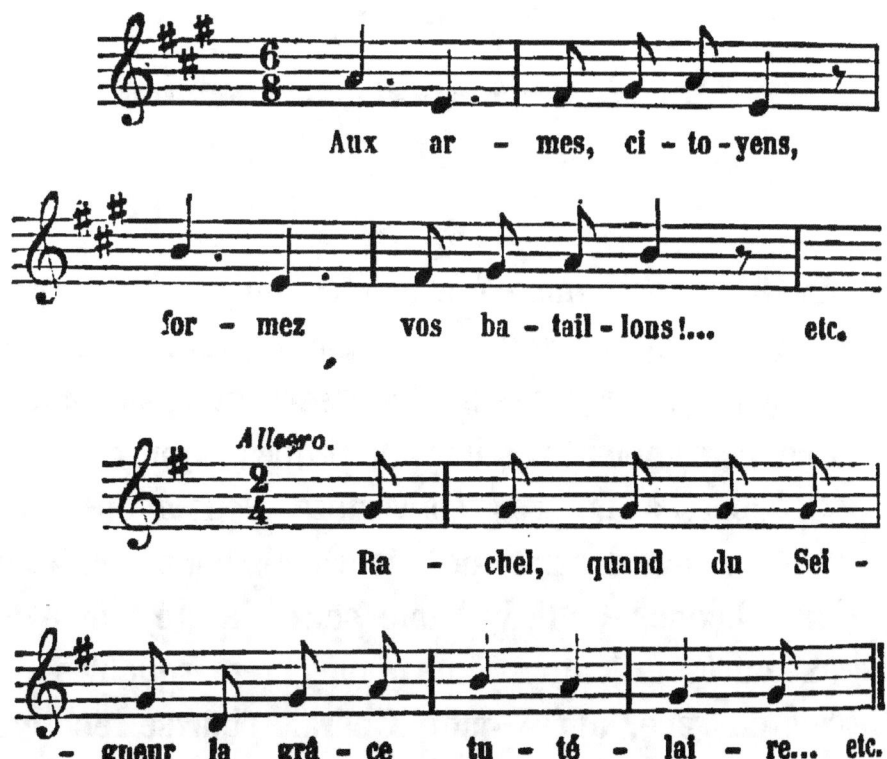

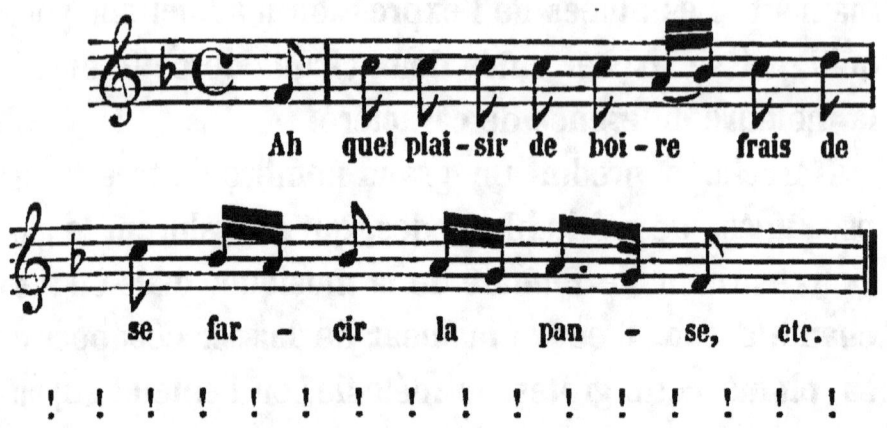

Ah quel plai-sir de boi-re frais de se far-cir la pan-se, etc.
! ! ! ! ! ! ! ! ! ! ! ! ! ! ! !

Mme Stoltz, Mme Sontag. — Les Millions.

En 1854, après une clôture assez longue, le théâtre de l'Opéra, fit sa réouverture par la reprise de *la Favorite*. J'écrivis à ce sujet les observations suivantes, qui ne me semblent pas hors de propos aujourd'hui.

« L'Opéra a fait sa réouverture. Nous avons revu Mme Stoltz plus dramatique que jamais dans son beau rôle de Léonor. Cette brillante soirée a été suivie de deux autres exécutions non moins remarquables du même ouvrage, après quoi l'Opéra, pour se reposer, nous a donné une fois *le Maître chanteur,* de M. Limnander, partition dans laquelle se trouvent de charmantes choses qu'on ne remarque point assez, à mon sens. Après *le Maître chanteur* est venue *la Reine de Chypre,* où Mme Soltz a reconquis les honneurs du triomphe, au son des trompettes du théâtre, aux bouquets des loges d'avant-scène, aux acclamations enthousiastes de tous. Le monde entier de l'Opéra s'en est mêlé ; et je n'y étais pas ! Le fabuliste a raison, l'absence est le plus grand des maux, pour moi surtout qui jouis d'un guignon infatigable? Quand je suis à Paris, rien n'est plus terne ni plus stagnant que nos théâtres lyriques, et je n'ai pas plus tôt tourné les talons qu'on y tire des feux d'artifice merveilleux, et que les chandelles romaines du succès y montent au ciel de l'art par myriades.

Mme Stoltz n'a rien perdu de sa voix ni de sa verve brûlante, c'est ce que chacun dit ; mais je lui dirai, moi, qu'elle se prodigue, qu'elle met trop de voiles au vent, qu'elle donne trop de son âme, qu'elle se tue, qu'elle se brûle par les deux bouts. Il faut faire vie qui dure, et notre public de l'Opéra n'est pas habitué à un tel luxe d'élans dramatiques, à une telle profusion d'accents passionnés. Il y a beau temps qu'il avait fait son deuil de toutes ces choses; ne souffrons pas qu'il en reprenne l'habitude. Mme Stoltz pourrait, elle le devrait même en se bornant, au tiède nécessaire, se dire encore ce que disait Rossini : *E troppo bono per questi,* etc. »

D'illustres exemples d'illustrissimes cantatrices prouvent surabondamment ce que j'avance. L'une supprime une partie des phrases de ses plus beaux airs, elle compte des pauses pour ne pas se fatiguer, et s'abstient dans presque tout le reste de ses rôles d'articuler les paroles ; vocaliser est plus facile, même quand on ne sait pas vocaliser. L'autre s'arme d'un calme monumental, d'un froid de marbre, et vous récite de la passion comme Bossuet récitait ses sermons, sans gestes, sans mouvements, sans varier l'accentuation de son débit, en maintenant toujours ce qu'elle croit être son âme au degré de chaleur modérée recommandé par les professeurs d'hygiène. Et voilà comme on fait les bonnes maisons ! Aussi ces cantatrices ménagères vivent beaucoup plus longtemps que ne vivent les roses, elles n'acceptent que des centaines de mille francs, achètent des châteaux, en bâtissent en France, et deviennent marquises ou duchesses. Tandis que Mme Stoltz, qui n'a peut-être encore bâti de châteaux qu'en Espagne et ne possède pas le moindre titre dont elle puisse faire précéder son nom est forcée d'accepter des cinquantaines de mille francs, des misères, pour se consumer comme elle le fait dans la flamme de son inspiration. Voyez, la voilà obligée déjà par les fatigues d'un seul mois de demander un congé, et d'aller chercher de nouvelles forces sous le ciel doux et bienfaisant de l'Angleterre. Qu'elle y profite aux moins des bons exemples que Londres ne lui refusera point C'est là qu'on voit des cantatrices dont l'âme n'use pas le fourreau; c'est là que les artistes ardentes apprennent à se tremper dans les ondes stygiennes de bons gros oratorios d'où elles sortent froides, rigides et inaccessibles à l'émotion.

Cela vaut mieux, en tout cas, beaucoup mieux que d'aller courir au delà de l'Océan chez les peuples intertropicaux et plus ou moins anthropophages. Quel besoin de musique peuvent avoir les sauvages? et quel charme pouvez-vous trouver à leurs détellements de chevaux, à leurs bouquets de diamants, quand le choléra, quand le *vomito nero,* quand la fièvre jaune, dardant sur vous leurs yeux vitreux, sont là mêlés au cortége de vos adorateurs? Mme Stoltz est revenue une fois déjà de Rio de Janeiro, il est vrai, mais Mme Sontag est restée à Mexico, bien morte, la malheureuse femme, elle n'en reviendra pas.

Où l'aiglonne a passé le rossignol demeure.

Pauvre Sontag! aller mourir si tristement, si absurdement, loin de l'Europe, qui seule pouvait savoir quelle artiste elle était!

On m'a reproché de ne lui avoir pas payé le moindre tribut de regrets. Ce n'est pas au moins qu'une telle perte m'ait trouvé insensible, je puis le dire. Je connais toute l'étendue du malheur qui en frappant l'incomparable cantatrice a frappé l'art musical. Mais on fait journellement tant d'étalage de douleurs mensongères, on a tant abusé du prétexte de la mort pour illustrer des médiocrités, que l'élégie, devenue lieu commun, me fait peur, surtout quand il s'agit de parler de choses et d'êtres essentiellement dignes d'admiration. Je ne sais bien faire d'ailleurs qu'une espèce d'oraison funèbre, celle des artistes médiocres vivants.

Et puis, le dirai-je? je blâmais en ma conscience cette course au million entreprise par Mme Sontag, et poursuivie jusqu'au sommet des Andes. Je ne pouvais me faire à la voir si âpre au gain, elle, une artiste, une artiste sainte, possédant réellement tous les dons de l'art et de la nature : la voix, le sentiment musical, l'instinct dramatique, le style, le goût le plus exquis, la passion, la rêverie, la grâce, tout, et quelque chose de plus que tout. Elle chantait les bagatelles sonores, elle jouait avec les notes comme jamais jongleur indien ne sut jouer avec ses boules d'or ; mais elle chantait aussi la musique, la grande musique immortelle, comme les musiciens rêvent parfois de l'entendre chanter. Oui, elle pouvait tout interpréter, même les chefs-d'œuvre ; elle les comprenait comme si elle les eût faits. Je n'oublierai jamais mon étonnement un soir à Londres. J'assistais à une représentation du *Figaro* de Mozart. Quand, dans la scène nocturne du jardin, Mme Sontag vint soupirer ce divin monologue de femme amoureuse que je n'avais jusque-là jamais entendu que grossièrement exécuté; à cette mezza voce si tendre, si douce et si mystérieuse en même temps, cette musique secrète, dont j'avais pourtant le mot, me parut mille fois plus ravissante encore. Enfin, pensai-je, car je n'avais garde de me récrier, enfin voilà l'admirable page de Mozart fidèlement rendue! Voilà le chant de la solitude, le chant de la rêverie voluptueuse, le chant du mystère et de la nuit; c'est ainsi que doit s'exhaler la voix d'une femme dans une scène pareille; voilà le clair-obscur de l'art du chant, la demi-teinte, le *piano* enfin, ce piano, ce pianissimo que les compositeurs obtiennent des orchestres de cent musiciens, des chœurs de deux cents voix, mais que, ni pour or, ni pour couronnes, ni par la flatterie, ni par la menace, ni par les caresses, ni par les coups de crava che, ils ne pourraient obtenir de la plupart des cantatrices, savantes ou inhabiles, italiennes ou françaises, intelligentes ou sottes, humaines ou divines. Presque toutes vocifèrent plus ou moins avec la plus exaspérante obstination; elles ne sauraient s'aventurer au delà du mezzo forte, ce juste-milieu de la sonorité; elles semblent craindre de n'être pas entendues. Eh! malheureuses, nous ne vous entendons que trop! Oui, l'Allemande Sontag nous avait enfin rendu le chant secret, le chant de l'*a parte*, le chant de l'oiseau caché sous la feuillée, saluant le crépuscule du soir. Elle connaissait cette nuance exquise dont la simple apparition donne aux auditeurs bien organisés un frisson de plaisir à nul autre comparable; elle chantait *piano* aussi finement, aussi sûrement, aussi mystérieusement que le font vingt bons violons avec sourdines dirigés par un habile chef; elle savait enfin tout l'art du chant...

Admirable Sontag!... Elle eût été Juliette, s'il eût

existé un opéra de Roméo shakspearien... elle fût sortie triomphante de la scène du balcon ; elle eût bien dit le fameux passage :

> J'ai oublié pourquoi je t'ai rappellé :
> Reste, mon Roméo, jusqu'à ce qu'il m'en souvienne ;

elle eût été digne de chanter l'incomparable duo d'amour du dernier acte du *Marchand de Venise* :

« Ce fut par une nuit semblable que la jeune Cressida, quittant les tentes des Grecs, alla rejoindre aux pieds des murs de Troie Troïlus son amant. »

Quelque invraisemblable que cela puisse paraître, Mme Sontag, je le crois, eût pu chanter Shakspeare. Je ne connais pas d'éloge comparable à celui-là.

Et pour quelques milliers de dollars !... aller mourir...

Auri sacra fames !...

Mais quel besoin d'avoir tant d'argent quand on n'est qu'une cantatrice ? Quand vous avez maison de ville, maison de campagne, l'aisance, le luxe, le sort de vos enfants assuré, que vous faut-il donc de plus? Pourquoi ne pas se contenter de cinq cent mille francs, de six cent mille francs, de sept cent mille francs ? Pourquoi vous faut-il absolument un million, plus d'un million? C'est monstrueux cela, c'est une maladie.

Ah ! si vous ambitionnez de faire de grandes choses

dans l'art, à la bonne heure; gagnez des millions tant que vous pourrez; pourtant arrêtez-vous à temps pour conserver les forces nécessaires à la tâche que vous vous êtes proposé d'accomplir. Tâche royale que nul roi n'a encore envisagée dans son ensemble. Oui, gagnez des millions, et alors nous pourrons voir un vrai théâtre lyrique où l'on exécutera dignement des chefs-d'œuvre, de temps en temps, et non trois fois par semaine; où les barbares à aucun prix ne pourront être admis; où il n'y aura pas de claqueurs; où les opéras seront des œuvres musicales et poétiques seulement; où l'on ne se préoccupera jamais de la valeur en écus de ce qui est beau. Ce sera un théâtre d'art et non un bazar. L'argent y sera le moyen et non le but.

Gagnez des millions, et vous établirez un gigantesque Conservatoire, où l'on enseignera tout ce qu'il est bon de savoir en musique et avec la musique; où l'on formera des musiciens artistes, lettrés, et non des artisans; où les chanteurs apprendront leur langue, et l'histoire et l'orthographe, avec la vocalisation, et même aussi la musique, s'il se peut; où il y aura des classes de tous les instruments utiles sans exception, et vingt classes de rhythme; où l'on formera d'immenses corps de choristes ayant de la voix et sachant réellement chanter et lire et comprendre ce qu'ils chantent; où l'on élèvera des chefs-d'orchestre qui ne frappent pas la mesure avec le pied et sachent lire les grandes partitions; où l'on professera la philosophie et l'histoire de l'art, et bien d'autres choses encore.

Gagnez des millions et vous construirez de belles salles de concerts faites pour la musique et non pour des bals et des festins patriotiques, ou destinées à devenir plus tard des greniers à foin.

Vous y donnerez de véritables concerts, rarement; car la musique n'est pas destinée à prendre place parmi les jouissances quotidiennes de la vie, comme le boire, le manger, le dormir; je ne sais rien d'odieux comme ces établissements où bouillotte invariablement chaque soir le pot au feu musical. Ce sont eux qui ruinent notre art, le vulgarisent, le rendent plat, niais, stupide, qui l'ont réduit à n'être plus à Paris, qu'une branche de commerce, que l'art de l'épicerie en gros.

Gagnez des millions et vous détruirez d'une main en édifiant de l'autre, et vous civiliserez artistement une nation. Alors on vous pardonnera votre richesse et l'on vous louera même d'avoir pris tant de peine à l'acquérir, d'être allée la chercher à Mexico, à Rio, à San-Francisco, à Sydney, à Calcutta.

Mais, du diable si un tel rêve préoccupe jamais une cantatrice ni un chanteur à millions; et je suis bien sûr que ceux qui vont lire cette inconvenante sortie, si tant est que j'aie des lecteurs parmi les gens à millions, vont me regarder comme le plus rare imbécile. Imbécile, oui, mais rare, non. Nous sommes par le monde un assez bon nombre de gens de cette trempe, dont le mépris pour les millions inintelligents est cent millions de fois plus vaste et plus profond que l'Océan.

Il faut en prendre votre parti et ne pas trop vous brûler la cervelle, si vous en avez, pauvres millionnaires !

Heur et malheur.

Il y eut au siècle dernier une cantatrice adorée, parfaitement inconnue aujourd'hui. Elle se nommait Tonelli. Fut-elle une de ces éphémères immortelles, fléaux de la musique et des musiciens, qui, sous le nom de prime donne ou de dive, mettent tout en désarroi dans un théâtre lyrique, jusqu'au moment où quelque homme d'acier fin, compositeur ou chef d'orchestre, se met en travers de leurs prétentions, et, sans efforts ni violence, coupe net leur divinité? Je ne crois pas. Il semble, au contraire, à en juger par ce qu'ont dit d'elle Jean-Jacques Rousseau et Diderot, que cette cantatrice italienne ait été une gracieuse et simple fille, pleine de gentillesse, dont la voix avait tant de charme, qu'à l'entendre dans ces petits opéras vagissants qu'on appelait alors *opere buffe*, les hommes d'esprit de ce temps-là s'imaginaient déguster d'excellente musique, des mélodies exquises, des accents dignes du ciel. Oh! les bons hommes, les dignes hommes que les hommes d'esprit de ce siècle philosophique, écrivant sur l'art musical sans en avoir le moindre sentiment, sans en posséder les notions premières, sans savoir en quoi il consiste! Je ne dis pas cela pour Rousseau, qui en possédait, lui, les notions premières. Et pourtant que d'étonnantes plaisanteries ce grand écrivain a mises en circulation et auxquelles il a donné une autorité qui subsiste encore et que les axiomes du bon sens n'acquerront jamais!

C'est si commode, convenons-en, de trouver sur un art ou sur une science des opinions toutes faites et signées d'un nom illustre! On s'en sert comme de billets de banque dont la valeur n'est pas discutable. O philosophes! prodigieux bouffons! Mais ne rappelons, à propos de la Tonnelli, que l'enthousiasme excité à Paris sous son règne par les bouffons italiens. A lire le récit des extases de leurs partisans, à voir la rudesse avec laquelle ces connaisseurs traitent un grand maître français, Rameau, ne dirait-on pas que les œuvres des compositeurs italiens de ce temps, de Pergolèse surtout, débordaient de sève musicale, que le chant, un chant de miel et de lait, y coulait à pleins bords, que l'harmonie en était céleste, les formes d'une beauté antique?... Je viens de relire la *Serva Padrona*. Non... jamais... mais, tenez, vous ne me croiriez pas. Voir remettre en scène cet opéra tant prôné et assister à la première représentation de cette reprise serait un plaisir digne de l'Olympe.

Ce qui n'empêchera pas le nom de Pergolèse de rester un nom illustre pendant longtemps encore ; tandis qu'un autre Italien qui possédait réellement au plus haut degré le don de la mélodie expressive et facile, Della Maria, qui écrivit pour le théâtre Feydeau de si charmantes petites partitions dont la grâce est encore fraîche et souriante, est à peu près oublié maintenant. On connaît ses jolis airs, on ignore son nom.

Rousseau, Diderot, le baron de Grimm, Mme d'Epinay et toute l'école philosophique du siècle dernier ont vanté Pergolèse, et aucun philosophe de notre siècle n'a parlé de Della Maria. C'est la cause... Ah ! jeunes élèves ! jeunes maîtres ! jeunes virtuoses ! jeunes compositeurs ! membres et lauréats de l'Institut, profitez de l'exemple, tâchez de ne pas vous mettre mal avec nous autres philosophes du temps présent ; gardez-vous de notre malveillance, ne faites rien pour nous blesser. Si vous donnez des concerts, n'allez pas oublier de nous y faire assister, et qu'ils ne soient pas trop courts ; invitez-nous à vos répétitions générales, à vos distributions de prix ; ne négligez pas de venir à domicile nous chanter vos romances, nous jouer vos messes et vos polkas. Car il n'y a pas de philosophie qui tienne, nous nous vengerions en refusant à votre nom une place dans nos œuvres sublimes ; nous vous ferions la guerre du silence, la pire de toutes les guerres, souvenez-vous-en. Plus de gloire, plus d'immortalité, plus rien ; et dans trois mille ans, eussiez-vous écrit chacun trois douzaines d'opéras comiques, on ne parlerait pas même de vous autant qu'on parle aujourd'hui de ce pauvre Della Maria.

Les dilettanti du grand monde
Le poëte et le cuisinier

On entend souvent les gens du monde se plaindre de la longueur des grands opéras, de la fatigue causée à l'auditeur par ces œuvres immenses, de l'heure avancée de la nuit où s'achève leur représentation, etc., etc. En réalité pourtant ces mécontents ont tort de se plaindre ; il n'y a pas d'opéras en cinq actes pour eux, mais seulement des opéras en trois actes et demi. Le public élégant étant dans l'usage de ne paraître à l'Opéra que vers le milieu du second acte et quelquefois plus tard, que l'on commence à sept heures, à sept heures et demie ou à huit heures, peu importe, il ne se montrera pas dans les loges avant neuf heures. Il n'en est pas moins sans doute désireux d'avoir des places aux premières représentations, mais ce n'est point l'indice de son empressement à connaître l'œuvre, qui l'intéresse fort médiocrement ; il s'agit d'être vu dans la salle ce soir-là et de pouvoir dire : *J'y étais,* en ajoutant quelque opinion superficielle sur la nature de l'ouvrage nouveau et une appréciation telle quelle de sa valeur ; voilà tout. Aujourd'hui un compositeur qui aurait écrit un premier acte admirable peut être certain de le voir exécuté devant une salle aux trois quarts vide, et d'obtenir seulement le suffrage de MM. les claqueurs, qui sont à leur poste longtemps avant le lever du rideau. On donne à peine maintenant un grand opéra tous les deux ans ; le public fashionable aurait donc à déroger à ses habitudes une fois en deux ans pour entendre dans son entier, à sa première représentation, une production de cette importance ; mais cet effort est trop grand et la plus miraculeuse inspiration d'un grand musicien ne ferait pas ce monde, qui passe pour beau et poli, avancer seulement d'un quart d'heure..... le dîner de ses chevaux.

Il est vrai que les auteurs ont le droit de se consoler de cette discourtoise indifférence par une indifférence plus grande encore, et de dire : « Qu'importe l'absence des locataires des stalles d'amphithéâtre et des premières loges ? le suffrage d'amateurs de cette force n'a pour nous aucune valeur. »

Il en est de même presque partout. Combien de fois n'avons-nous pas vu les gens naïfs s'indigner au Théâtre-Italien, quand on y représentait le *Don Gio-*

vanni, de la précipitation avec laquelle les premières loges se vidaient au moment de l'entrée de la statue du commandeur. Il n'y avait plus de cavatines à entendre. Rubini avait chanté son air, il ne restait que la dernière scène (le chef-d'œuvre du chef-d'œuvre), il fallait donc partir au plus vite pour aller prendre le thé.

Dans une grande ville d'Allemagne où l'on passe pour aimer sincèrement la musique, l'usage est de dîner à deux heures. La plupart des concerts de jour commencent en conséquence à midi. Mais si à deux heures moins un quart le concert n'est pas terminé, restât-il à entendre un quatuor chanté par la Vierge Marie et la sainte Trinité et accompagné par l'archange Michel, les braves dilettanti n'en quitteront pas moins leur place, et, tournant tranquillement le dos aux virtuoses divins, ne s'achemineront pas moins impassibles vers leur pot-au-feu.

Tous ces gens-là sont des intrus dans les théâtres et dans les salles de concerts;

> L'art n'est pas fait pour eux, ils n'en ont pas besoin.

Ce sont les descendants du bonhomme Chrysale :

> Vivant de bonne soupe et non de beau langage,

et Shakspeare et Beethoven sont fort loin à leurs yeux d'avoir l'importance d'un bon cuisinier.

Les bois d'orangers, le gland et la citrouille.

Nos auteurs de vaudevilles et d'opéras comiques ne manquent jamais de placer des bois d'orangers à tout bout de champ, si l'action de leur pièce se passe en Italie.

L'un d'eux eut l'idée d'en placer un dans le voisinage de la grande route qui va de Naples à Castellamare. Ce bois-là ne pouvait manquer de m'intriguer beaucoup. Où donc est-il caché? J'eusse été si heureux de le trouver et de m'endormir sous son ombre parfumée, quand je fis à pied, en 1832, le voyage de Castellamare, par une chaleur de deux cent vingt-trois degrés, et caché, comme un dieu d'Homère, dans un nuage... de poussière ardente. Bah! pas plus de bois d'orangers que dans le jardin de la Tauride à Saint-Pétersbourg, ou dans la plaine de Rome. Mais c'est une idée indéracinable de la tête de tous les hommes du Nord qui ont lu la fameuse chanson de Gœthe : *Connais-tu le pays où fleurit l'oranger?* que cet arbre fruitier pousse en Italie comme poussent en Irlande les pommes de terre. On a beau leur dire: L'Italie est grande, elle commence en deçà des Alpes et finit aux îles Lipari. Chambéry est en Savoie, la Savoie fait partie du royaume de Sardaigne, la Sardaigne est en Italie, les Savoyards sont pourtant très-peu Italiens. Or s'il y a réellement de vastes et magnifiques bois d'orangers dans l'*île* de Sardaigne, s'il s'en trouve même un assez joli dans un enclos de Nice, sur la rive droite du Payon, il ne faut pas s'attendre à rencontrer le jardin des Hespérides à Suze ni à Saint-Jean de Maurienne.

N'importe! il y a peut-être aujourd'hui des bois d'orangers sur la route de Castellamare; car quand ces bois-là se mettent à pousser quelque part, ils poussent vite; il ne s'agit que de commencer.

En tout cas, il n'y a pas, à coup sûr, de bois de citronniers. Il serait impie de le croire.

— Pourquoi cela?

— Pourquoi? Vous n'avez donc jamais lu la fable *le Gland et la Citrouille?* Vous ignorez donc que les citrons, au lieu d'être ronds comme les oranges, sont armés d'une protubérance fort dure, qui pourrait, si le fruit tombait sur la figure d'un voyageur endormi au pied du citronnier, lui crever un œil. La Providence sait ce qu'elle fait. L'auteur de l'apologue que je viens de citer le démontre clairement : *Si Dieu a suspendu aux branches du chêne,* dit-il, *un fruit léger, quand la citrouille monstrueuse, plus convenable en apparence à un arbre puissant, repose à terre entre les feuilles d'une misérable herbe rampante, c'est afin de préserver les gens tentés de s'endormir au pied du chêne, d'avoir le nez écrasé par la chute de la citrouille.*

Sans doute il y a dans les contrées intertropicales beaucoup d'autres arbres, des cocotiers, par exemple, et des calebassiers, portant des fruits très-lourds, dangereux pour le nez de l'homme; mais les moralistes ne sont point obligés de tenir compte de ce qui se passe aux antipodes. Que de gens de toutes couleurs on y voit d'ailleurs qui ont le nez écrasé de père en fils!

Les passades.

Les personnes qui s'absentent de Paris pour un temps plus ou moins long sont tout étonnées, à leur retour, de la persistance avec laquelle les pâtissiers font chaque jour les mêmes brioches, les petits théâtres lyriques produisent le même opéra comique nouveau, et de l'obstination du grand Opéra à jouer les mêmes anciens ouvrages.

Quant à la persistance des pâtissiers et des petits théâtres lyriques à produire toujours le même opéra-comique nouveau et les mêmes brioches, elle n'a rien d'étonnant; on a trouvé depuis longtemps le procédé qui assure le plus haut degré de perfection à ces agréables produits : pourquoi en changerait-on? Là surtout le mieux serait l'ennemi du bien. L'important pour les consommateurs, c'est que le four soit bon, et que brioches et opéras, toujours servis frais, restent en conséquence très-peu de temps en étalage. Ce système est l'inverse de celui du grand Opéra, où l'on étalera certains ouvrages jusqu'à ce que les abonnés ne puissent plus y mordre, faute de dents.

On appelle *passade*, dans les écoles de natation, l'opération au moyen de laquelle un nageur fait passer entre ses jambes le nageur qui se trouve devant lui, et, appuyant la main sur sa tête, le pousse brusquement au fond de l'eau. C'est précisément ce qui se pratique depuis un temps immémorial à l'Opéra-Comique et au Théâtre-Lyrique; à peine un baigneur avec sa ceinture de sauvetage (sans laquelle il ne surnagerait pas) parvient-il à montrer sa tête au-dessus du courant, qu'un autre lui donne la passade. Le malheureux qui la reçoit disparaît aussitôt; il se remontre quelquefois à demi-mort, s'il a une bonne haleine, mais c'est rare; pour l'ordinaire, il est noyé du coup.

Le public se divertit fort de ces facéties nautiques; sans le spectacle des passades, les écoles de natation seraient peu fréquentées. Cela s'appelle *varier le répertoire*. A l'Opéra, où l'on ne donne pas de passades, et où les ouvrages, quand ils ne coulent pas à fond tout seuls,

Apparent rari nantes

et flottent tranquillement comme des bouées dans un

port, on s'obstine seulement à *maintenir le répertoire*. Ces divers systèmes, en dernière analyse, sont tous bons, puisque le public afflue partout; boutiques de pâtissiers, théâtres lyriques grands et petits, ne désemplissent pas; on consomme, on consomme, et tout le monde est content, excepté les noyés.

Sensibilité et laconisme.
Une oraison funèbre en trois syllabes.

Cherubini se promenait dans le foyer de la salle des concerts du Conservatoire pendant un ent'racte. Les musiciens autour de lui paraissaient tristes : ils venaient d'apprendre la mort de leur confrère Brod, virtuose remarquable, premier hautbois de l'Opéra. L'un d'eux, s'approchant du vieux maître : « Eh bien, M. Cherubini, nous avons donc perdu ce pauvre Brod!... — Eh!... quoi? — (Le musicien élevant la voix :) Brod, notre camarade Brod... — Eh bien? — Il est mort! — Euh! petit son!

VOYAGES EN FRANCE

CORRESPONDANCE ACADÉMIQUE

A M. M*****, académicien libre.

Marseille. — Un concert. — Le conducteur d'omnibus. — Son discours. — Sa trompette. — L'amateur content. — L'amateur mécontent.

Paris, 18...

Je me lève au soleil *naissant*, léger, joyeux, dispos et bien portant; absolument comme le financier des *Prétendus*, ce chef-d'œuvre des flons-flons grotesques, qui éclipsa par son succès *Iphigénie en Tauride*, et qui rapporta à Lemoine (l'auteur des *Prétendus* s'appelait Lemoine) plus d'argent que n'en produisirent tous les opéras de Gluck. Nouvelle preuve que les jours se suivent et se ressemblent.

Je me sens donc tout prêt à vous écrire mille folies. C'est la suite du songe extravagant dont notre amie la fée Mab m'a gratifié. J'ai rêvé que je possédais six cents millions, et que j'avais, du soir au lendemain, au moyen d'arguments irrésistibles, engagé pour moi seul tous les chanteurs et instrumentistes de talent qui existent à Paris, à Londres et à Vienne, y compris Jenny Lind et Pischek; d'où était résultée la clôture immédiate de tous les théâtres lyriques de ces trois capitales. Vous étiez régisseur général de mes forces musicales; nous nous entendions à merveille. Nous avions un théâtre magnifique et une splendide salle de concerts, où deux fois par mois seulement on exécutait les chefs-d'œuvre tels que les auteurs les écrivirent, avec une fidélité, une pompe, une grandeur et une inspiration jusqu'à présent inconnues. Nous choisissions nous-mêmes notre auditoire, et pour rien au monde un crétin comme il y en a tant n'eût été admis. L'un d'eux, qui, par amour-propre, avait corrompu un contrôleur, et pour cinquante mille francs s'était fait introduire clandestinement dans une loge, fut aperçu par les artistes, au moment où le premier acte d'*Alceste* allait commencer, et contraint de sortir au milieu des huées. Vous bondissiez de colère; moi j'avais pitié du pauvre homme, trouvant que son humiliation avait été trop forte, et qu'il eût été plus simple de le faire extraire doucement par quatre portefaix sans tant de bruit.

Et nous parlions l'anglais comme Johnson, et nous faisions jouer sur notre théâtre les drames de Shakspeare, sans corrections ni coupures, par Brooke, Macready et les premiers acteurs des trois royaumes; et nous avions des vertiges d'admiration.

Nous avions, en outre, organisé une bande de siffleurs, de hueurs et de conspueurs, pour interdire les symphonies dans les entr'actes du Théâtre-Français, les couplets ou les ouvertures dans les vaudevilles; et au bout de quelques soirées orageuses, où force était restée au bon sens et au bon goût, on avait définitivement reconnu impossible la continuation de ces horribles stupidités; et l'art musical n'avait plus à subir de pareils outrages.

A ce moment-là j'ai été réveillé en sursaut; on venait me chercher de la part du comité de l'Association des artistes-musiciens pour travailler aux préparatifs d'une *fête dansante* que la Société s'est un instant proposé de donner dans le jardin Mabille, sous la direction de Musard, et avec le concours de toutes les Lorettes de Paris. Le contraste de mon rêve et de cette réalité m'a paru si excessivement bouffon que j'en ai ri jusqu'aux spasmes, et que je suis resté dans les dispositions d'hilarité avec lesquelles je continuerai ma lettre, si vous le voulez bien. Et vous le voudrez, n'est-ce pas? Il est reconnu depuis longtemps que nous ne pouvons causer ensemble sans rire; et si découragé ou si indigné que je sois,

Mon chagrin disparaît sitôt que je vous vois.

Quel changement! Vous rappelez-vous le temps où vous m'éreintiez avec tant de plaisir dans vos feuilletons du *Courrier français?* Que de bonnes folies vous avez imprimées sur mes *tendances* et mes *extravagances!* Je vous envie les heureux moments que vous avez dû passer à me fustiger de la sorte ; car cela doit être vraiment délicieux de flageller ainsi quelqu'un sans colère, de sang-froid, en riant, pour faire un simple exercice d'esprit. Ce n'est pas que votre esprit ait jamais eu besoin de beaucoup d'exercice ; il n'était que trop ingambe, trop alerte, trop délié et trop bien aiguisé, il m'en souvient. Vous m'inspiriez, je l'avoue, une inquiétude extrême ; et je me trouvai fort mal à l'aise le soir où notre ami Schlesinger, avec son aplomb ordinaire, me présenta à vous au bal masqué de l'Opéra. L'occasion d'ailleurs était étrangement choisie, car nous étions venus tous les trois pour assister à la *charge* de ma personne et de ma symphonie fantastique, qui allait être faite en forme d'intermède musical par Arnal et Adam. Ce dernier avait écrit une symphonie grotesque dans laquelle il faisait la caricature de mon instrumentation, et Arnal me représentait, moi, l'auteur de l'œuvre, la faisant répéter. J'adressais aux musiciens une allocution sur la puissance expressive de la musique, et je démontrais que l'orchestre peut tout exprimer, tout dire, tout enseigner, *même l'art de mettre sa cravate.*

C'est M. Véron, alors directeur de l'Opéra, qui avait eu l'idée de ce divertissement. Il m'a plus tard fait chaudement louer dans le *Constitutionnel.* Le remords le dévorait...

Arnal est devenu un des habitués de mes concerts; il s'est cru obligé en conscience de les suivre. C'est un homme d'honneur...

Adam est un bon enfant; il s'est repenti, dix ans après, d'avoir accepté cette tâche de caricaturiste; et depuis lors, il n'a plus *chargé* que l'orchestre de Grétry et de Monsigny. . . . .
. . . .

Quant à vous, vous êtes resté, ce me semble, le même homme d'esprit sans fiel que je n'ai pas connu jadis, et je suis bien heureux, maintenant que je vous connais, de pouvoir quelquefois me livrer avec vous à ces bons rires homériques qui font tout oublier.

J'avoue pourtant n'avoir pas retrouvé votre ancienne gaîté dans la lettre que vous m'avez écrite cet hiver à Londres, et à laquelle je réponds. J'en suis bien aise; car, en revoyant la belle France, j'ai senti, moi aussi, un singulier serrement de cœur, et mon rire n'est plus si facile. Rien d'ailleurs ne rend sérieux comme une banqueroute, et je viens d'en essuyer une assez désagréable, de l'autre côté du détroit.

Mais puisque vous m'avez demandé le récit de mon voyage en Angleterre, c'est celui d'une pérégrination musicale en France que je vous ferai. Je l'entrepris en 1845. Je n'avais alors de ma vie mis le pied dans une salle de spectacle ou de concerts française hors de Paris.

Je venais de donner quatre matinées festivalesques dans le Cirque des Champs-Élysées, et je sentais que les bains et les distractions, qui m'avaient remis sur pieds l'année précédente, après le festival de l'Industrie, me seraient encore fort utiles cette fois. Dès que j'en eus la conviction, je pris mon chapeau... et j'allai me baigner... à Marseille.

Quand j'eus bien nagé dans la Méditerranée, l'envie me prit de connaître la ville, et je pensai de prime abord au plus savant amateur de musique de la cité phocéenne, un de mes anciens amis, M. Lecourt, qui joue fort bien du violoncelle, qui possède par cœur tout Beethoven, qui fit cent cinquante lieues, il y a quelques années, pour venir entendre la première exécution d'un de mes ouvrages à Paris; inflexible dans ses convictions, disant tout franc ce qu'il pense, appelant chaque chose par son nom, écrivant comme il parle, pensant, parlant, écrivant et jouant juste, un cœur d'or sur la main. Je n'eus pas de peine à trouver sa demeure; il m'eût été plus difficile de rencontrer dans Marseille quelqu'un qui ne la connût pas. En m'apercevant:

« — C'est vous! bonjour! Qui diable a pu vous donner l'idée de venir faire de la musique à Marseille? et dans cette saison? et avec une telle chaleur? et avec les cafés et les indigos qui nous arrivent chaque jour dans le port?... Ah çà, vous êtes fou!...

— Eh! mais, c'est le directeur de votre théâtre qui m'a suggéré cette bonne idée. Dans dix jours nous donnerons un concert.

— Extravagance!

— Nous donnerons deux concerts! et si vous m'excitez encore, nous en donnerons trois, et vous jouerez un solo de violoncelle au quatrième! »

Il faut que vous sachiez, mon cher M***, que Marseille est la première ville de France qui comprit les grandes œuvres de Beethoven. Elle précéda Paris de cinq ans sous ce rapport; on jouait et on admirait déjà les derniers quatuors de Beethoven à Marseille, quand nous en étions encore à Paris à traiter de fou le sublime auteur de ces compositions extraordinaires. J'avais donc une raison pour croire à l'habileté d'un certain nombre d'exécutants et à l'intelligence de quelques auditeurs. Il y a d'ailleurs à Marseille plusieurs virtuoses amateurs dont j'espérais le concours, et qui ne me le refusèrent point en effet. De plus, le théâtre possédait à cette époque une troupe chantante bien composée, dans laquelle j'avais remarqué les noms d'Alizard, de Mlle Mainvielle Fodor et de deux soprani italiens souvent cités devant moi avec éloges.

A l'aide de M. Pépin, l'habile chef d'orchestre du théâtre, de M. Pascal, son premier violon, et de M. Lecourt, qui, malgré son opinion sur l'inopportunité de la tentative, ne m'aida pas moins activement à la mener à bien, ma troupe instrumentale fut bientôt composée. Il nous manqua seulement des trompettes, l'usage s'étant déjà introduit à cette époque, dans les plus grands orchestres de province, de jouer les parties de trompettes sur des cornets à pistons; abus inqualifiable et qu'en aucun cas et à aucunes conditions on ne devrait tolérer. Les chœurs du théâtre m'avaient été assez tièdement recommandés; mais, en revanche, je connaissais de nom la Société Trotebas, académie de chant d'hommes que la mort récente de son fondateur n'avait point détruite, et qui me vint en aide de la meilleure grâce, et fit, avec beaucoup de soin et de patience, de fort longues répétitions. Cette société, célèbre à juste titre dans le Midi, est composée de soixante membres, peu lecteurs, il est vrai, mais doués d'un instinct musical remarquable, de voix franches, sonores et d'un beau timbre. Ces messieurs exécutèrent ... morceaux avec verve et un sentiment des ... digne des plus grands éloges. Quant aux soprani, qui étaient ceux du chœur du théâtre, je fus obligé, pendant le concert, pour mettre un terme à leurs gémissements, de leur dire, avant de commencer un morceau où ils n'ont qu'à doubler à l'octave les ténors : « Mesdames, il y a une faute de copie dans vos parties de chant : il y manque, au début, trois cents pauses, veuillez les compter en silence, avec attention. » Il va sans dire que le morceau fut fini avant la trois-centième mesure, et qu'ainsi ces dames ne gâtèrent rien. Alizard eut les honneurs du chant.

Il y avait dans la salle à peu près huit cents personnes; mais Méry s'y trouvait, ce qui portait pour moi la somme des gens d'esprit et de goût réunis à deux mille tout au moins. L'auditoire fut attentif et souvent fort chaleureux; mais quelques parties de programme n'en soulevèrent pas moins, comme toujours en France, des discussions très-vives après le concert. Et voici comment j'en fus informé. Je revenais de la mer un soir, et, faute de place dans l'omnibus qui ramène les baigneurs à la ville, j'avais dû monter à côté du cocher, sur son siége. La conversation ne tarda pas à s'engager entre nous deux. Mon phaéton m'apprit les brillantes connaissances littéraires qu'il avait eu l'occasion de faire en allant et venant de Marseille à la Méditerranée.

« — Je connais bien Méry, me dit-il ; c'est un *crâne*, et il gagnerait gros d'argent s'il ne perdait pas son temps à écrire un tas de petites bêtises que les femmes elles lisent, et que j'en ris moi-même quelquefois comme un nigaud. Malgré ça, Méry est un homme de mérite, allez, et de Marseille. Je connais bien Alexandre Dumas et son fils. Dumas, il écrit des tragédies, qu'on dit, où l'on se tue comme des mouches, où l'on boit des bouteilles de poison. Malheureusement, depuis quelque temps, ils prétendent qu'il s'amuse aussi à écrire de ces romans, comme Méry, que l'on lit partout, que ça fait pitié !

— Vous êtes sévère pour ces deux poëtes, lui dis-je.

— Poëtes ! poëtes de qui ? poëtes de quoi ? Un poëte, c'est un homme qu'il fait rien que des vers ; M. Reboul, de Nîmes, est un poëte ; celui-là n'écrit pas de la prose. Mais je rends justice pourtant à Dumas, il nage, monsieur, il nage comme un roi, et son fils comme un dauphin. J'ai bien connu la Rachel.

— Mademoiselle Rachel de la Comédie-Française ?

—Oui, la tragédienne de la Comédie. Et même c'est à une de ses représentations que je prononçai ce fameux discours qu'il fit tant de bruit à Marseille dans le temps.

— Ah ! vous avez parlé en public !

— Eh donc, je parlerais bien devant quatre publics dans l'occasion. Voilà pourquoi je fis ce discours : la Rachel, en arrivant à Marseille, avait annoncé qu'elle jouerait *Bajazet*, de M. Racine, et qu'en entrant en scène, elle serait accompagnée de quatre Turs. Je vais au théâtre, elle entre, et nous ne voyons pas plus de trois turbans près d'elle. Oh ! oh ! que nous fîmes dans le parterre, il paraît que cette farceuse de Française elle veut se moquer des Marseillais. Je fais un signe, tout le monde il se tait ; je monte sur un banc, et je dis, fort : « Manque un Tur ! » Après ce discours-là, si vous aviez vu la salle, c'était terrible ! Ah ! la Rachel fut obligée de se retirer, on baissa la toile, et le directeur fit habiller le quatrième Tur bien vite, et quand la Rachel reparut, il ne manquait rien.

— Diable ! mais vous ne plaisantez pas à Marseille.

— Ah ! que certes non ! Nous avons bien eu du chagrin aussi dernièrement, à propos de Félicien David, qu'il est venu ici nous annoncer *le Désert*, haute symphonie [1], avec la marche de la caravane. Eh bien ! nous avons tous couru au théâtre, et il n'y avait seulement pas un chameau dans cette caravane.

---

1 Il veut dire ode-symphonie.

— Vous avez dû prononcer un fameux discours ce soir-là?

— Non, je n'ai rien dit, je n'ai pas pris parole. J'aurais parlé, voyez-vous, et ferme, si David il était Français; mais c'est un pays à nous, il est de la Provence, et nous n'avons pas voulu lui faire de la peine ; quoique ce soit un peu fort d'annoncer une marche de caravane sans un chameau. »

Après un instant de silence de mon orateur, le hasard m'ayant fait toucher sa trompette qui roulait sur l'impériale de la voiture :

« — Eh! reprit-il, ça vous connaît?

— Comment! pourquoi pensez-vous que les trompettes me connaissent?

— Farceur! croyez-vous que je ne sais pas que c'est vous qu'il donne ces grands concerts dont tout le monde il parle?

— Ah! comment le savez-vous?

— Parbleu! c'est M. le conducteur, qu'il est un amateur, qu'il est allé au théâtre, qu'il me l'a dit.

— Eh bien! puisqu'on parle de mes concerts, qu'en dit-on? Mettez-moi un peu au courant des conversations, vous qui savez tout.

— Oh! je les ai bien écoutées, l'autre soir, quand les Trotebas ils vous ont donné une sérénade. La rue de Paradis était si pleine jusqu'à la Bourse, que nous demandions tous s'il y avait une vente de café extraordinaire, ou si monseigneur l'archevêque il donnait sa bénédiction. Pas du tout; c'était à vous qu'on faisait des honneurs. Alors j'ai entendu les amateurs qu'ils parlaient pendant la sérénade. Il y en avait un, M. Himturn, un chaud, qu'il est venu de Nîmes pour votre musique, qu'il disait toujours : « Et l'*Hymne à la France!* et la *Marche des Pèlerins!* — Quels pèlerins? criait un autre; je n'ai pas vu de pèlerins. — Et le *Cinq mai*, et l'*Adagio de la Symphonie.* » Enfin celui-là vous adore crânement. Plus loin, une dame, elle disait à sa fille : « Tu n'as point de cœur, Rose, tu ne peux rien comprendre à ça : joue des contredanses. » Mais les deux plus acharnés, c'étaient deux commerçants en campêche; ils criaient plus fort que les Trotebas : « Oui, il faut condamner toutes ces audaces; comment! si on l'avait laissé faire, ne voulait-il pas mettre un canon dans son orchestre! — Allez donc, un canon! — Certainement, un canon; il y a sur le programme un morceau intitulé : *Pièce de campagne*; c'était au moins une pièce de douze dont il voulait nous régaler! — Mon cher, vous n'avez pas compris; ce que vous appelez la pièce de campagne n'est sans doute que la *Scène aux champs*, l'*adagio* de la symphonie : vous faites un jeu de mots sur ce titre. — Ah! bien, s'il n'y a pas de canon, il y a le tonnerre, au moins; et, à la fin, il faudrait être bien bête pour ne pas reconnaître ces roulements du tonnerre de Dieu, comme les jours d'orage quand il va pleuvoir. — Mais justement, c'est ce qu'il a voulu faire; c'est très-poétique, et cela m'a beaucoup ému! — Laissez-moi donc, poétique! Si c'est une promenade à la campagne qu'il a voulu mettre en musique, il a bien mal réussi. Est-ce naturel? Pourquoi ce tonnerre? Vais-je à ma bastide quand il tonne! »

Donc, il était très-mécontent, et celui qui était content était mécontent aussi que l'autre ne fût pas content; tandis que celui qui était mécontent était encore plus mécontent de voir que l'autre fût content. — Que voulez-vous, lui dis-je en descendant de l'omnibus, on a beau faire, on ne peut pas mécontenter tout le monde. »

Et je m'éloignai, après avoir reçu de M. le conducteur un salut sympathique, où je reconnus la vérité de l'assertion du cocher. C'était un amateur... content.

Deuxième lettre.

Lyon. — Les sociétés philharmoniques. — Mon maître de musique. — Deux lettres anonymes. — Un amateur blessé. — Dîner à Fourvières. — La société des intelligences. — Le scandale. — La meule de moulin.

Paris, 18...

Cette fois-ci, je ne suis ni *léger*, ni *joyeux*, ni *bien portant*, et le *soleil était né* depuis longtemps quand j'ai essayé de me lever pour vous écrire. C'est que j'ai passé hier une rude soirée et que j'avais grand besoin de dormir après de telles souffrances! La représentation extraordinaire donnée par l'Opéra au bénéfice de la Caisse des pensions m'a compté parmi ses victimes. J'ai réalisé l'idéal de Balzac, et vous pouvez me regarder aujourd'hui comme la personnification vivante de son artiste en *pâtiments.* Avant de vous raconter ma visite aux Lyonnais, laissez-moi vous dire ce qui vient de se passer à l'Opéra : ce sera le prologue de ma lettre *provinciale.* Le programme était d'autant plus attrayant, qu'il contenait moins de musique. L'affiche annonçait le deuxième acte d'*Orphée,* mais l'affiche mentait ; on n'a exécuté que la scène des enfers de cet opéra : or, cette scène ne forme pas même la moitié du second acte. Quant aux fragments de la *Semiramide* de Rossini, ils se composaient d'un air et d'un duo précédés de l'ouverture. Tel a été le bagage musical d'une soirée commencée à sept heures et qui a fini à minuit. Je me trompe, il faut compter en outre quelques airs biscayens intercallés dans le ballet de *l'Apparition,* et la *moitié* du menuet de la symphonie en *sol mineur* de Mozart, que l'orchestre a commencé à jouer *pour un lever de rideau,* et qu'il avait bonne envie de continuer quand les acteurs de la comédie sont venus lui imposer silence. On a tout autant de respect pour Mozart au Théâtre-Français. Seulement l'orchestre, qui se laisse aussi interrompre au milieu d'une phrase de Mozart, n'a pas, comme celui de l'Opéra, une dignité à conserver, une noblesse qui oblige. On peut lui dire : *Jouez donc!* quand il se tait, ou : *Taisez-vous donc!* quand il joue, sans que son amour-propre en souffre ; il sait qu'il est là pour être vilipendé. Les symphonies de Mozart et de Haydn lui servent seulement à produire un certain bruit destiné à annoncer la suspension ou la reprise des hostilités dramatiques. Pour l'orchestre de l'Opéra, sa destinée et son importance sont tout autres, et je n'aurais pas cru qu'il consentît jamais à de pareils actes de complaisance et d'abnégation. Sa réputation de modestie (pour ne pas dire d'humilité) est désormais inattaquable.

Mlle Rose Chéri s'était résignée à paraître dans la première pièce, *Geneviève*, charmant vaudeville de M. Scribe, il est vrai, mais qui ne pouvait guère être représenté que devant une salle à peu près vide ; l'usage du public étant, en été surtout, de ne pas se montrer dans les grands théâtres avant huit heures et demie. Le croirait-on ? je n'avais point encore vu cette jeune et gracieuse célébrité... Et telle est la persistance avec laquelle chacun s'enferme à Paris dans le cercle de ses habitudes théâtrales, qu'après cinq ans d'une popularité immense, Mlle Rachel elle-même m'apparut pour la première fois folâtrant sur un âne dans la forêt de Montmorency. « Cela prouve, me dira-t-on, que vous êtes un barbare, voilà tout. » Je répondrai : Oui, si je n'avais pas pris depuis longtemps le parti de résister énergiquement à ma passion pour les vaudevilles, pour les tragédies *racontées* entre six colonnes, pour les couplets pointus et les vers alexandrins. J'ai bien attendu trois mois à Londres, avant d'entendre Jenny Lind. J'allais seulement le soir admirer la foule qui se pressait auprès de la porte du théâtre afin de voir entrer sa divinité. Que voulez-vous? je manque de ferveur; ma religion est entachée d'indifférence, et les déesses n'ont en moi qu'un fort tiède adorateur. Et puis, qu'est-ce qu'une voix de plus ou de moins au milieu de ce concert de louanges, d'hymnes, de cantiques, d'odes brûlantes, de dithyrambes éperdus? Les seuls hommages capables de plaire encore à ces êtres d'une nature supérieure répugnent à nos mœurs prosaïques, et choquent les humaines idées. Il faudrait se jeter sous les roues de leur char, les traiter en idoles de Jagrenat, ou devenir fou d'amour, se faire enfermer dans une maison d'aliénés où les bonnes déesses pourraient, enveloppées d'un nuage, venir de temps en temps contempler leurs victimes ; il leur serait sans doute assez agréable de voir le public tout entier saisi d'un accès de frénésie, les dames s'évanouir, tomber en attaques de nerfs, en convulsions, et les hommes s'entre-tuer dans la fureur de leur enthousiasme; peut-être accepteraient-elles même des sacrifices de jeunes vierges ou d'enfants nouveau-nés, à condition que ces hosties fussent de noble extraction et d'une beauté rare... Il vaut donc mieux, quand on ne se sent pas doué d'une telle exaltation religieuse, se tenir à l'écart hors du temple, et détourner les yeux prudemment de ces faces éblouissantes. C'est même faire œuvre pie que d'avoir l'air impie ; car on courrait le risque d'offenser en adorant mal. Se figure-t-on un homme qui se bornerait à dire à la déesse Lind : « Divinité ! pardonne à l'impossibilité où sont les faibles humains de trouver un langage digne des sentiments que tu fais naître ! Ta voix est la plus sublime des voix divines, ta beauté est incomparable, ton génie infini, ton trille radieux comme le soleil, l'anneau de Saturne n'est pas digne de couronner ta tête ! Devant toi, les mortels n'ont qu'à se prosterner ; permets-leur de rester en extase à tes pieds ! » La déesse, prenant en pitié de si misérables éloges, répondrait dans sa mansuétude : « Quel est donc ce paltoquet ? »

Eh bien ! en dépit de mes bonnes résolutions, telle est la force attractive qu'exercent les créatures célestes, même sur les êtres grossiers, qu'un jour, après l'avoir applaudie la veille de toutes mes forces dans *Lucie*, je n'ai pu résister au désir d'aller contempler de près Jenny Lind à Richemont, où j'avais l'espoir de la voir folâtrer sur un âne, comme Mlle Rachel. Mais en arrivant à la Tamise, une distraction m'a fait prendre un autre bateau que celui de Richemont, et, ma foi, je suis allé à Greenwich. J'ai admiré là une foule de petits animaux très-intéressants que le *directeur* d'une ménagerie ambulante montrait pour un penny, puis je me suis étendu sur l'herbe dans le parc et j'ai dormi trois heures, en vrai cockney, parfaitement satisfait. C'est égal, et plaisanterie à part, Mlle Lind est une maîtresse femme, indépendamment de son immense talent ; talent réel et complet, talent d'or sans alliage. Vous savez comment elle a reçu M. Duponchel, quand il est allé à Londres lui offrir un engagement pour Paris, et comme notre cher directeur est demeuré stupéfait en voyant le cas qu'on faisait de son Opéra et de ses offres splendides! Pardieu! Mlle Lind a eu là un beau moment, et jamais elle ne joua mieux ni plus à propos son rôle de déesse.

Je reviens à la chose d'hier. A propos de quoi, s'il vous plaît, venir entre une comédie et un ballet, nous jeter à la tête ce noble fragment de poésie antique qui a nom *Orphée*, et sans préparation aucune et exécuté d'une si misérable façon? Que c'est bien là l'idée de quelqu'un qui méprise la musique et qui hait les grands musiciens! Et choisir Poultier pour représenter l'époux d'Eurydice, ce demi-dieu, l'idéal de la beauté et du génie! Cela faisait mal à voir et à entendre; mal pour le chanteur ainsi sacrifié, mal pour le chef-d'œuvre outragé, mal pour les auteurs mystifiés. Une semblable exhibition de Gluck ne se discute pas; on la constate comme un attentat à l'art. Poultier, dont la voix est gracieuse quand il chante certains morceaux étrangers au style épique, est aussi déplacé dans Gluck qu'il pourrait l'être dans Shakspeare; il représenterait Hamlet, Othello, Roméo, Macbeth, Coriolan, Cassius, Brutus, le cardinal Wolsey ou Richard III, tout aussi bien qu'Orphée. M. le directeur prendra sans doute fantaisie un de ces jours de nous donner un fragment d'*Alceste* ou d'*Armide* et d'en confier le premier rôle à Mlle Nau!

Puis comme l'effet en sera déplorable, il aura la satisfaction de dire : « C'est de la musique qui ne vaut *plus* rien, c'est trop vieux, ce n'est plus de notre temps, les admirateurs de ces choses-là sont ridicules ! »

Que dites-vous de cette méthode pour achever d'extirper le peu de goût musical que nous avons conservé?... Quelle peine infligerait-on, s'il y avait un *Code pénal des arts*, à un pareil crime, à un tel assassinat prémédité?... Il est vrai que si ce code existait, d'autres institutions que nous n'avons pas existeraient aussi, qui mettraient les arts hors de l'atteinte de leurs ennemis et conséquemment à l'abri de semblables outrages.

. . . .
. . . .
. . . .

Mais il s'agit de Lyon et des expériences musicales que j'y ai faites.

Il faut vous dire d'abord que je suis né dans le voisinage de cette grande ville, et qu'en ma qualité de compatriote des Lyonnais, j'avais le droit de compter sur toute leur indifférence. C'est pourquoi, quand l'idée me fut venue, par vingt-cinq degrés de chaleur, au mois d'août, de les menacer d'un concert, je crus devoir mettre leur ville en état de siége. J'écrivis de Marseille à Georges Hainl, le chef du pouvoir exécutif et de l'orchestre du Grand-Théâtre de Lyon, pour l'avertir de ma prochaine arrivée, et lui indiquer les moyens de combattre les chances caniculaires que nous avions contre nous : grandes affiches, innombrables programmes, réclames dans tous les journaux du département, annonces en permanence sur tous les bateaux à vapeur de la Saône et du Rhône, invitations adressées aux académies de chant et à tous les amateurs habiles de Lyon, aux Sociétés philharmoniques de Dijon, de Châlons, et de Grenoble où il n'y en pas, volées de toutes les cloches et de tous les canons, départ d'un ballon lumineux, tir d'un feu d'artifice au moment de mon débarquement sur le quai Saint-Clair, les prédicateurs de toutes les églises me recommandant au prône à leurs ouailles, etc., etc. En lisant ce glorieux petit projet, Georges, qui passe à bon droit pour un des plus savants et des plus hardis hâbleurs du Lyonnais et même du Dauphiné, fut ébloui, les oreilles lui tintèrent, son orgueil fut atteint au cœur, et tendant ma lettre au régisseur et au caissier du Grand-Théâtre : « Ma foi, dit-il, je m'avoue vaincu ; celui-ci est plus fort que moi ! » Il ne se découragea point néanmoins, et mes instructions furent suivies ponctuellement ; à l'exception des sonneries de cloches, des volées de canons, de l'ascension aérostatique, de l'explosion pyrotechnique et des prédications catholiques. Ce complément du programme n'était pourtant point inexécutable, la suite l'a bien prouvé ; car Jenny Lind, il y a deux ans, non seulement fut reçue à Norwich avec de pareils honneurs, mais l'évêque de cette cité vint au-devant d'elle, lui offrit un appartement chez lui, et déclara *en chaire* que, depuis qu'il avait entendu la sublime cantatrice, *il était devenu meilleur* [1]. Ce qui me paraît démontrer clairement la vérité de cette proposition algébrique : $L : B :: B : H;$ ou (pour les gens qui ne savent pas l'algèbre), en fait de réclames et de *banques* bombastiques : L est à B comme B est à $H;$ ou encore (pour les gens qui ont besoin qu'on leur mette les I sous les points) que Hainl et moi nous ne sommes que des enfants.

Quoi qu'il en soit, nous obsédâmes le public de notre mieux, par les moyens ordinaires ; *non licet omnibus* d'être prôné par un évêque. Puis, une fois notre conscience en repos de ce côté-là, nous songeâmes au solide, c'est-à-dire à l'orchestre et aux chœurs. Les sociétés de Dijon et de Châlons avaient répondu à notre appel, elles nous promettaient une vingtaine d'amateurs, violonistes et bassistes ; une razzia habilement opérée sur tous les musiciens et choristes de la ville et des faubourgs de Lyon, une bande militaire de la garnison et surtout l'orchestre du Grand-Théâtre, nombreux et bien composé, renforcé de quelques membres de l'orchestre des Célestins, nous fournirent un total de deux cents exécutants, qui, je vous le jure, se comportèrent bravement le jour de la bataille. J'eus même le plaisir de compter parmi eux un artiste d'un rare mérite, qui joue de tous les instruments et dont je fus l'élève à l'âge de quinze ans. Le hasard me le fit rencontrer sur la place des Terreaux ; il arrivait de Vienne, et ses

---

[1] Parfaitement vrai.

premiers mots en me rencontrant furent: « Je suis des vôtres! de quel instrument jouerai-je? du violon, de la basse, de la clarinette ou de l'ophicléide?

— Ah! cher maître, on voit bien que vous ne me connaissez pas; vous jouerez du violon; ai-je jamais trop de violons? en a-t-on jamais assez?

— Très-bien. Mais je vais être tout dépaysé au milieu de votre grand orchestre où je ne connais personne.

— Soyez tranquille, je vous présenterai. »

En effet, le lendemain, au moment de la répétition, je dis aux artistes réunis, en désignant mon maître:

« Messieurs, j'ai l'honneur de vous présenter un très-habile professeur de Vienne, M. Dorant; il a parmi vous un élève reconnaissant; cet élève c'est moi; vous jugerez peut-être tout à l'heure que je ne lui fais pas grand honneur, cependant veuillez accueillir M. Dorant comme si vous pensiez le contraire et comme il le mérite. »

On peut se faire une idée de la surprise et des applaudissements. Dorant n'en fut que plus intimidé encore; mais une fois plongé dans la symphonie, le démon musical le posséda tout entier; bientôt je le vis rougir en s'escrimant de l'archet, et j'éprouvai à mon tour une singulière émotion en dirigeant la *Marche au supplice* et la *Scène aux champs* exécutées par mon vieux maître *de guitare* que je n'avais pas vu depuis vingt ans.

Les trompettes sont presque aussi rares à Lyon qu'à

Marseille, et nous eûmes grand'peine à en trouver deux. Les charmes du cornet à pistons et les succès qu'il procure aux virtuoses dans les bals champêtres, deviennent de plus en plus irrésistibles pour les musiciens de province. Si l'on n'y prend garde, la trompette, dans les plus grandes villes de France, sera bientôt, comme le hautbois, un mythe, un instrument fabuleux, et l'on n'y croira pas plus dans vingt ans qu'à la corne des Licornes. L'orchestre du Grand-Théâtre de Lyon possède en revanche, par exception, un hautbois de première force, qui joue également bien de la flûte, et dont la réputation est grande ; c'est M. Donjon. On y remarque encore le premier violon, M. Cherblanc, dont le beau talent fait honneur au Conservatoire de Paris. Quant à Georges Hainl, le chef de cet orchestre, voici son portrait en quelques mots : à une supériorité d'exécution incontestable sur le violoncelle, supériorité reconnue qui lui a valu un beau nom parmi les virtuoses, il joint toutes les qualités du chef d'orchestre conducteur-instructeur-organisateur ; c'est-à-dire qu'il dirige d'une façon claire, précise, chaleureuse, expressive ; qu'il sait, en montant les nouveaux ouvrages, faire la critique des défauts de l'exécution et y porter remède autant que les forces musicales dont il dispose le lui permettent, et enfin qu'il sait mettre en ordre et en action productive tous les moyens qui sont à sa portée, administrer son domaine musical et vaincre promptement les difficultés matérielles dont chacun des mouvements de la musique, en province surtout, est ordinairement entravé. D'où il résulte implicitement qu'il joint à beaucoup d'ardeur un esprit pénétrant et une persévérance infatigable. Il a plus fait en quelques années pour les progrès de la musique à Lyon, que ne firent en un demi-siècle ses prédécesseurs.

Le jour de mon concert, il fut successivement directeur et exécutant. Il conduisit le chœur, il joua du violoncelle dans la plupart des morceaux symphoniques, des cymbales dans l'ouverture du *Carnaval,* des timbales dans la *Scène aux champs,* et de la harpe dans la *Marche des pèlerins.* Oui, de la harpe. Ce fut même un des incidents les plus plaisants de notre dernière répétition. Je n'ai pas besoin de vous dire que les harpistes sont rares à Lyon autant qu'à Poissy ou à Quimper. La harpe aussi va devenir, comme le hautbois et la trompette, un instrument fabuleux pour nos provinces.

On m'avait indiqué un amateur dont le talent sur cet instrument jouit à Lyon de quelque renommée. « Avant de recourir à lui, voyons, me dit Georges, la partie que vous voulez lui confier.

— Oh! elle n'est pas difficile; elle ne contient que deux notes, *si* et *ut.* »

Après l'avoir attentivement examinée :

« — Oui, reprit-il, elle n'a que deux notes; mais il faut les faire à propos, et notre amateur ne s'en tirera pas. Votre s..... musique est encore de celles qui ne peuvent être exécutées que par des *musiciens.* Ne vous inquiétez pas de cela néanmoins, j'en fais mon affaire. »

Quand nous en vînmes le lendemain à répéter le morceau : « Apportez la harpe ! » cria Georges en quittant son violoncelle. On lui obéit ; il s'empare de l'instrument, sans s'inquiéter des brocards et des éclats de rire qui partent de tous les coins de l'orchestre (on savait qu'il n'en jouait pas), il enlève tranquillement les cordes voisines de l'*ut* et du *si*, et, sûr ainsi de ne pouvoir se tromper, il attaque ses deux notes avec un à propos imperturbable, et la *Marche des pèlerins* se déroule d'un bout à l'autre sans le moindre accident.

C'était la première fois qu'il m'arrivait d'entendre cette partie exécutée ainsi à la première épreuve. Il fallait, pour être témoin d'un tel phénomène, qu'elle fut confiée à un harpiste qui n'avait jamais *essayé* de jouer de la harpe, mais qui était *sûr* d'être musicien.

J'ai parlé plus haut des académies de chant de Lyon : l'une de ces sociétés, peu nombreuse, se compose seulement de jeunes amateurs allemands qui ont importé à Lyon les traditions de leur patrie, et se réunissent de temps en temps pour étudier avec soin les chefs-d'œuvre qu'ils admirent. Ces messieurs appartiennent presque tous à des maisons de banque ou du haut commerce de Lyon. Ils me vinrent en aide avec beaucoup de bonne grâce et me furent d'un grand secours. J'en dois dire autant de l'autre société chorale. Celle-là est très-nombreuse et composée exclusivement d'artisans et d'ouvriers. Elle a été fondée par M. Maniquet, dont le zèle, le talent et le dévouement à la rude tâche qu'il a entreprise, auraient dû depuis longtemps attirer sur lui et sur l'institution qu'il dirige les encouragements et l'appui énergique de la municipalité lyonnaise.

Un des acteurs du Grand-Théâtre, Barielle, dont la voix de basse est fort belle, chanta d'une façon remarquable ma cantate du *Cinq mai*. En somme, à l'exception de la *Marche au supplice*, trahie par la faiblesse des instruments de cuivre, le concert fut brillant sous le rapport musical et satisfaisant du côté... sérieux. Georges cependant aurait voulu qu'on se tuât pour y entrer; et malgré les auditeurs qui étaient venus de Grenoble, de Vienne, de Nantua et même de Lyon, personne ne fut tué. Ah! si monseigneur l'évêque eût annoncé en chaire que ma musique *rendait les hommes meilleurs,* sans doute la foule eût été plus compacte; mais Son Éminence de Lyon s'est abstenue complétement. On n'a pas d'ailleurs tiré le moindre pétard en mon honneur, les cloches sont restés muettes... Le moyen, après cela, de faire les gens s'écraser à la porte d'un concert, au mois d'août, en province!... J'eus pourtant une sérénade à l'instar de Marseille, et deux lettres anonymes. La première, qui ne contenait que de grossières injures intraduisibles en langue vulgaire, me reprochait de venir enlever les *écus* des artistes lyonnais; la seconde, beaucoup plus bouffonne, était de quelqu'un dont j'avais, sans m'en apercevoir, froissé l'amour-propre pendant les répétitions. Elle consistait en deux aphorismes que j'ai retenus mot pour mot. La voici :

« On peut être un grand artiste et être poli.
» Le moucheron peut quelquefois incommoder le lion.
» *Signé :* Un amateur blessé. »

Que dites-vous de ce laconisme épistolaire ? et de la menace ? et de la comparaison ? Je regrette fort d'avoir blessé un amateur ; et, quel qu'il soit, je le prie de recevoir mes très-humbles excuses. En tout cas, si je suis le lion de l'apologue, il faut croire que le moucheron aura oublié sa colère, car depuis cette époque je ne me suis point senti incommodé.

. . . .

Je vous ai quitté ici, mon cher ami, pour écrire un article sur le dernier concert du Conservatoire. Ces corvées me paraissent un peu bien fréquentes ; et je commence à être las d'admirer. D'autant plus las qu'aux yeux de la plupart des Français pur sang, des Parisiens surtout, ce rôle d'admirateur est ridicule. C'est là, il est vrai, le dernier de mes soucis, et je me suis toujours donné le plaisir de rire largement des rieurs de cette espèce. Mais, franchement, le métier d'adorateur fatigue énormément quand on le fait en conscience. Après être resté prosterné à genoux pendant plusieurs heures à respirer l'encens, à chanter des *Credo,* des *Gloria in excelsis,* des *Pange lingua,* des *Te Deum laudamus,* on sent un besoin impérieux de se lever, d'étendre ses jambes, de sortir de l'église, de respirer le grand air, l'odeur des prés fleuris, de jouir de la création, sans songer au Créateur et sans chanter de cantiques d'aucune espèce; et même (ceci soit dit tout-à-fait entre nous), on se sent pris de l'envie de chanter toutes sortes de drôleries, telles que la charmante chanson de M. de Pradel par exemple : « *Vive l'enfer où nous irons.* »

J'admire fort (vous le voyez, j'admire encore! ce que c'est que l'habitude !) j'aime beaucoup, voulais-je dire, le couplet suivant de cette gentille bacchanale :

> **Nos divins airs,**
> **Nos concerts,**
> **Rempliront les enfers**
> **De douces mélodies ;**
> **Tandis qu'au ciel,**
> **Gabriel**
> **Fait bâiller l'Éternel**
> **Avec ses litanies !**
> **Vive l'enfer, etc.**

Voyez-vous le bon Dieu qui s'ennuie d'être adoré, et que Gabriel obsède avec ses chœurs d'orphéonistes célestes! et qui bâille à se décrocher la mâchoire à s'entendre chanter éternellement : *Sanctus, Sanctus, Deus Sabaoth!* Plaignons-nous ensuite, nous autres vermisseaux, racaille humaine, sotte engeance, plaignons-nous quand les Gabriel terrestres nous fatiguent seulement trois heures durant, avec de la musique qui, à tout prendre, est peut-être fort supérieure à celle du Paradis. Qu'est-ce que trois heures en comparaison de l'éternité ? A propos de cette chanson dont je n'ose vous citer ici le refrain, refrain qui nous a fait casser tant de verres quand on le reprenait en chœur aux nuits sardanapalesques d'étudiants, il y a quelque vingt-cinq ans, voici comment j'ai appris qu'elle est du célèbre improvisateur Eugène de Pradel. Et ceci me ramène directement à Lyon.

Après le concert que j'eus l'honneur de donner dans cette ville, avec la permission de M. le maire, je fus invité à dîner à Fourvières par une société d'artistes et d'hommes de lettres, nommée la *Société des Intelligences*. Les membres de cette réunion s'étant garantis avec grand soin de l'approche des ennuyeux et des imbéciles, ceux-ci, blessés d'être ainsi exclus, ont donné ironiquement à ce club de gens d'esprit, le titre de Société des Intelligences, qu'il s'est bravement empressé d'accepter. Quand il passe à Lyon un artiste dont on est à peu près sûr, c'est-à-dire qui n'est pas réputé plus sot que la majeure partie des humains, qui ne porte pas de toasts dans les banquets, et qui déraisonne comme tout le monde, la Société des Intelligences s'empresse toujours de lui faire une politesse. A ce titre d'homme ordinaire et non orateur, je fus engagé à tenter l'escalade de la montagne de Fourvières, pour y dîner à trois cent soixante pieds, que dis-je ? à huit cent cinquante-trois pieds au-dessus du niveau de la

Saône, dans un pavillon assez semblable à celui où le diable emporta un jour notre Seigneur Jésus-Christ pour lui faire voir tous les royaumes de la terre. Ce diable-là n'était pas fort, en géologie du moins ; aussi notre Seigneur n'eut-il pas grand'peine à lui démontrer son ânerie et à le renvoyer tout penaud. Pour en revenir à ce pavillon de Fourvières, d'où l'on voit également tous les royaumes de la terre, jusqu'à la Guillotière inclusivement, j'y trouvai réunis, au nombre de vingt-quatre, les intelligences de Lyon. Ce qui fait une intelligence par 00000 Lyonnais ; j'ai oublié le chiffre de la population de cette grande ville. Encore ne faut-il pas compter dans ces deux douzaines d'Intelligences lyonnaises Fédérick Lemaître, qui donnait alors des représentations dans le Midi, M. Eugène de Pradel, ni moi.

Donc, en défalquant (le terme est joli !) nos trois intelligences, celles de Fredérick, de M. Pradel, et la mienne, si j'ose m'exprimer ainsi, la société lyonnaise se trouvait réduite à 21 membres... ce jour-là. J'aime à croire qu'il y avait un nombre considérable de membres absents. On but rondement, on rit de même, et au café, qu'on alla prendre dans un kiosque encore plus élevé que le pavillon d'où l'on voit tous les royaumes... M. de Pradel, s'approchant de moi, fit ma connaissance, sans façon, sans se faire présenter, sans embarras, sans balbutier, et me tendit la main comme il aurait pu la tendre au premier venu. Cette force d'âme me plut ; j'aime les gens qui ne tremblent pas dans les grandes circonstances ; et à l'instar de Napoléon quand il eut pendant quelques minutes contemplé Goëthe debout impassible devant lui, je dis à M. de Pradel : « Vous êtes un homme! » Il fut remué jusqu'au fond des entrailles par ces sublimes paroles ; mais le vaniteux poëte se garda bien de le laisser voir. Il ne montra même aucune émotion, et venant droit au fait, qu'il avait ruminé pendant tout le repas : « Vous avez, me dit-il, dans un de vos feuilletons, attribué la chanson « Vive l'enfer! » à Désaugiers?—Ah! oui, c'est vrai. On m'a fait ensuite reconnaître mon erreur; je sais qu'elle est de Béranger. — Pardon, elle n'est pas de Béranger.—En ce cas, je ne me suis pas trompé; elle est de Désaugiers. — Pardon encore, elle n'est pas non plus de Désaugiers. —Mais de qui donc alors?... — Elle est de moi. — De vous? — De moi-même; je vous en donne ma parole. — Je suis d'autant plus désolé de mon erreur, monsieur, que cette chanson est étincelante de verve, et qu'elle vaut à mon sens plus d'un long poëme. Je m'empresserai, à la première occasion, de vous en restituer l'honneur. » Nous fûmes ici interrompus par un des convives. Ce monsieur éprouvait le besoin de nous faire part de ses idées sur la musique; idées bienveillantes qu'il donna en forme de conseils malveillants à mon adresse, et me firent penser qu'il fallait encore distraire une unité du nombre des membres de la société; celui-ci devant être un étranger qui faisait, comme moi, partie des Intelligences *en passant*.....

Seconde interruption. Au diable les importuns! On

m'envoie chercher pour. . . . .

Un jour plus tard.

Ce n'était rien... Il s'agissait d'aller entendre la répétition générale d'un opéra en cinq actes... en cinq actes seulement!!! En conséquence, je serai très-sérieux aujourd'hui. « Tant mieux! » direz-vous. Car vous êtes d'avis, je m'en doute, que j'ai assez divagué, assez joué avec les mots, les gens et les idées, avec des choses même qui ne comportent guère la plaisanterie; que je dois dans une correspondance académique, musicale et morale comme celle-ci, parler de musique et de morale, au lieu de citer des chansons bachiques, pantagruéliques, fantastiques, fort peu colletées et très-peu pies, qui scandalisent les âmes dévotes, font baisser les yeux aux jeunes personnes de quinze à seize ans, et trembler les lunettes sur le nez de celles de quarante-neuf à cinquante. Ecoutez, franchement, c'est la faute de M. de Pradel; je n'ai pu résister au plaisir de vous faire connaître un couplet de sa chanson. J'ai dû aussi, tout naturellement, choisir celui dans lequel il est question de musique ; de là les *Divins airs*, les *Concerts des Enfers*, et les *Litanies* de Gabriel, qui vous ont, je le crains, un peu effarouché. Que serait-ce donc si j'eusse continué ma citation, et reproduit en entier le refrain de cet hymne damnable :

Vive l'enfer où nous irons !
Venez, filles
Gentilles ;
Nous chanterons,
Boirons,
Rirons,
Et toujours gais lurons,
Nous serons
Ronds.

Ceci eût été vraiment coupable et mériterait un blâme sérieux ; mais je m'en suis gardé ; j'ai trop d'horreur du scandale, et je suis trop convaincu de la vérité de la parole évangélique : Malheur à celui qui scandalisera son prochain ; il vaudrait mieux pour lui s'attacher au cou *une meule de moulin* et s'aller jeter dans la mer. En conséquence, bien qu'il ne me soit pas absolument prouvé que j'aie le droit de vous appeler *mon prochain*, dans le doute, comme je ne me sens pas en ce moment disposé à prendre la détermination sérieuse, et relative à la mer, dont parle l'Évangile, je me suis abstenu, autant que je l'ai pu, du scandale. D'ailleurs, le contraire fût-il malheureusement arrivé, comment ferais-je pour me conformer au texte du saint livre ? Il est facile, sans doute, de s'attacher au cou une meule de moulin, ou tout au moins de s'attacher le cou à ladite meule ; mais c'est le reste de l'opération qui me semble malaisé. Je ne suis pas de force à aller seulement d'ici au pont des Arts avec un pareil joyau appendu au-dessous du menton ; comment irais-je jusqu'au Havre? Ce texte évangélique serait donc aussi embarrassant pour les commentateurs que pour les gens qui tiennent à se jeter dans la mer avec l'objet ci-dessus mentionné, si nous ne savions qu'il a été écrit à une époque où les hommes étaient d'une force et d'une taille merveilleuses, dont nous n'avons plus d'idée. Les petits garçons de ce temps-là portaient au cou une meule de moulin, et allaient se noyer avec une aisance admirable ; tandis que le plus fort de nos musiciens actuels, attaché seulement à une partition comme il y en a tant, aurait grand'peine à les imiter.

Maintenant, puisqu'il faut absolument être sérieux, je vous souhaite *sérieusement* le bonsoir. Cette lettre en compartiments est fort longue, l'allonger encore, serait la pire de mes mauvaises plaisanteries. Adieu ; dans quelques jours je vous parlerai de Lille, puis ma correspondance avec vous sera close : Marseille, Lyon et Lille étant (Paris à part) les seules villes de France où j'aie entendu et fait entendre de la musique, depuis que ce malheureux art est l'objet de mes études et de mon inaltérable affection.

Troisième Lettre.

Lille. —Cantate improvisée. —Mélancolie. —La demi-lune d'Arras. — Les pièces de canon. — Les lances à feu. —La fusée volante. —Effet terrible. — L'amateur d'autographes.

Paris, 18..

Vous ne tenez pas sans doute à savoir pourquoi je suis allé à Lille. En ce cas, je vais vous le dire : ce n'est point à l'occasion du festival du Nord dirigé par Habeneck et dans lequel on exécuta deux fois le *Lacrymosa* de mon *Requiem*, d'une grande et belle manière, m'a-t-on dit ; les ordonnateurs du festival avaient oublié de m'inviter, ce qui pour moi équivalait à une invitation à rester à Paris. Non, je n'allai à Lille que plusieurs années après. On venait de terminer le chemin de fer du Nord, si célèbre par les petits accidents auxquels il a eu la faiblesse de donner lieu; Mgr l'archevêque devait le bénir solennellement, on se promettait de largement dîner et boire; on pensa qu'un peu de musique ne gâterait rien, au contraire, bien des gens ayant besoin de cet accessoire pour faciliter leur digestion; et l'on s'avisa de s'adresser à moi comme à un excellent digestif. Sans rire, voilà ce qui arriva. Il fallait une cantate pour être exécutée, non après le dîner, mais avant l'ouverture du bal; M. Dubois, chargé par la municipalité lilloise des détails musicaux de la cérémonie, vint à Paris en grande hâte et, avec les idées arriérées, antédiluviennes, incroyables, qu'il apportait de sa province, s'imagina que, puisqu'il fallait des paroles et de la musique à cette cantate, il ne ferait pas mal de s'adresser à un homme de lettres et à un musicien. En conséquence, il demanda les vers à J. Janin et à moi la musique. Seulement, en m'apportant les paroles de la cantate, M. Dubois m'avertit, comme s'il se fût agi d'un opéra en cinq actes, qu'on avait besoin de ma partition pour le surlendemain. « Très-bien, monsieur, je serai exact ; mais s'il vous fallait la chose pour demain, ne vous gênez pas. » Je venais de lire les vers de J. Janin ; ils se trouvaient coupés d'une certaine manière, que je ne me charge pas de caractériser, et qui appelle la musique comme le fruit mûr appelle l'oiseau, tandis que des poëtes de profession s'appliquent au contraire à la chasser à grands coups d'hémistiches. J'écrivis les parties de chant de la cantate en trois heures, et la nuit suivante fut employée à l'instrumenter. Vous voyez, mon cher M***, que pour un homme qui ne fait pas son métier de violer les muses, ceci n'est pas trop mal travailler. Le temps ne fait rien à l'affaire, me direz-vous, avec Nicolas Boileau Despréaux, un vieux morose qui soutenait cette vieille cause du bon sens, si bien gagnée ou si bien perdue à cette heure que personne ne s'en occupe plus. Sans doute, le temps ne fait rien, c'est-à-dire, au contraire, le temps fait beaucoup, quoi qu'en ai dit, non pas Boileau (je m'aperçois maintenant que je me suis trompé dans ma citation), mais Poquelin de Molière, un autre poëte qui était fou du bon sens. Je maintiens qu'à de rares exceptions près, *le temps ne consacre rien de ce qu'on fait sans lui.* Cet adage, que vous n'avez jamais entendu ni lu, puisque je viens de le traduire du persan, est d'une grande vérité. J'ai voulu seulement vous prouver qu'il était possible à moi aussi d'improviser une partition, quand je prenais bravement mon parti de me contenter pour mon ouvrage d'une célébrité éphémère de quatre à cinq mille ans.

Si j'avais eu trois jours pleins à employer à ce travail, ma partition vivrait quarante siècles de plus, je ne l'ignore pas. Mais dans des circonstances pressantes et *imprévues*, comme celles de l'inauguration d'un chemin de fer, un artiste ne doit pas tenir à ce que quarante siècles de plus ou de moins le contemplent; la patrie a le droit d'exiger alors de chacun de ses enfants un dévouement absolu. Je me dis donc : *Allons, enfant de la patrie!...* et je me dévouai. Il le fallait ! ! !... Que faites-vous en ce moment, mon cher M*** ? Avez-vous un bon feu ? votre cheminée ne fume-t-elle point ? Entendez-vous, comme moi, le vent du nord geindre dans les combles de la maison, sous les portes mal closes, dans les fissures de la croisée inhermétiquement fermée, se lamenter, et gémir, et hurler, comme plusieurs

générations à l'agonie ? Hou ! hou ! hou !... Quel *crescendo !*... *Ululate venti !*... Quel *forte !*... *Ingemuit alta domus !*... Sa voix se perd... Ma cheminée résonne sourdement comme un tuyau d'orgue de soixante-quatre pieds. Je n'ai jamais pu résister à ces bruits ossianiques : ils me brisent le cœur, me donnent envie de mourir. Ils me disent que tout passe, que l'espace et le temps absorbent beauté, jeunesse, amour, gloire et génie ; que la vie humaine n'est rien, la mort pas davantage ; que les mondes eux-mêmes naissent et meurent comme nous ; que tout n'est rien. Et pourtant certains souvenirs se révoltent contre cette idée, et je suis forcé de reconnaître qu'il y a quelque chose dans les *grandes passions admiratives*, comme aussi dans les *grandes admirations passionnées* ; je pense à Châteaubriand dans sa tombe de granit sur son rocher de Saint-Malo... ; aux vastes forêts, aux déserts de l'Amérique qu'il a parcourus ; à son René, qui n'était point imaginaire... Je pense que bien des gens trouvent cela fort ridicule, que d'autres le trouvent fort beau. Et le souffle orageux recommence à chanter avec effort dans le style chromatique : Oui !!! oui !!! oui !!! Tout n'est rien ! tout n'est rien ! Aimez ou haïssez, jouissez ou souffrez, admirez ou insultez, vivez ou mourez ! qu'importe tout ! Il n'y a ni grand ni petit, ni beau ni laid ; l'infini est indifférent, l'indifférence est infinie !..........
Hé.... las !........ Hé.... las !........

Talia vociferans gemitu tectum omne replebat.

. . . .

Cette inconvenante sortie philosophique, mon cher ami, n'était que pour amener une citation de Virgile. J'adore Virgile, et j'aime à le citer; c'est une manie que j'ai, et dont vous avez dû déjà vous apercevoir.

> D'ailleurs les vents s'apaisent,
> Les voilà qui se taisent,

et je n'ai plus envie de mourir. Admirez l'éloquence du silence, après avoir reconnu le pouvoir des sons ! Le calme donc étant revenu, toutes mes croyances me sont rendues. Je crois à la beauté, à la laideur, je crois au génie, au crétinisme, à la sottise, à l'esprit, au vôtre surtout; je crois que la France est la patrie des arts; je crois que je dis là une énorme bêtise; je crois que vous devez être las de mes divagations, et que vous ne devinez pas pourquoi je divague à propos de musique. Eh! mon Dieu, si vous ne le devinez pas, je vais vous le dire : c'est pour ne pas me faire remarquer, tout bonnement; je prétends ne pas me singulariser, ne point faire disparate dans le milieu social où nous vivons. Il y a un proverbe, vrai comme tous les proverbes, que je viens encore de traduire du persan, et qui dit: *Il faut hurler avec les fous;* faites-en votre profit.

Pour lors ! (Odry commençait ainsi le récit de ses aventures dans la forêt où il s'était égaré, forêt vierge où il n'y avait que des perroquets et des orang-outang [1], et dans laquelle il se fit *écrivain public* pour

---

[1] Je sais très-bien qu'il faudrait écrire orang-houtan, mais pour ces deux mots malayous qui signifient *homme des bois*, j'aime mieux employer l'orthographe vulgaire, qui est aussi la vôtre, pour ne pas vous humilier.

ne pas mourir de faim. Quel grand homme qu'Odry !)
Pour lors donc, la cantate étant faite et copiée, nous partons pour Lille. Le chemin de fer faisant une exception en faveur de ses inaugurateurs, nous arrivons sans déraillements jusqu'à Arras. A peine sommes-nous en vue des remparts de cette ville, que voilà toute la population mâle et femelle de notre diligence qui part d'un éclat de rire, oh ! mais, d'un de ces rires à fendre une voûte de pierre dure. Et cela sans que personne eût dit le mot. Chacun possédant son Molière par cœur, le souvenir des *Précieuses ridicules* nous avait tous frappés spontanément à l'aspect des murailles de la ville, et nous cherchions de l'œil, en riant aux larmes, *cette demi-lune* que le marquis de Mascarille emporta au siége d'Arras, et qui, au dire du vicomte de Jodelet, était *parbleu bien une lune tout entière*. Voilà un succès ! parlez-moi d'un comique tel que Molière qui, sans théâtre, sans acteurs, sans livres, par le souvenir seul d'un mot, fait rire à se tordre les enfants des enfants des arrière-petits-enfants de ses contemporains !...

Arrivé à Lille, M. Dubois me met immédiatement en rapport avec les chanteurs dont le concours m'était nécessaire pour l'exécution de la cantate, et avec les bandes militaires venues de Valenciennes, de Douai et de quelques autres villes voisines. L'ensemble de ces groupes instrumentaux formait un orchestre de cent cinquante musiciens à peu près, qui devaient exécuter sur la promenade publique, le soir, devant les princes et les autorités civiles et militaires réunies pour la fête, mon morceau de l'apothéose. La cantate fut bientôt apprise par un chœur de jeunes gens et d'enfants, élèves presque tous des classes de l'institution nommée, à Lille, Académie de chant, et que je crois appartenir au Conservatoire. Je ne parle que sous la forme dubitative, ne possédant aucune notion précise sur cet établissement. Je vous dirai seulement que ces jeunes chanteurs avaient des voix excellentes, et que, bien dirigés dans leurs études par M. Ferdinand Lavainne, dont vous connaissez le mérite éminent comme compositeur, et M. Leplus, l'habile chef de musique de l'artillerie de Lille, ils se rendirent maîtres en peu de temps des difficultés de la cantate. L'étude de l'apothéose par les orchestres militaires réunis nous donna beaucoup plus de peine. Elle avait été commencée déjà, avant mon arrivée, et, par suite d'une erreur grave dans le mouvement indiqué par le chef qui dirigeait cette répétition, elle n'avait produit qu'un étourdissant charivari. M. Dubois, mon guide au milieu des embarras et des agitations de la fête, et qui avait assumé bravement toute la responsabilité de la partie musicale, me paraissait agité, inquiet, quand je lui parlais de nos militaires et de ce grand diable de morceau. J'ignorais qu'il eût assisté à la première expérience, j'ignorais même qu'elle eût produit un si monstrueux résultat; ce ne fut qu'après le débrouillement du chaos qu'il me fit l'aveu de ses terreurs et du motif qui les avait fait naître. Quoi qu'il en soit, elles furent dissipées assez promptement, et, après la troisième répétition, tout marcha bien. Autant qu'il m'en souvienne, les trois corps de musique militaire appartenant spécialement à la ville de Lille, ceux de la garde nationale, des pompiers et de l'artillerie, n'avaient voulu ou pu prendre aucune part à cette exécution. On m'en dit alors la raison, mais je l'ai oubliée. Ce fut grand dommage, car ces orchestres sont excellents, et certes il y a bien peu de musiques militaires en France qui puissent leur être comparées. Je pus apprécier leur mérite individuel, chacun de ces corps m'ayant fait l'honneur de venir, dans la journée qui précéda le concert, jouer sous mes fenêtres. C'était, de leur part, une véritable et cruelle coquetterie.

On me donna un excellent petit orchestre (celui du théâtre, je crois), pour accompagner la cantate; une seule répétition fut suffisante. Tout était donc prêt, quand M. Dubois me présenta le capitaine d'artillerie de la garde nationale.

« — Monsieur, me dit cet officier, je viens m'entendre avec vous au sujet des *pièces*.

— Ah! il y a une représentation dramatique! Je l'ignorais. Mais cela ne me regarde pas.

— Pardon, monsieur, il s'agit de pièces.... de canon!

— Ah mon Dieu! et qu'ai-je à faire avec ces...?

— Vous avez à faire, dit alors M. Dubois, un effet étourdissant, dans votre morceau de l'apothéose. D'ailleurs, il n'y a plus à y revenir, les canons *sont sur le programme,* le public attend ses canons, nous ne pouvons les lui refuser.

— C'est maintenant que mes confrères ennemis de Paris, les bons gendarmes de la critique, vont dire que je mets de l'artillerie dans mon orchestre ! Vont-ils se divertir ! Parbleu, c'est une aubaine pour moi ; rien ne m'amuse comme de leur fournir l'occasion de dire, à mon sujet, quelque bonne bêtise bourrée à triple charge. Va pour les canons ! Mais d'abord comment est composé votre *chœur ?*

— Notre chœur ?

— Oui, votre *parc.* Quelles sont vos pièces, et combien en avez-vous ?

— Nous avons dix pièces de douze.

— Heu !... c'est bien faible. Ne pourriez-vous me donner du vingt-quatre ?

— Mon Dieu, nous n'avons que six canons de vingt-quatre.

— Eh bien accordez-moi ces six premiers sujets avec les dix choristes ; ensuite disposons toute la masse des voix sur le bord du grand fossé qui avoisine l'esplanade, aussi près que possible de l'orchestre militaire placé sur l'estrade. M. le capitaine voudra bien avoir l'œil sur nous. J'aurai un artificier à mon côté ; au moment de l'arrivée des princes, une fusée volante s'élèvera, et l'on devra alors faire feu successif des dix choristes seulement. Après quoi nous commencerons l'exécution de l'apothéose, pendant laquelle vous aurez eu le temps de recharger. Vers la fin du morceau, une autre fusée partira, vous compterez *quatre secondes,* et, à la cinquième, vous aurez l'obligeance de frapper un grand accord bien d'aplomb, et d'un seul coup, avec vos dix choristes de douze et les six premiers sujets *de vingt-quatre*, de manière que l'ensemble de vos voix coïncide exactement avec mon dernier accord instrumental. Vous comprenez ?

— Parfaitement, monsieur ; cela s'exécutera, vous pouvez y compter. »

Et j'entendis le capitaine dire en s'en allant à M. Dubois :

« — C'est magnifique ! il n'y a que les musiciens pour avoir de ces idées-là ! »

Le soir venu, la bande militaire bien exercée et bien disciplinée et mon artificier étant en place, M. le duc de Nemours et M. le duc de Montpensier, entourés de l'état-major de la place, du maire, du préfet, enfin de tous les astres militaires, administratifs, civils, judiciaires et municipaux, montent sur une terrasse préparée pour les recevoir en face de l'orchestre. Je dis à l'artificier : Attention ! quand le capitaine d'artillerie, grimpant précipitamment l'escalier de notre établissement, me crie d'une voix tremblante :

« — De grâce, monsieur Berlioz, ne donnez pas encore le signal, nos hommes ont oublié les *lances à feu* pour les pièces, on a couru en chercher à l'arsenal, accordez-moi cinq minutes seulement ! »

Ignorant comme je le suis (quoi qu'on en dise) de ce qui concerne, sinon le style, au moins le mécanisme de ces voix-là, je m'étonnais qu'on ne pût pas allumer de petites misérables pièces de *vingt-quatre* et de *douze* avec un cigarre ou un morceau d'amadou, et que des *lances à feu* fussent aussi indispensables aux canons que l'*embouchure* l'est aux trombones ; pourtant j'accordai les cinq minutes. J'en accordai même sept. Au bout de la septième, un autre messager, gravissant à la hâte le même escalier que le capitaine éperdu venait de redescendre, fit observer que les princes attendaient et qu'il était plus que temps de commencer.

— Allez ! dis-je à l'artificier, et tant pis pour les choristes si on n'a pas de quoi les allumer !

La fusée s'élance avec une ardeur à faire croire qu'elle partait pour la lune. Grand silence... Il paraît qu'on n'est pas revenu de l'arsenal.

Je commence ; notre bande militaire fait des prouesses, le morceau se déploie majestueusement sans la moindre faute de stratégie musicale ; et comme il est d'une assez belle dimension, je me disais en conduisant : « Nous ne perdrons rien pour avoir attendu ; les canonniers auront eu le temps de se pourvoir de lances à feu, et nous allons avoir pour le dernier accord une bordée à faire tomber les croisées de tout le voisinage. » En effet, à la mesure indiquée dans la *coda*, je fais un nouveau signe à mon artificier, une nouvelle fusée escalade le ciel, et juste quatre secondes après son ascension...

Ma foi ! je ne veux pas me faire plus brave que je ne suis, et ce n'était pas sans raison que le cœur m'avait battu aux approches de l'instant solennel. Vous rirez tant qu'il vous plaira, mais je faillis tomber la face contre terre... Les arbres frissonnèrent, les eaux du canal se ridèrent... au souffle délicieux de la brise du soir... Mutisme complet des canons!...

Un silence profond s'établit après la dernière mesure de la symphonie, silence majestueux, grandiose, immense, que troublèrent seuls l'instant d'après les applaudissements de la multitude, satisfaite apparemment de l'exécution. Et l'auditoire se retira, sans se douter de l'importance des lances à feu, sans regret pour la jouissance à laquelle il avait échappé, oublieux des promesses du programme, et bien persuadé que les deux fusées volantes dont il avait entendu le sifflement et vu les étincelles, étaient simplement un nouvel effet d'orchestre de mon invention, assez agréable à l'œil. Le *Charivari*, abondant dans ce sens, publia là-dessus une série d'articles éblouissants et de la plus haute portée. Qu'eût-il fait si les lances à feu!... C'est fatal! j'eusse gagné ce soir-là quelque nouveau grade, un surnom immortel, j'aurais reçu le *baptême du feu*!... Nouvelle et foudroyante preuve que, si l'on vit souvent des fusils partir qui n'étaient pas chargés, on voit quelquefois aussi même des canons chargés qui ne partent pas.

L'apothéose ainsi terminée pacifiquement, nous laissons sur le bord du canal, et la bouche ouverte, nos pièces toujours pointées et nos artilleurs désappointés. Il fallait courir à l'hôtel de ville, où un autre orchestre et un autre chœur m'attendaient pour l'exécution de la cantate. Mon espérance, cette fois, ne fut en rien trompée; nos chanteurs et nos musiciens n'eurent ni un soupir ni une double-croche à se reprocher. Il n'en fut pas de même de nos auditeurs; après le concert, pendant que j'écoutais les gracieusetés que M. le duc de Nemours et son frère de Montpensier avaient la bonté de me dire, quelque amateur d'autographes me fit l'honneur de me voler mon chapeau. J'en fus peiné, car la conscience de mon amateur lui aura sans doute sévèrement reproché de n'en avoir pas pris un meilleur; et puis je me voyais obligé de sortir tête nue, et il pleuvait.

Voilà tout ce que j'ai à vous apprendre sur Lille et les fêtes de l'inauguration. — Comment, direz-vous, c'est pour me faire savoir qu'il y a de bons choristes, d'excellentes musiques militaires et de faibles artilleurs dans le chef-lieu du département du Nord, que vous m'écrivez une si longue lettre? — Eh mais, c'est là le talent! La belle malice d'écrire beaucoup quand on a beaucoup à dire! C'est à élever une longue avenue de *colonnes*, qui ne conduit à rien, que consiste aujourd'hui le grand art. Vous promenez ainsi votre naïf lecteur dans l'allée des Sphinx de Thèbes; il vous suit patiemmment avec l'espoir d'arriver enfin à la ville aux cent portes; puis, tout d'un coup, il compte son dernier sphinx; il ne voit ni portes ni ville, et vous le plantez là, dans le désert.

H. BERLIOZ.

Tout est bien qui finit gaiment.

On peut remarquer un singulier contraste entre l'activité des musiciens de Paris à l'époque où nous sommes, et celle qu'ils déployaient il y a vingt ans. Presque tous avaient foi en eux-mêmes et dans le résultat de leurs efforts; presque tous aujourd'hui ont perdu cette croyance. Ils persévèrent néanmoins.

Leur courage ressemble à celui de l'équipage d'un navire explorant les mers du pôle antarctique. Les hardis marins ont bravé d'abord joyeusement les dangers des banquises et des glaces flottantes. Peu à peu, le froid redoublant d'indensité, les glaçons entourent leur vaisseau, sa marche est plus difficile et plus lente; le moment approche où la mer solidifiée le retiendra captif dans une immobilité silencieuse semblable à la mort.

Le danger devient manifeste; les êtres vivants ont presque tous disparu; plus de grands oiseaux aux ailes immenses dans ce ciel gris d'où tombe un épais brouillard, plus rien que des troupes de pingouins debout, stupides, sur des îles de glace, pêchant quelque maigre proie, en agitant leurs moignons sans plumes incapables de les porter dans l'air... Les matelots sont devenus taciturnes, leur humeur est sombre, et les rares paroles qu'ils échangent entre eux en se rencontrant sur le

pont du navire diffèrent peu de la funèbre phrase des moines de la Trappe : « Frère, il faut mourir! »...
. . . .

Mais ne nous laissons pas gagner par leur spleen, chassons les idées noires et d'une voix légère chantons ce gai refrain si connu :

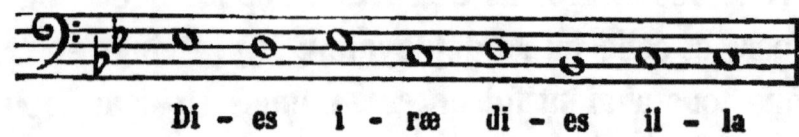
Di - es i - ræ di - es il - la

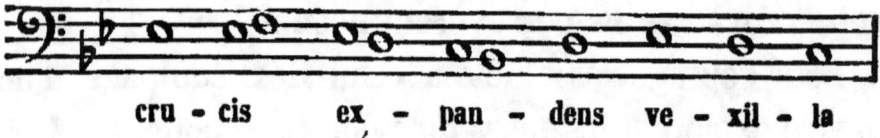
cru - cis ex - pan - dens ve - xil - la

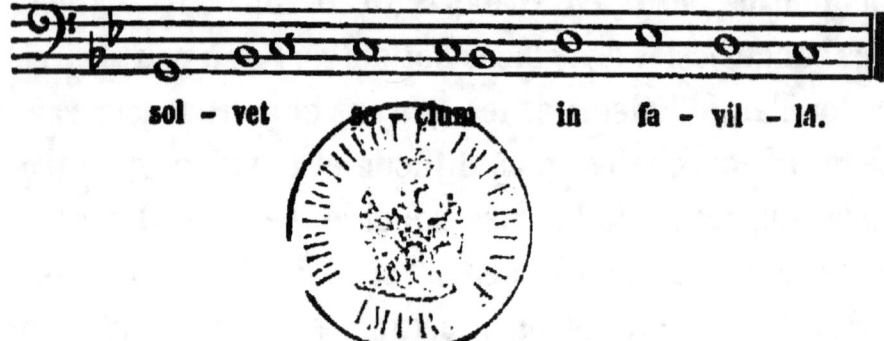
sol - vet sœ - clum in fa - vil - la.

FIN

TABLE

Prologue. — Lettres des choristes de l'Opéra à l'auteur. — Réponse de l'auteur aux choristes de l'Opéra	1
Le droit de jouer en *fa* dans une simphonie en *ré*	20
Un virtuose couronné	21
Un nouvel instrument de musique	22
Le régiment des colonels	23
Une cantate	24
Un programme de musique grotesque	27
Est-ce une ironie?	30
L'évangéliste du tambour	32
L'apôtre du flageolet	35
Le prophète du trombone	35
Chefs d'orchestre	36
Appréciateurs de Beethoven	38
La version Sontag	39
On ne peut pas danser en *mi*	40
Un baiser de Rossini	40
Un concerto de clarinette	41
Les instruments de musique à l'Exposition universelle	45
Un rival d'Erard	58
Correspondance diplomatique. — Lettre adressée à S. M. Aïmata Pomaré, reine de Taïti	59
Prudence et sagacité d'un provincial. — L'orgue mélodium d'Alexandre	63
La trompette marine. — Le saxophone. — Les savants en instrumentation	66
Jaguarita. — Les femmes sauvages	68
La famille Astucio	71
Les mariages de convenance	74
Grande nouvelle	76
Autre nouvelle	76
Le sucre d'orge. — La musique sévère	77
La Jettatura	82
Les dilettanti en blouse et la musique sérieuse	83
Lamentations de Jérémie	88
Un critique modèle	106
L'accent dramatique	108
Succès d'un *miserere*	110
La saison. — Le club des cauchemars	111
Petites misères des grands concerts	121
On a un billet avec vingt francs	127

	pages.
Guerre aux bémols....	129
Correspondance scientifique. — Plombières et Bade, 1re lettre.	130
— Plombières et Bade, 2e lettre.	145
Aberrations et hallucinations de l'oreille...	164
Correspondance philosophique. — Lettre adressée à M. Ella..	167
La débutante. — Despotisme du directeur de l'Opéra.	172
Le chant des coqs, les coqs du chant.	178
Les moineaux.	180
La musique pour rire.	183
Les sottises des nations. — *Castigat ridendo mores*.	185
L'ingratitude est l'indépendance du cœur.	188
Vanité de la gloire.	192
Madame Lebrun.	199
Le temps n'épargne rien.	202
Le rhythme de l'orgueil.	204
Mot de M. Auber.	206
La musique et la danse.	206
Les danseurs poëtes.	209
Autre mot de M. Auber.	210
Concerts.	210
La bravoure de Nelson.	215
Préjugés grotesques.	217
Les athées de l'expression.	228
Madame Stoltz et Madame Sontag. — Les millions.	237
Heur et malheur.	246
Les dilettanti du grand monde. — Le poëte et le cuisinier..	249
Les bois d'orangers. — Le gland et la citrouille.	252
Les passades.	254
Sensibilité et laconisme. — Une oraison funèbre en trois syllabes.	256
Voyages en France. — Correspondance académique.	257
Tout est bien qui finit gaiement.	304

FIN DE LA TABLE

ŒUVRES COMPLÈTES
DE M. HECTOR BERLIOZ

ŒUVRE I
OUVERTURE DE WAVERLEY

PUBLIÉE A PARIS CHEZ RICHAUT
Boulevard Poissonnière, 26

— En grande partition.
— Pour piano à quatre mains.
— En parties séparées.

L'arrangement pour piano à quatre mains est également publié à Brunswick, chez Leibrock.

ŒUVRE II
IRLANDE

Recueil de morceaux de chant avec accompagnement de piano sur des paroles traduites de Thomas Moore, publié à Paris chez RICHAUT, boulevard Poissonnière, 26.

Deux de ces morceaux : l'*Élégie* et *Adieu, Bessy*, contiennent le texte original anglais.

La *Belle Voyageuse* et le *Chant sacré*, instrumentés par l'auteur, sont aussi publiés en grande partition.

ŒUVRE III

OUVERTURE DES FRANCS-JUGES

—

PUBLIÉE A PARIS CHEZ RICHAUT
boulevard Poissonnière, 26

— En grande partition.
— Pour piano à quatre mains.
— En parties séparées d'orchestre.
— En parties séparées pour musique militaire.

ŒUVRE IV

OUVERTURE DU ROI LÉAR

—

PUBLIÉE A PARIS CHEZ RICHAUT
Boulevard Poissonnière, 26

— En grande partition.
— Pour piano à quatre mains.
— En parties séparées d'orchestre.

L'arrangement pour piano à quatre mains est également publié à Brunswick, chez Mayer.

ŒUVRE V
MESSE DES MORTS
REQUIEM

PUBLIEE A MILAN, CHEZ RICORDI

— En grande partition.

On en trouve des exemplaires à Paris, chez BRANDUS, rue Richelieu, 103.

L'édition de Ricordi est la seule correcte. Elle diffère même en plusieurs points essentiels d'une édition antérieure qui fut faite à Paris, chez Schlesinger, et qui n'existe plus.

Les parties séparées de chœur se trouvent à Paris, chez Brandus.

ŒUVRE VI
LE CINQ MAI
CANTATE
Pour voix de Basse et Chœur

PUBLIÉ A PARIS CHEZ RICHAUT
Boulevard Poissonnière, 26

— En grande partition.
— En parties séparées d'orchestre.
— En partition de piano et chant.

(Avec texte français et allemand.)

ŒUVRE VII
LES NUITS D'ÉTÉ
RECUEIL DE SIX MORCEAUX DE CHANT

Il y a une édition avec piano chez RICHAUT, à Paris.
Elle diffère un peu dans l'un des morceaux (le Spectre de la Rose) de la belle édition publiée avec texte français et allemand, avec piano et en grande partition, à Winterthur en Suisse chez Ritter Biedermann, et à Leipzig chez Hofmeister.

ŒUVRE VIII
RÊVERIE ET CAPRICE
ROMANCE POUR LE VIOLON

— En partition de piano.
— En grande partition.
— En parties séparées d'orchestre.

ŒUVRE IX
OUVERTURE DU CARNAVAL ROMAIN

Deuxième ouverture de BENVENUTO CELLINI
Destinée à être exécutée avant le second acte de cet opéra.

PUBLIÉE A PARIS CHEZ BRANDUS
Rue Richelieu, 103

— En grande partition.
— En parties séparées d'orchestre.
— Pour piano à quatre mains, et pour deux pianos à quatre mains.
Arrangement de Pixis.

ŒUVRE X
TRAITÉ D'INSTRUMENTATION
suivi de
LA THÉORIE DU CHEF D'ORCHESTRE

PUBLIÉ A PARIS, CHEZ SCHONENBERGER
Boulevart Poissonnière

En allemand, à Berlin, chez Schlesinger ;
En italien, à Milan, chez Ricordi ;
En anglais, à Londres, chez Novello.
La seconde édition (anglaise et française) est seule exacte et correcte ; elle contient plusieurs chapitres nouveaux, d'autres refaits.
L'édition italienne ne contient pas d'ailleurs la Théorie du chef d'orchestre, que l'éditeur allemand de Berlin a publiée à part.

ŒUVRE XI
SARA LA BAIGNEUSE
BALLADE A TROIS CHŒURS

PUBLIÉE A PARIS, CHEZ RICHAUT
Boulevard Poissonnière, 26

— En grande partition.
— En parties séparées d'orchestre, et arrangée pour deux voix avec accompagnement de piano.

ŒUVRE XII
LA CAPTIVE
RÊVERIE POUR CONTRALTO

PUBLIÉE A PARIS, CHEZ RICHAUT
Boulevard Poissonnière, 26

— Avec piano.
— En grande partition.

Ce morceau est aussi publié à Leipzig, avec texte allemand et accompagnement de piano.

ŒUVRE XIII
FLEURS DES LANDES
Recueil de cinq morceaux de chant

PUBLIÉ A PARIS, CHEZ RICHAUT
Boulevard Poissonnière, 26

Le morceau intitulé *le Pâtre breton* est publié à part en grande partition, avec texte français et allemand.

ŒUVRE XIV
SYMPHONIE FANTASTIQUE
Première partie de l'Episode de la vie d'un artiste

PUBLIÉE A PARIS, CHEZ BRANDUS
Rue Richelieu, 103

— En grande partition.
— En parties séparées, et pour piano (arrangement de Liszt).

ŒUVRE XIV bis
LELIO
MONODRAME LYRIQUE
Deuxième partie de l'Episode de la vie d'un artiste

PUBLIÉ A PARIS, CHEZ RICHAUT
Boulevard Poissonnière, 26.

— En grande partition.
— En parties séparées d'orchestre, et en partition de piano et chant, avec texte français et allemand.
La fantaisie dramatique sur *la Tempête* de Shakespeare, qui en forme le finale, peut être détachée de l'ouvrage et s'exécuter à part dans les concerts.

ŒUVRE XV
SYMPHONIE FUNÈBRE ET TRIOMPHALE
Pour deux orchestres et chœur

PUBLIÉE A PARIS, CHEZ BRANDUS
Rue Richelieu, 103

— En grande partition.
— En parties séparées d'orchestre et de chœur.

ŒUVRE XVI
HAROLD EN ITALIE
SYMPHONIE
avec un alto principal

PUBLIÉE A PARIS CHEZ BRANDUS
Rue Richelieu, 103

— En grande partition.
— En parties séparées d'orchestre.

ŒUVRE XVII
ROMÉO ET JULIETTE
SYMPHONIE DRAMATIQUE
avec chœurs et solos de chant

PUBLIÉE A PARIS, CHEZ BRANDUS
Rue Richelieu, 103

— En grande partition.
— En parties séparées d'orchestre et de chœur.

La partition de piano et chant arrangée par Théodore Ritter, est publiée avec texte français et allemand, à Winterthur en Suisse, chez Ritter Biedermann, et à Leipzig, chez Hofmeister.

Cette partition de piano est indispensable pour les études chorales de la symphonie.

ŒUVRE XVIII
TRISTIA

Recueil de deux chœurs et d'une marche funèbre avec chœurs

PUBLIÉ A PARIS, CHEZ RICHAUT
Boulevard Poissonnière, 26

— En grande partition.
— En parties séparées d'orchestre.

(Le N° 1, méditation religieuse, et le N° 2, ballade sur la mort d'Ophélie, se trouvent avec accompagnement de piano chez le même éditeur.)

ŒUVRE XIX
FEUILLETS D'ALBUM

Recueil de trois morceaux de chant avec accompagnement de piano, dont un avec chœur, publié à Paris chez RICHAUT.

L'un de ces morceaux (Zaïde) est publié à Vienne, chez Haslinger, avec texte allemand et français.

Il faut ranger encore parmi les Feuillets d'Album une *Prière du matin*, chœur à deux voix, publié avec piano, à Paris, chez Escudier; *la belle Isabeau*, conte pendant l'orage, avec chœur, publié avec piano, à Paris, chez Edmont Mayaud, et *le Chasseur Danois*, chant pour voix de basse, publié avec piano, à Paris, chez Mayaud.

ŒUVRE XX
VOX POPULI

Deux grands chœurs avec orchestre
(*La Menace des Francs* et l'*Hymne à la France.*)

—

PUBLIÉS A PARIS, CHEZ RICHAUT
Boulevard Poissonnière, 26

— En grande partition.

ŒUVRE XXI
OUVERTURE DU CORSAIRE

—

PUBLIÉE A PARIS, CHEZ RICHAUT
Boulevard Poissonnière, 26

— En grande partition.
— En parties séparées d'orchestre.

Un arrangement pour piano de cette ouverture (par M. de Bulow) est publié à Leipzig.

ŒUVRE XXII
TE DEUM

A trois chœurs, avec orchestre et orgue

—

PUBLIÉ A PARIS, CHEZ BRANDUS
Rue Richelieu, 103

— En grande partition.

ŒUVRE XXIII
BENVENUTO CELLINI
Opéra en trois actes

Publié à Brunswick, chez MAYER et LITOLFF, en partition de piano et chant, avec texte français et allemand.

Plusieurs morceaux de chant détachés de cet opéra, sont également publiés avec accompagnement de piano, à Paris, chez BRANDUS.

La grande partition, inédite, ne se trouve qu'à Paris, chez l'auteur, et au théâtre de Weimar. Celle qui existe à l'Opéra de Paris est dans le désordre le plus complet et ne contient point les modifications importantes que l'auteur a faites à cet ouvrage avant de le faire représenter à Weimar.

ŒUVRE XXIV
LA DAMNATION DE FAUST
Légende en quatre actes.

PUBLIÉE A PARIS, CHEZ RICHAUT
Boulevard Poissonnière, 26

Avec texte français et allemand

— En grande partition.
— En parties séparées d'orchestre et de chœur.
— En partition de piano et chant.

ŒUVRE XXV
L'ENFANCE DU CHRIST
Trilogie sacrée

PUBLIÉE A PARIS, CHEZ RICHAUT
Boulevard Poissonnière, 26

Avec texte français et allemand

— En grande partition.

— En parties séparées d'orchestre et de chœur.
— En partition de piano et chant.
A Londres, chez Beale, avec texte anglais et français.
En partition de piano et chant.
(Arrangement de MM. Méraux et Théodore Ritter.)
La seconde partie (*la Fuite en Egypte*) est publiée aussi à Leipzig, chez Kistner, avec texte allemand et français, en partition de piano et chant, et en grande partition.

ŒUVRE XXVI

L'IMPÉRIALE

Cantate à deux voix et à grand orchestre

—

PUBLIÉE A PARIS, CHEZ BRANDUS
Rue Richelieu, 103.

— En grande partition.

LES TROYENS

Opéra en cinq actes (inédit)

LES SOIRÉES DE L'ORCHESTRE

Un volume

—

A PARIS CHEZ, MICHEL LÉVY

DEUX VOLUMES DE MÉMOIRES

INEDITS

De nombreux fragments de cet ouvrage ont été publiés, en 1858 et 1859, dans le *Monde Illustré*.

www.ingramcontent.com/pod-product-compliance
Lightning Source LLC
Chambersburg PA
CBHW071623220526
45469CB00002B/460